KB008991

인류의 어머니

수부 首婦

고판례

인류의 어머니 수부 고판례

발행일 2010년 9월 4일 초판 1쇄
발행인 안중건
발행처 상생출판
전화 070-8644-3161
팩스 042-254-9308
E-mail sangsaengbooks@sangsaengbooks.co.kr
출판등록 2005년 3월 11일(제175호)

배본 대행처 / 대원출판
ⓒ2010 상생출판
가격은 표지 뒷면에 있습니다.
이 책에 수록된 자료의 저작권은 증산도 상생문화연구소에 있습니다.
파본은 서점에서 교환해 드립니다.
ISBN   978-89-94295-07-7

 머리말

　고수부님은 저 격동의 근대 전환기였던 19세기 말 20세기 초에 활동했던 인물입니다. 아직도 봉건사상이 서릿발같이 시퍼렇게 살아있던 시절, 질곡의 역사 속에서 온갖 차별을 받으며 살아온 여성들의 원한을 풀어 주고자 실천적 삶을 살았던 여성해방 혁명가요, 6백만 신도의 대 부흥을 이룬 종교단체 보천교에 알토란 같은 씨앗을 뿌린 종교 지도자입니다. 또한 부당한 대접과 핍박 속에서 원과 한으로 점철된 민초들과 아픔을 함께한 마음의 어머니요, 억조창생의 온갖 죄업과 악척을 대속하며 후천 5만 년 새 세상을 열어 준 생명의 어머니입니다.

　내가 처음으로 고수부님을 만난 것은 1990년, 정확하게는 그 해 5월 4일 한겨레신문 기획시리즈물이었던 「발굴 한국 현대사 인물」 중에 김영철 기자가 발굴, 취재한 「시대가 여성의 삶을 바꿔놓다」 편이었습니다. 물론 그 발굴 기사의 주인공은 고수부님이었습니다. 기자는 고수부님을 개화기 시절 여성 해방 혁명가, 민중의 꿈을 이루는 여성, 후천 여인상의 표상 등으로 묘사했습니다. 포스트모더니즘과 함께 페미니즘, 해체(주의)가 우리 사회의 중심 담론으로 한창 밀려오고 있을 때이기도 했지만 그 발굴 기사는 무척 신선한 충격으로 와 닿았습니다. 그로부터 10년쯤 지난 뒤에 나는 본격적으로 고수부님을 만나게 되었습니다. 그리고 10년이 지난 뒤에 이 책이 세상에 나오게 되었습니다.

고수부님을 처음 만난 뒤에 20년이 지난 세월입니다. 고수부님은 가난한 시골 농부의 딸로 태어나 여섯 살 때 아버지를 여의고 어머니와 함께 이곳저곳을 떠도는 삶을 살아야 했습니다. 열다섯 살 때 혼인을 하였으나 딸 하나를 두고 남편과 사별하게 됩니다. 한 여성으로서 비극적인 운명의 삶을 살았던 거지요. 그러다가 남편과 사별한 지 다섯 달 만에 '인간으로 온 상제님' 증산 상제님을 만나 반려자가 되고 종통대권을 전해 받음으로써 '수부首婦'가 됩니다.

아직은 좀 생소하겠지만(이 책을 읽어가는 동안 자연스럽게 알게 될 것입니다.), 고수부님은 인류 역사가 열린 이래 맺히고 쌓여온 온 여성들의 원과 한을 풀어 새 세상을 열어 준 뭇 여성의 우두머리, 인간과 신명의 어머니, 당신을 수부로 내세운 증산 상제님으로부터 종통을 이어 받아 대도통을 한 후계자, 이 땅에 도운의 첫 씨를 뿌린 주인공, 그리고 우주의 가을철에 낙엽처럼 우수수 떨어지게 될 억조창생을 구원하고자 직접 10년 천지공사를 집행한, 온 인류의 원한과 죄업을 대속하고 새 생명의 길로 인도한 '여자 하나님'이 되어 실천적인 삶을 살게 된 것입니다. 온 생명의, 인류의 어머니라는 것이 그렇게 영광스럽겠지만, 또한 그렇게 모질고 험난한 역경의 삶이었습니다.

영화 「공공의 적」에는 돈 때문에 아버지의 몸을 유혈이 낭자하도록 찌르고, 이를 말리는 어머니까지 죽이는 패륜아가 등장합니다. 그때 어머니의 행동을 아직도 잊을 수 없습니다. 목에 칼이 찔려 죽어가는 그 순간에도 제 칼에 잘려나간 아들의 손톱을 목구멍에 넣고 삼키면서 죽어가는. 그런 패륜아조차도 자신을, 부모를 죽인 범인으로 잡혀가는 것을 우려한, 그것이 어머니의 마음 아니겠습니까.

증산 상제님이 어천한 이후 고수부님은 감당하기 어려운 배신과 굴욕을 끊임없이 당하게 됩니다. 여성 지도자로서 뭇 남성들을 거느리는 것이 아직은 용납되지 않는 시대인 까닭도 있었겠지요. 그럼에도 불구하고 단 한 번도 절망하거나 좌절하지 않고 희망의 끈을 놓지 않았던 고수부님—. 자식이 아무리 타락하여 저 '공공의 적' 같은 패륜을 저지르는 한이 있어도 버리지 않는, 끝없이 포용하고 감싸 주고 용서하고 사랑하는 우리들의 어머니. 거룩한.

고수부님은 이 세상의 가장 낮은 곳으로 와서 가장 높은 곳까지 올라갔고, 바로 그 가장 높은 곳에서 가장 낮은 삶을 살다가 간 인물입니다. 더 이상 높을 수 없는 영광과 더 이상 낮을 수 없는 굴욕으로 점철된 한 생애를 살다가 갔다는 얘기입니다. 그런 낮은 곳에 있던 인물이 그렇게 높은 영광을, 그렇게 높은 곳에 있던 인물이 그렇게 참담한 굴욕으로 얼룩진 삶을 희생과 사랑으로 살았다는 것은 저로서는 참으로 미스터리한 일이 아닐 수 없었습니다.

또 있습니다. 고수부님이 보여 준 전기적, 사상적 행적은 물론 당신이 현재까지 미치는 큰 영향에도 불구하고, 그런 인물이 우리 역사에 전혀 드러나지 않았다는 것은, 또한 연구자들의 손길이 거의 닿지 않고 있다는 것은 이상한 현상입니다. 이 미스터리 풀기야말로 내가 고수부님의 생애를 쓰도록 만용을 부리게 한 첫 디딤돌입니다.

나는 고수부님의 그 '어머니'를, 어머니의 삶을 소개하고 싶었습니다. 그러나 미천한 재주가 과연 고수부님이 실천적으로 보여준 어머니의 삶을 억만 분의 하나라도 온전히 기록할 수 있었는지는 의문입니다. 나는 이 글을 고수부님의 생애를 있는 그대로, 한 치 더하거나 빼는 것 없이 기록하고자 노력했습니다. 이 책을 읽는 모든 독자들이 고수부님이 전범으로 보여 준 어머

니의 따뜻한 사랑과 거룩한 삶을 온 몸으로 체험하기를 간절히
소망합니다.

2010. 6. 1. **노 종 상**

|목차|

서장

고난과 희생 속에서 온 인류의 원한과 죄업을 대속하신
우리들의 어머니

2006년 9월 8일, 전북 군산시 성산면 둔덕리 큰골마을 뒤편 오성산 숲길 초입이다. 도로에서는 마을에 가려 오성산으로 통하는 길이 잘 보이지 않는다. 마치 우리가 살고 있는 바깥 세계와는 차단된 곳에 위치하고 있어야 한다는 듯이.

활처럼 휘어져 있는 도로에서 십여 가구가 부챗살처럼 옹기종기 모여 있는 큰골마을로 꺾어 들어가 몇 그루 늙은 소나무가 장승처럼 서 있는 오른편 동산을 옆에 끼고 'S' 자로 살짝 비껴 돌아가면 그곳으로 향하는 오솔길이 나타난다. 갑자기 낯선 세계에 온 듯 주위는 무거운 정적이 감돌았다.

오성산—. 해발 226미터밖에 되지 않는 야트막한 산이지만 내가 지금까지 찾았던 그 어떤 산보다도 높고 깊게 느껴졌다. 어떤 경외감이라고 할까. 나는 오성산자락에 묻힌 산그늘 속으로 휘돌아 오면서 벌써부터 숙연함을 느끼며 혼자서 가쁜 숨을 내쉬고 있었다. 벌써 몇 번째인가. 첫 번째 산행은 2000년 6월 3일이었다. 그날 이후 나는 기회만 되면 마치 이끌리는 듯 이곳을 찾아오곤 하였다. 그때마다 나는 바로 이곳 오성산 초입에서 약속이나 한 듯 마음을 다잡곤 했다. 햇빛 한 줄기 내리지 않는 울창한 숲, 어디선가 이름 모를 새들의 청아한 울음소리가 간헐적으로 들려왔다.

차가 움직이기 시작했다. 오솔길을 치고 올라가는 차 뒷좌석에 앉아 있는 내 마음은 벌써부터 불을 머금은 듯 요동쳤다. 다시 이곳을 찾았다는 설렘과 함께 나는 걷잡을 수 없는 감정 속으로 빠져 들어갔다. 슬픔, 기쁨, 사랑, 미움, 증오, 분노, 고독,

오성산 _ 상제님께서 남조선 배말뚝을 박는 공사를 행한 곳으로, 고수부님께서 도운의 세 살림을 마치고 2년 동안 은거하다가 선화하였다.

뿌듯함, 따스한 온정, 냉정과 열정, 우울과 환희, 그리고 그리움들이 한꺼번에 요동치고 있었다. 내가 곧 도착하게 될 그곳에서, 70여 년 전에 이 길을 걸어갔을 주인공이 생애의 마지막을 보내며 남겨 준 풍경이 너무나 애절한 까닭이었다.

　고판례高判禮(1880~1935)—. 당신은 19세기 말 20세기 초반의 암울했던 시기에 활동했던 분이다. 봉건주의의 서슬 퍼런 칼바람이 마지막 기승을 부리던 구한말, 한낱 이름 없는 여성으로 태어나 온갖 탄압과 배신, 질곡의 역사 위에서 여성해방의 푯대가 된 온 인류의 어머니. 아무리 퍼내어도, 퍼내어도 마르지 않는 모성애를 갖고 있는 '큰 어머니'로서 인간은 물론 돌 하나, 풀한 포기, 나무 한 그루, 나뭇잎 새에 흐르는 햇빛 한 줄기, 작은 새 한 마리까지 사랑하며, 사랑하며 한 생애를 살다가 간 분이었다. 당신을 증산도甑山道에서는 태모太母 고수부高首婦님이라고 부른다(이 글에서도 당신이 실천적 삶을 살다가 간 종교적 뜻을 살려 '고수부님'으로 지칭한다. 이어서 소개하는 강증산 역시 같은 이유에 따라 '증산 상제님', 혹은 줄여서 '상제님'으로 지칭한다).
　태모 고수부님—. 당신의 생애를 얘기하기 위해서는 먼저 증산甑山 강일순姜一淳(1871~1909)이란 이름으로 지상을 다녀간 상제님을 알아야 한다.

1901년 신축년 음력 7월 7일, 우르르 콰앙 쾅 난데없는 천둥과 지진이 일어나는 가운데 큰비가 쏟아졌다. 전라도 모악산 대원사 칠성각에서 31세의 증산께서 무상의 대도大道를 깨치고 천지대신문을 여는 순간이었다. 잠시 후, 대원사 주지 금곡이 올리는 미음 한 그릇을 비운 뒤 증산께서 이렇게 말했다.

　　"금곡아! 이 천지가 뉘 천지인고? 내 천지로다! 나는 옥황상제니라."(『증산도 도전』 2:11, 이 책은 1992년에 간행되었고 2003년에 개정판이 간행되었다. 이하 같은 책 인용은 2003년판 '편:장' 만을 표기한다.) 증산께서는 또 "내가 미륵이니라."(2:66 ; 10:33) 하고 당신의 신원을 밝혀 주기도 했다. 증산께서 자신이 인간으로 온 상제요, 구원의 부처인 미륵불임을 온 천하에 선언한 것이다.

　　상제님은 1871년 신미년 음력 9월 19일(양력 11월 1일), 전라도 고부군 우덕면 객망리客望里(현재 정읍시 덕천면 신월리 신송마을)에서 태어났다. 어렸을 때부터 총명하고 호생好生의 덕이 많았다. 일곱 살 때 풍물굿을 보고 혜각慧覺이 열리고, 「천자문」을 배울 때는 '하늘 천天, 땅 지地' 자까지를 읽은 뒤 책을 탁 덮었다. 하늘 천 자에 하늘 이치를 알았고 땅 지 자에 땅의 이치를 알았으니 더 배울 것이 없다는 것이었다.

　　증산께서는 척박한 이 땅 민중의 한 사람으로 왔다. 그것도 가난한 집안에서 태어나 머슴살이와 산판일 등 밑바닥 백성들의 삶을 몸소 체험하였다. 증산께서는 1894년 갑오년 1월 분노한 동학농민들이 봉기했을 때, 그해 겨울에 이르러 패망할 것을 꿰뚫어 보았다. 증산께서는 몸소 전장으로 달려가 '무고한 창생만 죽이고 종국에는 패할 것이니 전쟁을 중지하라'고 설득하였다. 그러나 전쟁은 계속됐고 민중들의 피가 온 산과 들판을 적셨다. 모진 박해와 핍박이 민중의 삶에 드리웠다.

증산께서는 광구창생匡救蒼生의 큰 뜻을 품고 집을 나섰다. 1897년 가을 이후 3년 천하유력天下遊歷을 통해 고난의 역사 위에 모진 삶을 꺼이꺼이 꾸려가는 이 땅의 백성들의 삶을 직접 목격하고 몸소 체험하였다. 이 땅의 백성들이 새로운 사회, 새로운 질서, 새로운 학문, 새로운 사상, 새로운 종교, 새로운 도덕, 새로운 세상을 간절히 갈망하고 있음을 직접 확인한 것이다.

1901년. '이제 천하의 대세가 종전의 알며 행한 모든 법술로는 세상을 건질 수 없다'고 생각한 증산께서는 모든 일을 자유자재로 할 조화권능造化權能만이 광구천하라는 큰 뜻을 이룰 수 있다는 결론을 내리고 수도에 들어갔다. 그해 6월 초, 고향마을 뒷산 시루산[甑山]에서 14일 수도를 마친 증산께서는 이틀 뒤인 6월 16일에 전주 모악산 대원사 칠성각으로 자리를 옮겨 온몸과 마음을 불태운 끝에 마침내 무상의 대도를 열고 하늘땅과 인간세상을 다스리기 시작했다. 인간으로 온 상제로서 삼계우주를 통치하는 조화권능을 온전히 행사하기 시작한 것이다.

지금은 온 천하가 가을 운수의 시작으로 들어서고 있느니라. 내가 하늘과 땅을 뜯어고쳐 후천을 개벽하고 천하의 선악善惡을 심판하여 후천선경의 무량대운無量大運을 열려 하나니 너희들은 오직 정의正義와 일심一心에 힘써 만세의 큰 복을 구하라. 이때는 천지성공시대天地成功時代니라. 천지신명이 나의 명을 받들어 가을 운의 대의大義로써 불의를 숙청하고 의로운 사람을 은밀히 도와주나니 악한 자는 가을에 지는 낙엽같이 떨어져 멸망할 것이요, 참된 자는 온갖 과실이 가을에 결실함과 같으리라. 그러므로 이제 만물의 생명이 다 새로워지고 만복萬福이 다시 시작되느니라.(2:43)

대도통문을 연 후, 증산 상제님은 온 세상이 여름철이 끝나가는 가을의 문턱에 들어섰으며, 이제 온 인류는 두 갈래 길, 가을 낙엽같이 떨어져 소멸되느냐 아니면 가을 열매와 같이 추수되어 씨종자가 되느냐의 기로에 놓여 있다고 가르쳐 주었다. 그리고 선·후천이 갈리는 가을개벽의 시기에 '하늘과 땅의 질서를 뜯어고쳐 후천을 개벽하는' 천지공사天地公事를 집행한다고 선언했다.

천지공사는 증산 상제님이 후천개벽을 맞이하여 이 땅 위에서 살고 있는 인류는 물론 천상에 있는 뭇 신명까지도 구원하기 위해 짠 새 역사의 이정표이다.

증산 상제님은 1901년 신축년 이후 9년 동안 한 순간도 쉴 새 없이 천지공사를 행하였다. 그리고 마침내 1909년 6월 20일, 평소 상제님을 추종했던 많은 종도들을 둘러보던 증산 상제님은 천지공사가 그날로써 끝났음을 선포하였다. "내가 천지운로天地運路를 뜯어고쳐 물샐틈없이 도수를 굳게 짜 놓았으니 제 도수에 돌아 닿는 대로 새 기틀이 열리리라."(5:414)

그해 6월 24일(양력 8월 9일), 옥황상제 강증산께서는 원래 당신이 머물렀던 천상의 나라 옥경玉京으로 어천御天하였다. 인간 세상에 내려온 지 39년 째 되는 해였다.

고수부님이 증산 상제님을 만난 것은 1907년 정미년 가을이었다. 그해 동짓달 초사흗날, '수부 책봉 예식'을 행하면서 증산 상제님은 고수부님에게 "이로부터 천지대업을 네게 맡기리라."(11:5)고 말했다. 종통대권을 고수부님에게 전한다는 얘기에 다름 아니다. 그때 증산 상제님은 고수부님과 서로 절을 하면서 "그대와 나의 합덕으로 삼계三界를 개조하느니라."(6:42)고 천명했다. 고수부님과 함께 온 세상을 뜯어고친다는 뜻이다.

증산 상제님은 또 "나의 수부, 너희들의 어머니를 잘 받들라. 내 일은 수부가 없이는 안 되느니라."(6:96)고 말했다. 고수부님이야말로 바로 온 생명의 어머니임을 만천하에 공표한 것이다.

태모太母 고수부高首婦님은 억조창생의 생명의 어머니이시니라. 수부님께서는 후천 음도陰道 운을 맞아 만유 생명의 아버지이신 증산 상제님과 합덕合德하시어 음양동덕陰陽同德으로 정음정양의 새 천지인 후천 오만년 조화 선경을 여시니라. …… 태모님께서 당신을 수부首婦로 내세우신 상제님으로부터 무극대도의 종통宗統을 이어받아 대도통을 하시고 세 살림 도수를 맡아 포정소布政所 문을 여심으로써 이 땅에 도운의 첫 씨를 뿌리시니라. 태모님께서는 수부로서 10년 천지공사를 행하시어 온 인류의 원한과 죄업을 대속代贖하시고 억조창생을 새 생명의 길로 인도하시니라.(11:1)

내가 고수부님을 본격적으로 만난 것은 1999년이었다. 그날 이후 고수부님은 내 의식 한복판에 하나의 화두로 오롯이 자리를 잡았다. 고수부님의 생애에 대해 좀 더 알고 싶어 나는 다시 오성산을 찾았다. 그동안 고수부님의 성지를 답사할 때마다 느꼈던 당신의 흔적들, 그 진한 체취를 나는 잊지 못한다. 고수부님의 체취를 가장 가까이서 느낄 수 있는 곳이 바로 여기 오성산이다. 한 생애 오직 천하창생을 건지기 위해 고난의 삶을 살다가 다 부서진 육신을 의탁하였던 오성산, 나는 그곳으로 가고 있는 중이다.

차는 계속 오솔길을 올라가고 있었다. 고수부님을 생각할수록 콧날은 계속 시큰거렸다. 금방이라도 터져 나올 것만 같은 눈물을 꾹꾹 눌러 참고 또 참았다. 그때였다. 정수리 위에서 청아한 목탁소리가 또로록 똑 똑, 따스한 봄날 처마 끝에 주렁주렁 매달린 고드름이 녹아서 떨어지는 소리처럼 애처롭게 들려오고 있었다.

제1장

돌미륵

"내가 법륜보살로 있을 때 상제님과 정한 인연으로
인간 세상에 내려왔느니라."

고수부님이 출생한 곳은 전남 담양군 무정武貞면 성도成道리.
내가 이곳을 처음 찾았던 것은 2000년 6월 2일이었다. 그것은
이후 8년 동안 기회가 있을 때마다 계속될 고수부님 성지 답사
의 시작이었다. 당시 일행은 나와 가이드를 포함해 4명이었다.
고수부님을 만나러 가는 길, 나는 불 먹은 듯 두근거리는 가슴
을 안고 여정에 올랐다.

출발지는 대전—. 호남고속도로를 남으로 두 시간 정도 달려
동광주를 지나 고서나들목에서 88고속국도로 갈아타고 동으로
20여 분을 가면 담양이다. 나들목을 빠져나와 13, 15번 도로로
갈아탔다. 차는 오른편 들판 사이로 강이라고 하기에는 좀 크
고 시내라고 하기에는 작은 오례천五禮川을 기웃거리며 한적한
시골 도로를 따라 달렸다. 오랜만에 가슴을 탁 터놓고 보게 되

는 시골 풍경이었다. 농촌 냄새가 코끝에 와 닿는 듯하였다. 11
시 방향으로 담양의 주산인 고비산高飛山(462.3m, 비봉산으로 불리기도
한다)이 보이는 가운데, 차는 담양군 무정면 오룡리에서 천천히
오른쪽으로 꺾어 들었다.

아늑하게 펼쳐진 들판이었다. 푸른 벼들이 식식거리며 자라
고 있는 들판을 가로질러 마치 거미줄을 타고 가듯 구불구불
꺾어진 마을길을 1킬로미터 정도 갔다. 들판 맞은편 마을 뒤쪽
으로 세 개의 산봉우리가 눈에 들어왔다. 왼쪽부터 금산錦山, 매
봉, 영천산靈泉山이다. 골짜기 하나씩을 끼고 자리 잡은 마을도
세 개가 보였다. 오른쪽부터 서정西亭, 중리中里, 도동道洞마을이
다. 세 마을과 동떨어져 있으나 조금 전에 지나쳐 온 들판 저쪽

담양 성도리 _ 1880년 3월 26일에 고수부님께서 탄강한 성지이다.

에 위치한 성덕成德마을까지 합쳐 하나의 행정구역인 성도리가 된다.

일행이 찾아가는 곳은 매봉 기슭에 2, 30여 가구가 옹기종기 모여 있는 도동이다. 마을은 담양이라고 하면 금방이라도 떠오르게 되는 저 울창한 대나무 숲으로 둘러싸여 있었다. 일행은 마을 초입의 오른편에 서 있는 정자 앞을 지나 마을로 향했다.

전남 담양군 무정면 성도리 도동—. 고수부님의 탄강지로 알려진 마을이다. 나로서는 고수부님의 탄강지부터 이 세상일을 모두 마치고 천상으로 떠난 그곳까지 고수부님의 유적지를 단 한 곳도 빼놓지 않고 답사하겠다는 결심으로 작정하고 출발한 길이었다. 그러나 답사 시작부터 마음은 무겁기만 하였다. 당신이 온 탄강지부터 명확하지가 않은 까닭이었다. 고수부님은 그렇게 신비로움에 싸여 있는 분이다. 찾으면 찾아갈수록 고수부님이 있는 풍경은 더욱 짙은 안개에 싸여 있었다.

담양군 무정면 성도리가 고수부님의 탄강지로 알려진 것도 당신 도문의 수석성도였던 고민환의 기록을 통해 알려진 것이다. 고민환은 고수부님으로부터 직접 얘기를 들었을 것이다. 뒤에 나온 몇몇 문헌들도 같은 탄강지를 택하고 있다. 물론『도전』에서도 현지답사를 통해 '전라도 담양도호부 무이동면 도리道里 고비산高飛山 아래에서 탄강했다'(11:2)고 기록하였다. 고수부님 탄강 당시의 행정구역 명칭은 그랬다. 이후 몇 번에 걸친 변화가 있었다. 1895년(고종 32) 무이동면은 무이상면, 무이하면, 무이중면으로 분리되었다가 1914년에 무이상·중·하면을 합하여 무면武面으로, 1918년에는 무면 8개 리里와 정면貞面 7개 리를 합하여 무정면이 된 것이다.

고수부님의 탄강지를 도리道里라고 하는 내력은 이러하다. 원래 성도리의 도동·서정은 영조 8년(1732)경에 마을이 형성되었는데 당시는 도동마을이라고 불렸다. 후에 도동 서쪽 마을은 정자가 있어 서정이라 불렸고 도동마을과 서정마을 중간에 있는 마을은 중간에 있다고 하여 중리로 불렸다. 이 3개 마을이 1914년에는 무면에 편입되어 이웃 마을 성덕成德과 함께 성도리로 개칭된 이래 현재에 이르고 있다. 결국 지금으로서는 고수부님이 태어난 마을이 성도리라는 것은 부인할 수 없다. 그러나 성도리 중에서도 어느 마을인지 정확하게 확인되지는 않고 있다.

고수부님의 생애를 추적해 가다 보면 나는 이따금씩 우연일까, 필연일까 라는 물음을 떠올리게 된다. 일찍이 공자는 정명正名을 강조하였다. 정명이란 이름을 바로 잡는다는 것을 말한다. 사람 이름이든 땅 이름이든 거기에 합당한 명분이 있다는 말이다. 고수부님의 탄강지에 붙어 있는 땅 이름도 신비로운 느낌을 갖게 한다. 고수부님이 탄강한 마을이 '도동'이고, 당신이 활동할 당시 이웃 세 개 마을을 묶어 '성도리'로 고쳐 불렀다는 것이 예사롭지 않은 터이다. 문자 그대로 풀이하면 '도동'은 '도의 마을', '성도리'는 '도를 완성하는 마을'이 된다. 우주 주재자인 증산 상제님으로부터 종통대권, 후계사명을 맡은 고수부님이 탄강한 마을 이름이 '도의 마을'이요, '도를 완성하는 마을'인 것이다.

　도동마을을 답사한 뒤 일행은 대나무 사이로 뚫린 좁은 길을 올라갔다. '담양'이라고 하면 가장 먼저 떠오르는 것이 대나무다. 바로 그 대나무 숲을 걸어가는 내 마음은 여전히 안타깝기만 하였다. 2000년 첫 답사 때를 기준으로 1년 전부터 내가 그토록 찾고자 하는 주인공 고수부님이 탄강지에서조차 미로 속에 있는 까닭이었다. 대숲이 끝나는 지점은 산으로 오르는 능선이다. 우리는 능선을 가로 질러 마을 뒤편 골짜기로 향했다.

　가이드는 어디로 가는지 앞뒤 설명도 없이 무성하게 자란 풀밭을 헤치며 계속 나아갔다. 길은 없었다. 다 쓰러져 귀신이라도 금방 튀어나올 것 같은 폐가의 앞마당을 지나 약간 경사진 뽕나무밭을 헤치고 얼마쯤 갔을까. 골짜기 밑으로 미나리꽝과 저수지가 보였다. 일행은 골짜기 위쪽으로 갔다. 가이드는 마치 숨겨 놓은 보물이라도 찾으려는 듯 잡초와 가시덤불이 울창한 숲을 헤치기 시작하였다.

커다란 나무줄기 사이로 보이는 골짜기 깊숙한 곳에 자그마한 공터가 나타났다. 일행은 손바닥만 한 미나리꽝을 지나 공터로 갔다. 가이드는 공터 한쪽에 허리쯤 닿는 작달막한 콘크리트 구조물 앞에서 걸음을 멈췄다. 인기척 하나 없는 주위에는 적막한 고요가 감돌았다. 그때였다. 구조물 앞으로 다가선 나는 앗, 터져 나오는 소리를 꾹 눌러 삼켰다. 구조물 안에는 형태조차 뚜렷하지 않은 돌부처가 서 있었다. 돌하르방 같은 자세로 상반신만 드러내고 있는 부처. 뭐랄까, 진한 사골국물을 그득히 담은 시골 뚝배기 같은 냄새가 물씬 풍기는 돌부처였다.

성도리 돌미륵상 _ 성도리 도동마을 뒤 안골에 있는 여女 미륵상. 고수부님 탄강이 미륵불과 깊은 관련이 있음을 느끼게 해 준다.

우리 이웃에서 흔히 볼 수 있는 얼굴이었다.

아. 이 부처는 왜 세상 속으로 나아가지 않고, 그렇다고 완전히 등지지도 못한 채 이 구석진 골짜기에 외로이 혼자 서 있는가.

돌미륵은 오랜 농사일로 얼굴은 물론 양 어깨와 손이 마치 곰발바닥같이 투박한 농부의 모습이었다. 형님 같은 부처님, 친구 같은 부처님, 미륵부처님……. 미래의 부처님, 미륵은 그런 모습으로 우리 곁에 있는 것은 아닐는지.

　가이드가 일부러 여기까지 우리 일행을 안내하고 돌미륵이라고 강조하는 데는 그럴만한 까닭이 있었다. 증산 상제님이 미륵이니까, 증산 상제님의 반려자요 종통계승자가 되는 고수부님이 돌미륵이 자리한 이곳으로 오는 것이 필연임을 은연중에 강조하고 있는 것이었다. 그럴 터였다. 돌미륵이 이곳에 세워진 연대를 확인할 수 없지만, 만약 고수부님이 탄강할 당시에 이곳에 있었다고 한다면 고수부님의 아버지는 뒷산에 나무를 하러 가고 오던 길에, 아니면 풀을 베러 와서 이 돌미륵 앞

담양 성도리 일대

에 기도했을 것이다. 물론 고수부님의 어머니도. 이제 알게 되겠지만, 그분들의 기도 내용은 미루어 짐작할 수 있다. 그분들도 이 땅에서 자라난 민초인지라 크게는 미륵세상을 꿈꾸었고, 그 꿈을 이루어달라고 기도했을 터이지만, 당장에는 당신들 부부의 가장 큰 과제를 풀어달라고 기도했을 터였다. 혼인한 이후 벌써 강산이 두 번이나 변하는 세월이 지나고 있으나 아이하나 없는 것이 늘 마음에 걸렸을 것이고, 부부는 이곳 돌미륵앞에 와서 제발 아이 하나 점지해 달라고 빌고 또 빌지 않았을까. 나는 키 작은 돌미륵 앞에서 근처 마을 어딘가에서 탄강했을 고수부님을 생각하며 숙연한 마음으로 참배를 하였다.

때는 서구 제국주의 세력이 밀물같이 밀려오고 안으로는 봉건사상에 찌든 집권세력이 몰락의 길로 치닫고 있던 19세기 말―. 나라의 운명은 한 치 앞을 예측할 수 없을 정도로 혼돈과 암흑의 계절이었다.

1880년 음력 3월 26일이다(제적부에는 8월 13일로 등재되어 있다. 이하 고수부님 관련 과거 연대는 모두 음력이다). 전라도 담양도호부 무이동면 도리, 한 오두막집에서 여자아이가 태어났다. 아버지 고덕삼高德三과 어머니 박성녀朴姓女 사이에 태어난 장녀였다. 고수부님의 제적부에 따르면 고덕삼의 출생일은 미상이고

박성녀는 1845년 8월 17일 박춘화朴春化와 송세녀宋世女의 장녀
로 태어났다. 제적부상에서 우리가 주목하는 것은 고수부님과
함께 당신의 어머니인 박성녀다. 제적부상에 박성녀로 기록되
어 있으나 남성중심주의가 맹위를 떨치던 당시 이름조차 없는
여성이 제적부에 등재될 때 그런 '이름'으로 기록되었다. 박씨
라는 성을 가진 여자라는 뜻이겠다(그럼에도 불구하고 우리는 편의
상 박씨 부인을 제적부 이름에 따라 박성녀로 표기한다).

이날 태어난 아이의 본관은 장택長澤, 이름은 판判 자 례禮 자.
훗날 수부님이 될 바로 그 아이다. 고덕삼과 박성녀가 혼인한
것은 1862년 3월 15일이었다. 박씨 부인으로 보면 열여덟 꽃다
운 나이에 시집을 왔으나 아이가 없다가 18년 만에 낳은 늦둥
이였다. 제적부에는 어머니 박성녀 부인과 함께 고수부님도
'고성녀高姓女'라는 이름으로 등재되어 있다. 결국 제적부상에
따르면 박씨 부인은 물론 고수부님도 이름조차 없는, 한낱 '여
자'로 온 것이었다.

고수부님 탄생 일화 한 토막─. 1879년 5월 박씨 부인이 어느
절에서 기도할 때 꿈을 꾸게 되었다. 높은 산에 올라 한 웅장한
집에 들어갔다. 한 선관仙官이 붉은 책과 누런 책을 한 권씩 주었
다. 황송하고 놀라운 마음으로 두 권의 책을 받는 순간 꿈을 깼
고, 그때부터 잉태하여 낳은 아이가 바로 판례였다.

고수부님 탄강의 의미를 새기기 위해서는 증산 상제님의 탄강을 이야기하지 않을 수 없다. 증산 상제님께서 "내가 미륵이니라." 하고 자신의 신원을 밝혀 주었다는 것은 이미 소개하였다. 증산 상제님은 또한 구천九天에 계시다가 "본래 서양 대법국大法國 천개탑天蓋塔에 내려와 천하를 두루 살피고 동양 조선국 금산사 미륵전에 임하여 30년 동안 머물다가 고부 객망리 강씨 문중에 내려왔다."(2:15)고 탄강 내력에 대해 말했다. 증산 상제님의 이러한 탄강 내력이 전제될 때 고수부님이 밝힌 당신의 전생, 탄강 과정과 목적 등을 쉽게 이해할 수 있다.

태모님께서 말씀하시기를 "금산사 미륵전 남쪽 보처불補處佛은 삼십삼천三十三天 내원궁 법륜보살內院宮 法輪菩薩이니 이 세상에 고씨高氏인 나로 왔느니라. 내가 법륜보살로 있을 때 상제님과 정定한 인연으로 후천 오만 년 선경세계를 창건하기로 굳게 서약하고 세상의 운로에 맞춰 이 세상과 억조창생을 구제할 목적으로 상제님을 따라 인간 세상에 내려왔느니라." 하시니라. 이어 말씀하시기를 "내가 이 세상에 오려고 모악산 산신으로 내려와 있던 중에, 상제님께서 오시기에 금산 미륵불로 인도하고 시종하다가 상제님께서 개 구狗 자 아홉 드는 구구지九狗地의 중앙인 시루산 아래 객망리 강씨 문중에 태어나시기로 나는 9년 만에 담양땅 고씨문高氏門에 태어났느니라.(11:20)

고수부님은 전생에 증산으로 오신 미륵불을 모셨던 법륜보살이었고, 그때 증산 상제님과 인연을 맺어 후천 오만 년 선경 세계를 창건하기로 서약하고 억조창생을 구제할 목적으로 증산 상제님을 따라 인간 세상에 내려왔다고 했다. 인간으로 태어나기 전에는 모악산 산신으로 내려와 있었는데, 상제님이 인간으로 강세하기에 모악산 금산사 미륵불로 인도하고 시종하다가 증산 상제님이 고부 객망리 강씨 문중에 태어난 뒤에 고수부님 자신은 9년 후에 담양땅 고씨 문중에서 태어났다는 것이다. 결국 고수부님은 전생에서부터 증산 상제님을 모셨고 인간으로 오는 과정에서도 인도, 시종했었다. 증산 상제님과 고수부님은 전라도 고부와 담양 땅에서 각각 태어나 서로 모른 채성장하였으나 결국 그 두 분은 만날 수밖에 없는 인연이었다. 훗날 증산 상제님께서 고수부님을 만났을 때 "수부, 잘 만났구나. 만날 사람 만났으니 오죽이나 좋을쏘냐."(11:20) 하고 감개무량하였던 이유도 그 때문이 아닐까.

1885년. 여섯 살이 된 판례에게는 첫 번째 불행이요, 그의 인생에 있어서 불운의 시작이기도 한 사건이 터졌다. 정확하게는 그해 9월 27일, 아버지 고덕삼이 갑자기 세상을 떠난 것이다. 제적부가 그 햇수를 명확히 기록하고 있다. 가부장제사회에서 아버지의 죽음은 곧 집안의 몰락을 의미한다. 박씨 부인과 판례의 경우도 예외가 아니었다. 고덕삼이 작고한 그해에 판례는 어머니 박씨 부인과 함께 정든 고향땅을 떠났다. 고수부님에게 있어서 그것은 곧 유랑의 시작이기도 하였다.

박씨 부인과 판례가 몸을 의탁한 곳은 외외가外外家인 송씨宋氏 집안이었다. 고수부님 도장의 핵심 간부였던 전선필 성도의 제자 이우인씨의 증언(2003. 6. 19.)에 따르면 당시 고수부님의 외외가는 담양군과 순창군 접경지역인 달성산達城山에 자리 잡은 자그마한 암자였다고 하지만, 더 이상의 확인은 불가능하다.

특기할 만한 것은 당시 고수부님의 외외가가 암자였다는 점이다. 미륵불 증산 상제님이 천상에서 인간으로 올 때 자신이 직접 모악산 산신이 되어 금산사 미륵불로 인도, 시종하였다고 밝힌 고수부님의 지상에서의 종교적 생애의 첫 출발 지점에 암자가 놓여 있다는 점에 주목하지 않을 수 없는 것이다. 물론 이 경우 '암자'에는 '미륵불을 모신 전당'이라는 의미가 깔려 있다는 것을 굳이 숨길 필요가 없다. 고수부님이 "여섯 살에 부친상을 당하시고 이로부터 모친을 따라 외외가 송씨의 승문僧門에 귀의하여 수행하였다."(11:3)는 기록이 우리의 의미망 안에 오롯한 자리를 차지하는 것은 그런 까닭이다. 결국 미륵불이신 증산 상제님을 만나 반려자가 되고 후일 종통대권 후계사명을 맡게 될 고수부님은 이때부터 이미 미륵불인 증산 상제님을 모시고 있었다는 의미로 해석할 수 있다.

외외가란 외할머니의 친정이다. 고수부님의 제적부에 따르면 송세녀 할머니의 친정이라는 얘기다. 박성녀 부인의 입장에서 굳이 외가로 간 것은 당신의 친정 부모님이 살아 계시지 않았을 것이기 때문이다. 당시 외할아버지나 외할머니가 살아 계셨는지도 확인할 수는 없다.

확실치는 않지만 박씨 부인과 어린 판례는 불목하니 노릇을 하며 살지 않았을까. 불목하니란 절집에서 밥 짓고 물 긷는 일을 맡아 하는 소임이다. 박씨 부인은 주로 밥을 짓는 공양주 노릇을 하고 판례는 절집 안팎을 소제하고 물을 긷고 밥을 지을 때 불을 지피는 일을 하였을 것이다. 아직 어린 판례로서는 삭풍이 몰아치는 한겨울, 칠흑 같은 어둠을 뚫고 일어나 그런 일들을 감당하기에는 쉬운 일이 아니었을 것이다. 말 그대로 고통스러운 절집 수행이요, 미륵불 모시기였다.

고판례가 아홉 살이 되던 1888년, 모녀는 외외가 암자를 떠났다. 정확한 이유는 확인할 수 없다. 경제적인 문제는 아니었을까. 망국으로 치닫던 하수상한 시절, 침략적 제국주의가 물밀듯 밀려오는 가운데 부패한 탐관오리들은 국가 안위를 걱정하기는커녕 이리떼처럼 날뛰면서 백성들의 고혈을 짜내기에 혈안이 되어 있었다. 더구나 1888년 그해는 큰 흉년이 들어 농민들의 생활은 더욱 곤궁하기만 하였다. 암자의 경제력도 궁금하긴 마찬가지였을 것이다.

나라의 운명은 여전히 혼란스러웠다. 중앙 정부와 멀리 떨어진 농촌이라고 해서 나라 안팎에서 소용돌이치는 혼돈의 풍우를 비켜갈 수는 없었다.

어디로 갈 것인가. 어디로 가면 꽁보리밥 한 숟가락 마음 놓고 먹을 수 있으며 밤이면 두 발 뻗고 잠 한 번 제대로 잘 수 있단 말인가. 가냘프기만 한 어린 판례의 손목을 잡고 길을 떠나는 어머니 박씨 부인은 생각할수록 답답하고 앞날이 암담했을 것이다.

제2장

시천주조화정侍天主造化定

"동학 주문에 '시천주조화정侍天主造化定' 이라 하였으니
나의 일을 이름이라."

    그날 고수부님의 탄강지 성도리를 답사하고 마을을 벗어난 답사팀 일행은 다시 담양 13, 15번 도로에 섰다. 답사 차량 뒷좌석에 앉아 있는 나의 마음은 여전히 무거웠다. 방금 답사하고 나온 도동마을을 돌아보았다.

    차는 다음 코스를 향해 움직이기 시작했다. 13, 15번 도로를 지나 차는 1번 국도로 접어들었다. 말이 1번 국도이지 한적한 시골 도로일 뿐이었다. 얼마나 갔을까. 차는 담양군을 지나 장성군 지역을 가고 있었다. 오른편으로 백양사라는 간판이 나타났다.

    차를 몰고 드라이브를 해 보면 전라도 도로만큼 정이 가는 도로가 또 있을까. 포장도로이긴 해도 차가 지나갈 때마다 뿌연 먼지가 안개처럼 피어올랐다. 산이라고 하기에는 부족한, 십

중팔구는 야트막한 언덕이다. 언덕은 넓기만 하였다. 그 너른 언덕은 검붉은 황톳빛 밭으로 변해 각종 채소를 키우고 있었다. 답사자 일행은 좁은 도로를 따라 그 드넓은 밭과 밭 사이를 뚫고 서북으로 달리고 있었다. 길은 멀기만 하였다.

고수부님을 생각했다. 1백여 년 전, 어린 고수부님이 당신의 어머니 박씨 부인과 걸어갔을 바로 그 길을 나는 가고 있었다.

일행을 태운 차는 멀리 오른쪽 골짜기 너머로 전남 장성 북하면과 전북 정읍 입암면, 순창 복흥면 가운데 우뚝 솟아 있는 백암산白巖山(741m) 능선을 오른편으로 끼고 경사 길을 오르고 있었다. 장성 북상면과 정읍시 입암면 사이에서 경계를 이루는 입암산笠巖山(655m)을 끼고 구불구불 돌아가는 갈재를 넘고 있는 것이었다. 지금 우리 일행은 차를 타고 가지만, 1백여 년 전 그 때 아홉 살 어린 판례는 도대체 어디로 가는 지 영문도 모른 채 숨이 턱까지 차오르는 것을 참고 또 참고 말없이 걷고 또 걸었을 길이다. 아마도 어린 판례는 난생 처음 그렇게 먼 곳을 걸어가지 않았을까.

장성 갈재를 넘은 차는 다시 내리막길로 쏟아질 듯 내달렸다. 골짜기를 벗어나자 제법 너른 들판이 펼쳐졌다. 오른편은 내장산국립공원이다. 멀리 내장산 정상이 신선봉이고 그 너머는 장군봉, 아래쪽은 상왕봉이다. 그렇게 높지는 않지만 칼날같이 하늘을 향해 뻗어 올라가는 입암산이 가로막고 있어 봉우리

인류의 어머니 수부 고판례

들은 보이지 않는다.

　입암산과 그 능선이 병풍처럼 둘러쳐져 있는 분지형으로 제법 넓은 들판을 이루는 이곳은 정읍시 입암면─. 그중에서도 우리 일행이 도착한 곳은 접지리 대흥마을이다. 답사를 하기 전에 고수부님 관련 자료를 읽으면서 눈이 시도록 많이 보았던 '대흥리大興里'가 바로 이곳이다. 천원역川原驛 서쪽에 있는 대흥마을은 고수부님의 성장지일 뿐만 아니라 증산 상제님 어천 후 도문을 개창한 장소로서, 고수부님 생애에 있어서 매우 중요한 곳이다. 지금까지 증산 상제님과 고수부님 생애를 기록한 초기 기록은 대부분 정읍군 입암면 대흥리로 표기하고 있으나 행정구역 지명으로서 대흥리는 존재하지 않는다. 정확한 행정구역 명칭은 입암면 접지리 대흥마을이다. 대흥마을이 '대흥리'로 불려지게 된 것은 보천교普天敎(보천교에 대해서는 뒤에서 상세히 얘기하게 될 것이다)가 교세를 떨치면서 전국의 신도들이 이곳으로 모여든 이후 보천교인들에 의해 불려진 지명이다. 여기서는 편의상 대흥리로 지칭한다.

　대흥리는 입암산을 비롯하여 입암면 마석리磨石里와 소성면 중광리中光里 사이의 국사봉國師峯, 접지리와 지선리芝仙里, 마석리 사이에 아담하게 솟아있는 비룡산飛龍山 능선이 깎아지른 듯 빙둘러서 있는 가운데 드넓은 분지를 이루는 들판의 한복판에 위치하고 있다.

　일행은 마을 초입에서 내렸다. 고수부님과 관련된 곳으로 그렇게 유명한 대흥리 거리를 두 발로 직접 걸으면서 확인해볼 심사로.

　걸어가면서 나는 예사롭지 않은 느낌에 사로잡혔다. 동네 골목길이라고 하기에는 좀 넓고, 도로라고 하기에는 좁다고 느껴지는 '골목길'이었다. 어쨌든 차 한 대가 제법 여유를 부리며 다닐 수 있는 길이니까 도로라고 하는 편이 옳다. 도로뿐만이 아니라 인가도 마찬가지였다. 도시라고 하기에는 너무 초라하고, 그렇다고 여느 시골이라고 하기에는 어딘지 도시 냄새가

정읍 대흥리 _ 1907년에 상제님께서 수부님을 만난 곳으로, 훗날 이곳을 중심으로 도운의 낙종과 이종 도운이 펼쳐지게 된다.

물씬 풍겼다. 대도시의 변두리쯤이라고 할까. 2, 30미터 정도 되는 대흥리 거리를 뚝 떼어 놓고 걸어보라고 한다면 아마도 어느 대도시의 뒷골목을 걷고 있다는 착각을 일으킬 것이다. 우선 도로 양쪽으로 처마를 맞대고 **빽빽**하게 늘어선 민가들이 십중팔구는 담장을 두지 않고 곧바로 도로와 맞대고 있는 것이 그렇다. 또 있었다. 큰 도로에서 10미터 정도 들어가면 도로는 'ㄱ'자로 꺾어지는데 모퉁이를 돌아서려고 할 때 기계소리가 철커덕철커덕 들려왔다. 한두 집이 아니었다. 도로 양쪽으로 여기저기 민가에서 들려오는 기계음은 아무래도 시골에서는 좀 낯설게 느껴지는 소리였다.

"…… 베를 짜고 있는 것입니다. 저들 대부분은 보천교도들입니다. 그 후손이기도 하구요. 보천교가 한창 기세를 떨칠 때, 교주인 차경석의 명으로 전국에서 보천교도들이 모여들었거든요. 당시 이곳 대흥리는 대도시가 형성됐다고 합니다. 그들이라고 놀면서 먹고살 수는 없잖아요. 농사를 짓자니 땅은 한정되어 있고, 무엇이든 직업을 가져야 했고, 그러다 보니까 저런 가내수공업을 하게 된 것이지요."

가이드의 설명을 들으며 일행이 도착한 곳은 기왓장으로 용마름을 한 돌담장이 빙 둘러쳐져 있는 가운데 전체가 태극문양으로 채워져 있는 어느 고택의 대문 앞이었다. 가이드로부터 "보천교 본소 건물입니다."라는 얘기를 듣는 순간, 나는 자신도 모르게 '앗' 하고 탄성이 신음처럼 터져 나왔다.

대문은 굳게 잠겨 있었다. 가이드로부터 어떤 설명을 듣지 않아도 나는 알고 있었다. 이곳이야말로 내가 그토록 찾아다니고 있는 고수부님이 대도의 '씨앗'을 뿌리고 그의 이종사촌 동생 되는 차경석 성도가 옮겨 심어 6백만 신도를 거느렸다는 바로 그곳이다. 망국의 인민들에게 한때 꿈과 희망을 안겨 주었던……. 아니나 다를까. 도로에 서서 돌담장 너머로 희끗희끗 드러나 보이는 거대한 용마루만 보아도 한때의 화려했던 기억을 이제는 쓸쓸한 추억으로 간직하고 있는 듯하였다. 어디 보천교뿐이겠는가. 고수부님과 관련해서도 마찬가지였다.

대흥리 도장 터 _ 상제님께서 수부소와 포정소를 정한 곳으로, 고수부님께서 도장을 개창하여 도운의 첫째 살림을 연 곳이다. 그 후 보천교 본소가 되었다.

나는 보천교 본소 건물 밖을 답사한 뒤 대문을 열고 안으로 들어갔다. 대문을 통과하니 대여섯 평쯤 되어 보이는 마당이 나타났다. 본채와 아래채 건물이 서로 처마 모서리를 맞대고 'ㄴ' 자로 꺾어진 곳에 있는 마당이었다. 보천교 초기 시절에도 그랬는지 확인할 수 없으나 정문을 통과하자마자 본채 측면과 아래채 측면이 모서리를 맞대고 있는 곳에 마당이 있는 것은 전통적인 우리 한옥 정서와는 맞지 않았다. 정문을 지나면 본채가 마주 보이는 것이 우리네 상식 아니던가. 본채와 아래채 사이를 통해 안으로 들어가니 다시 좁고 기다란 앞마당이 나타났다. 마당 절반은 얼핏 보아도 각종 채소를 재배하는 채마밭으로 사용되고 있었다. 거대한 고택에 비하여 궁색한 형편을 말해 주고 있는 듯하였다.

나는 본채 마당에 우두커니 서서 집 안팎을 감상하듯 천천히 둘러보았다. 마당에서 두어 뼘 높이인 토방은 보통어른 반 팔 정도의 폭으로 집의 가로 길이에 맞게 길게 놓여 있었다. 본채 정면은 통째로 유리창이 가리고 있는데, 보천교 부흥 시절 당시가 아니라 뒤에 설치한 것이리라. 유리벽 안에는 마루가 본채 가로 끝에서 끝까지 놓여 있었다. 본채는 다섯 칸으로 보이는데 일반 가정집으로 보면 열 칸은 되어 보일 정도로 큰 건물이었다.

우리 일행이 건물 안팎을 세세하게 둘러보며 인기척을 냈으나 사람의 그림자 하나 보이지 않았다. 건물 안팎에는 왠지 모를 싸늘한 냉기가 감돌았다. 내친 김에 나는 중앙의 유리창 문을 조금 열고 마루 끝에 걸터앉아 멀리 돌담장 너머로 지는 해를 바라보았다. 이 거대한 고택에는 현재 보천교주 차경석의 아들이 살고 있다고 하였다.

이곳은 암자에서 떠난 어린 판례가 어머니 박씨 부인과 함께 도착하여 살게 된 제2의 고향과 같은 곳이다. 판례는 이곳에서 성장했고 이곳에서 혼인했으며 또 이곳에서 증산 상제님을 만나 수부가 되었고 후일 도문을 개창하게 된다. 이곳은 보천교 본소로 널리 알려졌지만, 고수부님과 직접적으로 연관된 이름으로 말하면 '수부소首婦所' 터이며 고수부님의 첫 번째 살림 도장 본소 터이기도 하다.

고수부님이 도장을 개창했지만 고난도 없지 않았던 이곳. 고수부님은 당신이 씨를 뿌리고 키웠던 이곳 대흥리 도장에서 가장 가까운 피붙이인 이종사촌 동생 차경석으로부터 더 이상 감당할 수 없는 배반을 당하고 쫓겨나다시피 떠나게 된다. 한 인간으로서, 한 여성으로서 고수부님이 감당해야 했던 첫 번째 배신이었다.

그날 답사 마지막 코스로 일행은 수부소에서 나와 도로 맞은 편 골목길로 들어갔다. 막다른 골목길 너머는 벼들이 자라고 있는 들판이었다. 마을 뒤편 논둑에서 가슴 높이쯤에 제법 큼지막한 공터가 보였다. 옥수수가 듬성듬성 자라고 있었지만, 온전한 밭으로 보이지는 않았다. 공터 곳곳에는 커다란 바위들이 띄엄띄엄 흩어져 있고, 흙더미로 덮여 있는 바위 위에는 잡초가 무성하였다. 자세히 보면 왠지 정으로 찍어낸 흔적이 역력한 바위들이었다. 가이드는 이 바위들이 보천교가 가장 화려했던 시절, 진짜배기 보천교 본부를 이루었던 십일전十一殿의 주춧돌이라고 하였다. 본격적인 이야기 전개과정에서 살펴보겠으나, 일제의 탄압으로 보천교가 해체되어 십일전을 비롯한 여러 건물들이 뜯겨져 옮겨간 곳이 현재 서울 조계사 대웅전과 옛 전주역사 건물들이다.

보천교 십일전 터 _ 보천교 성전 십일전이 있던 곳. 현재는 집터와 주춧돌만 남아 있다.

보천교 십일전 터를 나온 나는 다시 수부소 터로 향했다. 내 관심은 고수부님에 집중되어 있었으므로 나는 수부소 안팎을 동영상으로 찍어내 뇌리 속에 챙겨둘 요량이었다. 수부소 주위를 천천히 둘러보던 나는 다시 일행 속에 묻혀서 조금 전에 왔던 도로 맞은편 쪽으로 갔다. 10미터 정도 가니 작은 하천(정읍천)이 흐르고 있었다. 물이 말라 버려 잡초가 우거진 천변 사이로 졸졸 흐르고 있지만, 옛날 고수부님이 대흥리 수부소에 머무르고 있을 때 증산 상제님께서 차경석을 데리고 목욕을 했다는 바로 그 하천이었다.

> 대흥리에서 하루는 차경석, 안내성, 박공우를 데리고 앞내에 나가 목욕하실 때 경석에게 명하시어 소금 한 줌을 가져다 물 위에 뿌리게 하시고 물에 들어서시며 "고기잡이를 하리라." 하시더니 느닷없이 경석의 다리를 잡고 "큰 이무기를 잡았다." 하시거늘 경석이 아뢰기를 "제 다리입니다." 하니 "그렇게 되었느냐?" 하시고 놓으시니라. 이후에 경석과 공우를 데리고 어디를 가실 때 경석을 돌아보며 말씀하시기를 "이무기가 용龍이 되려다가 되지 못하고 땅에 떨어지면 30리 안이 쏘가 되나니 이 말을 잘 기억하라." 하시니라.(6:54)

증산 상제님의 언행 하나하나는 곧 '하늘도 뜯어고치고 땅도 뜯어고치는' 천지공사가 아님이 없다고 했다. 물론 저기 하천에서 목욕하면서 보여 준 그날의 모습도 천지공사다. 그때 증산 상제님은 차경석을 잡고 '큰 이무기를 잡았다'고 하였다. 그리고 이무기가 용이 되지 못하고 땅에 떨어지면 30리 안이 쏘가 될 것이라고 경고하였다. 앞으로 이야기 전개과정에서 상세히 살펴보겠지만, 오늘날 퇴락한 대흥리의 풍경은 곧 이 공사가 현실화되었음을 상징적으로 보여 주고 있다. '큰 이무기' 차경석은 용이 되려고 했으나 되지 못하고 땅에 떨어지고 말았다.

다리를 건너 곧장 가면 막다른 지점에 작고 아담한 시골 역사

정읍 대흥리, 왕심리 일대

驛舍가 나타난다. 천원역이다. 하루 종일 돌아다니며 흔적조차 사라진 고수부님의 체취를 애써 찾던 나는 역 앞마당 오른쪽 후미진 곳에 자리 잡고 있는 가게 앞 평상에 앉았다. 천원역사가 한 눈에 들어왔다. 역사 지붕 위로 붉은 해가 뉘엿이 저물고 있었다.

　박씨 부인과 어린 판례가 지친 몸을 이끌고 도착한 곳은 당시 행정구역으로 정읍현 남이면 접지리 대흥마을이었다. 짧지 않은 거리다. 난생 처음 그렇게 먼 거리를 산 넘고 물 건너 들판을 지나 걸어서, 걸어서 온 어린 판례는 지칠 대로 지쳤을 것이다. 모녀가 찾아온 곳은 대흥리 차치구車致九(1851~1894)의 집이었다(우리 답사팀 일행이 들렀던 보천교 본소 건물이 바로 그곳이다). 차치구는 판례의 이모부이며, 판례의 어머니 박성녀와 차치구의 아내 박씨 부인(1857~1921)은 자매사이다. 차치구의 아내인 박씨 부인은 박춘화와 송세녀 사이의 3녀니까 장녀인 박성녀의 아래아래 동생이 된다.

　결국 모녀가 두 번째로 몸을 의탁한 곳이 동생의 집이었다. 그 당시 모녀의 사정이, 그리고 앞으로의 삶이 어떠했을지 추측하기는 어려운 일이 아니다. 결국 더부살이에 지나지 않았을 것이다. 박씨 부인도 그렇지만 어린 판례로서도 암자 시절이나 차치구의 집이나 어렵기는 마찬가지였을 것이다.

차치구를 주목한다. 그는 1851년에 정읍 입암면 마석리에서 차운오車雲五(1806~1853)와 김해 김씨 사이에 3형제 중의 막내로 출생하였다. 가난한 집안에 신분도 평민이어서 서당에도 다니지 못했다. 그러나 키가 7척 거구인데다 기개가 남달라 장수감으로 소문이 자자했다. 한때 고창으로 이사를 갔었으나 스무 살 안팎에 대흥리로 옮겨왔다. 판례와 그의 어머니 박씨 부인이 몸을 의탁할 무렵, 차치구는 동학접주로서 가혹한 고리대를 열성으로 정리해 주고 억울한 송사를 풀어 주거나 강제로 빼앗은 장지葬地를 되돌려 주는 등 평소 이웃의 어려운 일을 도맡아 처리해 주는 고강한 인품의 소유자.

차치구는 부인 밀양 박씨와의 사이에 4남 1녀를 두었다. 이들은 고판례의 이종사촌 동생들인 셈이다. 장남 차윤홍車輪洪(1880~1936, 족보명 경석)을 비롯하여 윤경輪京(1882~1957), 윤칠輪七(1884~1920), 윤덕輪德(1893~?)이 그들이다. 판례와 나이가 같지만 생일이 늦어 이종사촌 동생이 되는 차윤홍은 족보명 경석으로 널리 알려진 인물이다. 호는 월곡月谷이다. 고수부님의 전기적 생애에서 아무리 강

차경석 성도

조해도 지나치지 않을 차경석은 훗날 장성해서 아버지 차치구 못지않게 기골이 장대했고 배포가 컸으며 그 사람됨이 남달랐던 인물이다. 차윤칠은 성품이 좀 과격한 편이었으며 윤덕은 수려한 용모에 온순한 성격의 소유자로 알려졌다.

  한평생을 살다가 보면 언제 어느 곳에 있었느냐에 따라서 인생행로가 달라질 수 있다. 한 사람의 삶이 그 시대와 환경의 영향을 전혀 받지 않을 수 없다는 얘기다. 고수부님은 어떠하였을까. 한창 감수성이 예민할 나이인 아홉 살 이후 열다섯 살 때까지 성장기에 어떤 식으로든 영향을 가장 많이 미치게 되는 인물들은 누구였을까. 어머니와 이모를 제외한다면 가장인 차치구, 그리고 경석을 비롯한 이종사촌 동생들일 것이다. 특히 차치구는 고수부님의 젊은 시절을 이해할 수 있는 하나의 지표가 될 수 있는 인물이다.

  당시 38세인 차치구는 판례에게 있어서 가장일 뿐만 아니라 아버지를 대신하게 되는 인물이었다. 당시 고판례의 행적 중에 눈길을 끄는 것은 정읍지역 동학접주인 차치구를 좇아 동학을 믿으면서 '시천주주侍天主呪' 수련을 하였다(11:3)는 것이다. 고수부님의 동학신앙은 불교 경험에 이어 또 하나의 새로운 종교체험으로서 주목되는 부분이다. 물론 증산 상제님의 가르침에 따르면 같은 신앙을 한 것이지만, 전자가 미륵불 신앙을 경험한 것이라면 후자는 상제 신앙을 경험한 것이기 때문이다. 그만큼 고수부님은 (결국 만날 사람이지만 아직 만나지 못하고 있는) 증산 상제님과 가까워지고 있었다.

내(증산 상제님-인용자주)가 최수운崔水雲에게 천명天命과 신교神敎를 내려 대도를 세우게 하였더니 수운이 능히 유교의 테 밖에 벗어나 진법을 들춰내어 신도神道와 인문人文의 푯대를 지으며 대도의 참빛을 열지 못하므로 드디어 갑자甲子(1864)년에 천명과 신교를 거두고 신미辛未(1871)년에 스스로 이 세상에 내려왔나니 동경대전東經大全과 수운가사水雲歌詞에서 말하는 '상제'는 곧 나를 이름이니라.(2:30)

동학 주문에 '시천주조화정侍天主造化定'이라 하였으니 나의 일을 이름이라. …… 나를 믿는 자는 무궁한 행복을 얻어 선경의 낙을 누리리니 이것이 참동학이니라.(3:184)

동학의 창시자 최수운에게 인류 구원의 사명과 함께 '시천주주' 주문을 내려 준 주인공이 다름 아닌 증산 상제님 자신이라는 말씀이다. 그리고 최수운이 참형에 처해진 뒤 상제님 자신이 직접 지상에 강세하였다는 것이다. 당시 동학 신도들이 의식했든 하지 못했든 이와 같은 '밝힘'에 기대면 동학에서 신앙하는 '상제'는 곧 증산 상제님이 되는 것이다.

그렇다면 고수부님이 아홉 살 때부터 동학을 믿으며 '시천주주' 수련을 했다는 것은 무엇을 의미하는가. 훗날 증산 상제님의 반려자가 될 고수부님은 이때 이미 증산 상제님을 만났고 또한 '시천주주'를 통해 그 분을 애타게 부르고 있었던 것이다. 고수부님이 증산 상제님을 만나는 것은 곧 예정된 길이었다. 그러나 인생만사가 그렇듯이 '만날 사람 만나는'(11:20) 과정은 멀고 험난하기만 하였다.

제3장

고수부님과 갑오년 동학혁명

열다섯 살에 출가하시니라.

어린 고수부님이 정읍 대흥리에 살게 된 다음해(1889)부터는 전국 각지에서 농민들의 봉기가 들불처럼 일어났다. 외세의 침략도 날이 갈수록 기승을 부렸다. 조정은 이미 정부로서의 기능을 잃어버렸다. 예나 지금이나 부패한 권력자들이 저희들의 권력놀음에 놀아나는 동안 부당하게 핍박받는 것은 백성들뿐이다. 곡창지대 전라도, 그중에서도 고수부님이 살고 있는 정읍과 이웃하는, 증산 상제님이 인간으로 오신 고부 땅에는 저 악명 높은 조병갑趙秉甲이 군수로 부임하면서 백성들에 대한 가렴주구苛斂誅求가 다른 어느 지역보다도 혹독하였다.

이 무렵, 고부를 중심으로 전라도 일대에는 두 개의 동요가 유행하였다. "새야 새야 녹두새야 웃녘새야 아랫녘새야 / 전주 고부 녹두새야 함박쪽박 열 나무 딱딱 후여", 또 하나는 "새야 새야 파랑새야 녹두밭에 앉지마라 / 녹두꽃이 떨어지면 청포장

수 울고 간다." 녹두장군 전봉준의 출현을 예언한 동요였다.

전봉준이라는 인물을 주목한다. 당시 40세 장년이었던 전봉준은 고부 말목장터에서 서당 훈장을 하는 한편 약방을 운영하며 동학접주로 활동하고 있었다. 키가 5척 단구였고, 체구의 위·아래가 녹두를 찍어낸 듯 떡 벌어지고 담력이 뛰어나 '녹두장군'이란 별명이 붙었다.

고수부님의 나이 열네 살이 되는 1893년. 전국 각지에서 70여 건에 이르는 크고 작은 민중항쟁이 발생하였다. 그해 3월 충청도 보은에서 7, 8만 명에 이르는 군중이 구름처럼 모여 들었다. 조선 조정에 의해 이단으로 처형된 교조 최수운의 억울한 죄를 씻어 주고 동학의 종교 활동을 보장해 달라는 이른바 '교조신원운동'의 일환이었다. 같은 시기, 어린 고수부님이 살고 있는 정읍 대흥리에서 그리 멀지 않은 금구 원평에서도 비슷한 집회가 열리고 있었다. 동학 남접南接 계열, 그중에서도 고부접주 전봉준 계열이 주도한 집회였다.

해가 바뀌었다. 정초의 분위기가 아직 가시지 않은 갑오년 (1894) 1월 10일 밤, 녹두장군 전봉준은 동학군 수천 명을 이끌고 마침내 봉기의 횃불을 올렸다. 갑오년 그해는 조선은 물론 동아시아의 운명의 전환기였는데, 고수부님의 생애에서도 하나의 전환기였다. 열다섯 살의 아직 어린 나이였던 고수부님이 이모(차경석의 어머니)의 중매로 같은 마을에 살고 있는 평산平山 신씨申氏 집안으로 혼인을 한 것이었다. 신씨는 동학 신도였다.

고수부님의 혼인 연도에 대해서는 정확한 기록을 찾기 어렵다. 몇몇 초기 기록들을 찾아보아도 정확한 혼인 날짜는 물론 혼인 연도조차 확인하기가 쉽지 않다. 우리가 갑오년, 동학혁명의 소용돌이 속에서 고수부님이 혼인하였다고 결론을 내린 것은 다음과 같은 이유 때문이다.

> 그 후 열다섯 살에 이모의 권유로 같은 동네에 사는 동학 신도 신씨에게 출가하셨으나 13년 만에 사별하고 홀로 사시니라.(11:3)

고수부님이 1880년생이니까 우리 나이로 열다섯 살이면 1894년이 되는 해에 혼인했던 것으로 보인다. 이제 어린 고수부님은 한 명의 성인으로서 고부인이 되었다.

훗날 도장을 개창한 뒤 고수부님은 "나는 담양땅 고씨문高氏門에 태어나서 신씨와 인연을 텄었다."(11:20)고 회고한다. 증산 상제님께서는 "내가 천상에서 신씨 보고 잘 맡아 보라 하였다." (10:7)라고 밝혀 주었다. 고수부님의 생애에 역경과 고난은 운명과도 같은 것이었다. 지난 세월 동안 여성이 겪어왔던 온갖 고통을 모두 짊어지고 그 모든 것을 대속하는 수부님이었기에, 어찌 보면 그런 역경은 필연적이었을지도 모른다. 범상치 않은 유년 시절에 이어 결혼 생활 또한 평범한 여인의 삶과는 달랐다.

그해 8월 17일, 청·일 전쟁에서 승리한 일본군은 친일정권을 수립한 뒤 여세를 몰아 동학군 토벌에 나섰다. 동학군 지도부에서도 움직이지 않을 수 없었다. 이미 관군과 강화講和를 이루어 전라도 각 읍에 집강소執綱所를 설치하고 지방행정을 담당하고 있던 동학군 지도부는 재기포를 선언했다. 항일구국군의 민족전선으로 방향을 선회한 것이다. 차치구가 동학혁명에 본격적으로 참여한 것은 이때였다. 9월 그믐께, 전봉준은 동학군을 삼례에 집결시켰다. 3월 백산 기포 때 1천2백 명의 동학군을 이끌고 혁명대열에 참여했던 차치구는 9월 기포에서 5천 명의 동학군을 이끌고 참여하였다.

동학군은 무기와 전술·전략 면에 있어서는 군함으로 해군까지 동원한 정예부대인 일본군과 당초 비교가 될 수 없었다. 더구나 일본군은 오랫동안 동아시아의 맹주로 군림해 왔던 '늙은 사자' 중국을 제압한 뒤였다. 동학농민군 역시 1차 기포 이래 한 번도 패한 적이 없었다. 쌍방간에 기다리고 있는 것은 건곤일척乾坤一擲의 한 판 승부뿐이었다.

결과는 참담했다. 그해 10월 이후 전투에서 동학군은 연전연

패했다. 11월 공주 우금치전투 패배 이후 차치구는 대장 전봉준과 함께 패퇴의 길에 올랐다. 그리고 전라도 금구 원평과 태인 성황산 전투에서 패배한 다음날인 11월 28일, 동학군 최고지도자 전봉준이, 고수부님이 살고 있는 바로 이곳 정읍에서 동학군의 자진해산을 선언함으로써 동학혁명전쟁은 막을 내렸다.

증산 상제님께서 예고한 그대로 대세가 전개되고 만 것이다. 그해 7월 어느 날 밤, 상제님께서는 불을 밝히지 않은 채 홀로 앉아 깊은 명상에 잠겼다. 조화로 충만한 천지의 원신元神을 열고 삼매에 들었던 증산 상제님께서는 동학군의 운명을 예시하는, 동학군이 그해 겨울에 이르러 패망할 것을 암시하는 내용의 옛 시 한 수를 읽으니 다음과 같았다.

월 흑 안 비 고　선 우 야 둔 도
月黑雁飛高하니 單于夜遁逃라
욕 장 경 기 축　대 설 만 궁 도
欲將輕騎逐할새 大雪滿弓刀라

어두운 달밤에 기러기 높이 나니
선우가 밤을 타서 도망하는구나.
경기병 이끌고 뒤쫓으려 할 적에
큰 눈 내려 활과 칼에 가득하도다.(1:51)

증산 상제님의 말씀처럼 갑오년 동학혁명으로 많은 인명이 희생되었고, 혁명대열을 이끌었던 지도자들도 그렇게 떠났다.

하지만 제폭구민除暴救民(포악한 벼슬아치를 제거하고 백성을 구제함)과 보국
안민을 위해 봉기하였던 그들의 죽음은 결코 헛되지 않을 터였
다. 훗날 증산 상제님은 동학농민군 지도자 전봉준에 대해 "명
숙의 동動은 곧 천하의 난을 동케 하였느니라. …… 전명숙은 내
세상의 앞길을 열었느니라."(2:31)라고 하면서 다음과 같이 평가
해 주었다.

> 전명숙全明淑(전봉준의 자-인용자주)이 도탄에 빠진 백성을 건지
> 고 상민常民들의 천한 신분을 풀어 주고자 하여 모든 신명들이
> 이를 가상히 여겼느니라. 전명숙은 만고萬古의 명장名將이니
> 라. 벼슬 없는 가난한 선비로 일어나 천하의 난을 동動케 한
> 자는 만고에 오직 전명숙 한 사람뿐이니라. 언론이라도 그의
> 이름을 해하지 말라.(4:11)

동학혁명이 어디 최고 지도자 전봉준 한 사람한테만 해당하
겠는가. 증산 상제님의 전봉준에 대한 평가는 곧 그와 뜻을 함
께했던 모든 동지들 동학군 지도자, 그리고 동학혁명 대열에
참가했던 모든 이들에게도 해당되는 것일 터. 특히 차치구의
죽음은 아들 차경석을 비롯한 차씨 형제들과 그의 가족은 물론
이요 같은 동네에 살고 있던 고수부님에게도 충격이 아닐 수
없었을 것이다. 친정아버지와 다름없었던 '정신적 지주'의 죽

음이었으므로. 동학을 신앙하던 고수부님은 그렇게 갑오년 동학혁명과 함께 있었다.

제4장

농바우 이야기

"이 길이 길행吉行이라.

한 사람을 만나려 함이니 장차 네게 알리리라."

내가 전라북도 정읍시 칠보면 시산리詩山里 행단마을, 그리고 순창군 쌍치면 종암리 농바우마을을 본격적으로 답사했던 것은 2006년 9월 7일이었다. 9월 6일부터 9월 8일(2박 3일)까지 증산 상제님과 고수부님 유적지 답사 길에 올랐는데, 그날은 둘째 날이었다.

동 트는 새벽 다섯 시, 나는 차에 몸을 싣고 김제 원평 숙소를 떠나 뿌연 안개가 뒤덮인 도로를 가르며 미끄러지듯 달려갔다. 모악산 금산사를 비롯하여 용화동 일대, 증산 상제님의 생애에 있어서 후반기 천지공사의 본산이라고 할 수 있는 구릿골 일대, 그리고 증산 상제님이 열네 살 때(1884) 수석성도 김형렬을 처음 만났다는 매당 불출암을 답사한 뒤 백암리를 거쳐 도착한 곳은 태인 행단이었다. 행단은 증산 상제님이 몇 번에 걸쳐 천지공사를 보았던 유적지로서 나 역시 한두 번 답사했던 곳이 아니다.

최근에는 2008년 4월 10일, 같은 연구소에 근무하는 다섯 명의 박사들과 답사를 했다. 이날 답사는 2006년 답사 때와는 반대 코스를 밟았다. 전북 순창군 쌍치면 종암리 농바우 답사를 마치고 갑오년 동학혁명의 최고 지도자 녹두장군 전봉준의 피체지인 쌍치면 피노리避老里에서 잠시 숨을 고른 뒤 구불구불 쏟아질 듯 내달리는 구절치九節峙를 넘어 행단에 도착한 것이다.

태인 행단—. 원래는 태인군 고현내면 행단리였으나 1914년에 정읍군 칠보면 시산리로 지명이 바뀌었다. 시산리는 면 소재

태인 행단 _ 상제님께서 이곳에 이르러 차경석 성도에게 '수부를 천거하라'고 하였다. 마을 뒷산 기슭에는 상제님과 고수부님의 공사에 의해 세워진 칠보발전소가 있다.

지를 포함하여 7개 마을을 관할하고 있는 칠보면의 가장 큰 리 단위로, 그중에서 행단마을은 5통 1반에 속한다. 행단마을 뒤편으로 우뚝 서 있는 뫼가 장군봉, 마을 앞 오른편 면 소재지 쪽으로부터 왼편 정상 쪽으로 구불구불 치고 올라가는 고갯길이 구절치다. 행단이라는 이름 때문일까. 마을 앞 도로변에는 '은행나무집'이라는 음식점 간판이 유달리 눈에 들어왔다. 골목길로 들어갔다. 아담한 마을 곳곳에는 은행나무들이 수줍은 듯 고개를 떨어뜨린 채 길손을 반겨 주었다. 2006년 답사 때 가이드에 따르면 얼마 전까지만 해도 행단에는 살구나무와 은행나무가 많이 있었다고 했다.

원래 행단은 공자가 고향 마을 중국 산동성 곡부曲阜에서 제자들을 가르쳤던 곳을 가리킨다. 한漢나라 명제明帝가 그곳을 방문하여 기념으로 대성전大成殿을 세웠다. 송나라 건흥乾興 연간에 대전大殿을 뒤로 옮기고 그 자리에 기와를 쌓아올려 단을 만들고 주위에 은행나무와 살구나무를 심었다. 그 후 금金나라 학사 당회영堂懷英이 그곳을 찾아 '행단杏壇'이라는 두 글자의 현판을 써서 달아 놓았다고도 하고 비碑를 세웠다고도 하는데, 행단은 거기서 유래하였다.

여기서 행단에 대한 이야기를 좀 길게 한 것은, 물론 고수부님의 행적과 관련하여 중요한 의미가 있는 까닭이다. 이에 대한 자세한 얘기는 뒤로 미루자.

인류의 어머니 수부 고판례

행단을 벗어난 답사 차는 27번 도로를 타고 고갯길을 치고 올라갔다. 고개 이름은 구절치였다. 왼쪽으로 대형 흄관 두 개가 높고 가파른 산 능선을 가로질러 마치 코끼리의 긴 코처럼 길게 내리뻗어 있는 섬진강 수력발전소와 행단마을을 흘끔흘끔 바라보면서 구절치를 넘어서자 골짜기와 골짜기 사이로 제법 드넓은 운암호가 펼쳐져 있었다. 일명 옥정호라고 불리는 다목적댐이었다. 가이드의 설명에 기대면 곳곳에 증산 상제님의 천지공사 흔적이 남아 있다고 했다.

그날 회문산을 답사하고 27번 도로를 타고 행단 쪽으로 다시 나와 중간에서 왼쪽으로 꺾어 들어갔다. 증산 상제님과 고수부님 유적지라면 답사할 만큼 한 것 같았는데 그 길은 처음이었다. 그만큼 설레는 가슴을 안고 나는 차창 밖 풍경에서 눈길을 떼지 않았다. 차가 달리는 곳은 순창군 쌍치면 피노리 앞 도로였다. 조선조 당파정쟁 중에 노론이 피해왔던 자리라고 하여 이름 붙여진 피노리를 보면서 좀 숙연해졌다. 갑오년 동학혁명전쟁의 최고 지도자 녹두장군 전봉준의 피체지인 까닭이었다. 마을 앞에 조성되어 있는 전봉준 장군 피체지 전시관을 돌아보며 서쪽으로 고갯길을 넘어 시골 도로를 몇 분쯤 달렸을까. 차는 좁은 삼거리 길에서 중앙선을 넘어 왼편 샛길로 가다가 마을 초입에서 멈추었다.

전북 순창군 쌍치면 종암리─. 증산 상제님과 고수부님을 찾아다닌 이후 귀가 따갑도록 들었던 저 유명한 농바우마을이다. 열 가구 정도 될까, 작고 아담한 시골 마을이다. 차에서 내리자 도로변 가득히 붉은 고추가 널려 있어서 발을 옮기는 것조차 조심스러웠다. 고추를 말리고 있으니 사람이 살고 있는 것은 분명할 터인데 인적을 찾는 것도 쉽지 않았다. 골목길 안으로 휘적휘적 들어가는데 낮은 대문 발치 너머로 젊은 방문객을 보고 놀란 듯 아니면 수줍은 듯 검고 주름살진 노인네 얼굴이 살짝 드러났다가 금방 사라졌다. 뒤이어 낯선 객을 반기는 듯 개 한 마리가 컹컹컹 짖어댔다.

우리가 찾아간 곳은 마을 왼쪽 뒤편, 마을이 끝난 듯하다가 소나무와 대숲 사이로 오두막집 한 채가 덩그마니 서 있는 곳과 붙어 있는 농바우였다. 골목길을 따라 탱자나무 울타리가 둘러쳐진 밭둑을 돌아 창고 뒤편으로 길도 없는 곳을 더듬어 몇 미터를 올라가니 묵은 밭이 나타났다. 잡초 사이로 바위 몇 개가 띄엄띄엄 흩어져 있었다. 나는 동작을 멈추었다. 아. 농바우! 나도 모르게 탄성이 터져 나왔다. 온 몸을 타고 감전이라도 될 듯 저릿한 전류가 흘렀다. 증산 상제님과 고수부님의 행적을 추적하면서 내 의식에 화인처럼 각인된 곳 중의 하나가 바로 이곳 농바우였다.

주위에 크고 작은 바위들이 띄엄띄엄 흩어져 있었다. 농바우를 오른쪽으로 끼고 지은 지 얼마 되지 않은 조립식 주택이 서 있고 좁다란 마당 옆으로 창고가 있었으나 사람이 있는지 없는지 인기척이 없었다. 마당으로 나온 내 눈길은 책을 포개 놓은 듯 위아래로 갈라져 있는 농바우에 매달려 있었다. 잠시 후, 집 안에서 등이 구부정한 키 작은 한 노인네가 나타나 우리 일행을 구경이라도 하듯 기웃거렸다.

조일섭 노인(80세)이었다. 나는 조 노인에게 이것저것 말을 붙였다. 먼저 우리가 서 있는 곳의 위치였다. 우리가 서 있는

농바우마을 _ 상제님께서 오선위기 진주 공사를 비롯하여 많은 공사를 행한 곳으로, 이곳의 많은 바위들과 각각의 이름들은 마치 고수부님의 도 살림을 상징하는 듯 신비감을 준다.

농바우 _ 높이가 4~5m 정도 되는 농짝처럼 생긴 바위. 상제님께서 이 바위 속에 있다는 갑옷과 투구와 칼의 기운을 취해 차경석 성도에게 붙여 주었다.

농바우를 중심으로 야트막한 뒷산을 끼고 왼편은 붓재, 오른쪽은 비어 있는 듯했으나 조금 멀리 운암산이 누워 있고 정면으로는 깃대봉을 중심으로 몇 개의 봉우리들이 병풍처럼 둘러쳐져 있었다. 한 번 입이 열리자 노인은 묻지도 많은 이야기를 했다. 얘긴즉 이곳이 풍수지리학적으로 옥녀단좌형玉女端坐形이라는 것이다. 뒤이어 노인의 입에서는 좀 동화적이다 싶은 이름들이 툭툭 튀어 나왔다. 농바우 주위에 띄엄띄엄 흩어져 있는 바위들의 이름을 부르는 것이었다. 소반바위, 문턱바위, 요강바위, 말바위, 거울바위, 가마바위, 달걀바위⋯⋯. 바위들 중에 코푼바위가 있었는데 땅에 묻혔고, 그때 코푼바위를 땅에 묻은 사람은 패가망신하여 죽었다는 얘기도 가십거리로 들을 수 있었다.

2006년 답사 때와는 달리 2008년 답사 때는 내가 가이드 역할을 했다. 나는 이제 첫 답사 때와는 다르게 여유를 가지고 농바우와 그 주변그림을 그릴 수 있게 되었다. 농바우마을 뒤편을 가로질러 왼편 골짜기를 타고 좁은 길을 걸어가면 왼편으로 바위 두 개가 나란히 서 있다. 가마바위와, 그 옆에 마치 둥근 밥상처럼 놓여 있는 소반바위가 그것이다. 두어 걸음을 걸어가 오른편으로 보일 듯 말 듯 돌출한 바위가 문턱바위. '문턱'이란 결국 안팎을 구분하는 경계가 아닌가. 과연 문턱바위를 넘어 왼

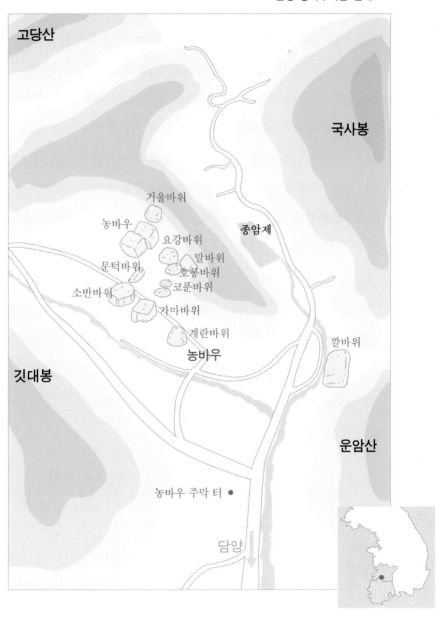

고당산

국사봉

거울바위

농바우

요강바위

종암제

문턱바위

말바위

호롱바위

소반바위

코푼바위

가마바위

계란바위

깔바위

농바우

깃대봉

운암산

농바우 주막 터 ●

담양

쪽으로 조립식 창고건물을 끼고 올라가자 감나무 몇 그루가 울타리를 이루는 가운데 제법 넓은 밭이 펼쳐져 있었다. 밭 오른편으로 대나무 숲이 병풍처럼 둘러쳐진 가운데 조 노인이 살고 있는 조립식 주택을 옆으로 끼고 책 두 권을 포개 놓은 듯 위아래로 갈라진 커다란 바위를 중심으로 뒤편과 오른쪽 밭으로 몇 개의 바위가 띄엄띄엄 흩어져 있었다. 갈라진 바위는 물론 농바우다. 뒤편 대숲에는 거울바위, 그리고 오른편 밭에는 요강바위, 말바위들이 흩어져 있었다.

내가 일행을 향하여 농바우와 주변 바위들에 대한 이야기를 한창 하고 있을 때, 같은 마을에 사는 서복동 노인(88세)이 나타나 조 노인과 함께 많은 이야기를 들려주었다. 일행이 서 있는 조 노인 집 마당에서 오른쪽 능선에 치마바위가 있다고 운을 뗀 서 노인은 농바우가 자리 잡고 있는 산이 장군대좌형이며 앞산이 옥녀단좌형으로 옥녀봉이라고 했다. 2006년 답사 때와는 조금 다른 내용이었다. 옥녀봉 왼쪽 저 멀리 서 있는 뫼(운암산)가 춤추는 산, 남자가 춤추는 형국이라고 했다. 또한 농바우를 중심으로 뒤편 골짜기가 정지골, 뒷산이 고당산高堂山이라고. '고당'이란 문자 그대로라면 '높다랗게 지은 집', '남의 부모'를 높여 이르는 말이지만 서 노인은 '시어머니산'이라고 힘주어 말했다.

마을 노인들의 얘기를 들으며 농바우와, 농바우가 자리 잡고 있는 산세와, 그 주위에 흩어져 있는 바위 이름들을 죽 펼쳐 놓은 내 의식에는 신비로운 풍경이 떠올랐다. 그때였다. 조, 서 노인은 이구동성으로 "…… 혼사를 말하는 것이여, 혼사!"라고 결론을 내리듯 말했다. 농바우와 그 주위에 흩어져 있는 바위들, 그리고 산세가 누군가의 혼사와 관련이 있다는 것이다. 과연 이름만 들어도 그럴 것 같다. 아. 누구일까, 농바우와 관련이 있는 신부는…….

농바우는 『도전』을 비롯한 기록들의 겉으로 드러난 문맥으로 보면 증산 상제님 천지공사의 유적지다. 그럼에도 불구하고 당장에는 고수부님 유적지를 답사하는데 주력하던 내가 일부러 찾아와서 큰 관심을 갖고 답사를 하는 것은 그만한 까닭이 있었다. 증산 상제님께서 행하는 모든 천지공사가 그러하지만, 특히 이곳 농바우 공사를 비롯한 일련의 공사는 고수부님과 깊은 관련이 있다.

농바우와 그 일대를 답사한 뒤 일행은 마을을 나왔다. 마을 초입에 미나리꽝을 보고 가이드는 증산 상제님이 농바우마을에 와서 천지공사를 행할 때의 주막 터라고 했다. 당시 공사 증인이었던 박장근 성도의 동생 '박 참봉'이 운영했다고. 천지공사 당시 증산 상제님은 이곳 주막 터와 박장근 성도 집에 머물렀다.

농바우마을을 나와 왼편 도로를 타고 5분 정도 달린 뒤 일행은 차에서 내려 도로변으로 흐르는 시내를 타고 더듬어 올라갔다. 갈대숲 사이로 제법 넓적한 바위가 나타났다. 깔바위다. 농바우 공사를 마친 뒤 증산 상제님은 이곳 깔바위에 와서 제를 지냈다. 농바우 공사가 얼마나 중요한 지 확인할 수 있는 한 자료다.

깔바위를 답사한 뒤 박장근 성도의 집 앞을 지난 차는 피노리, 옥정호를 거쳐 다시 행단 쪽으로 향했다.

1907년, 그해는 증산 상제님께서 천지공사의 거대한 닻을 올린 지 6년째가 되는 해였다. 망국으로 치닫는 나라운명은 물론이요, 천지의 운명이 바뀌게 되는 후천 가을개벽을 앞두고 상제님의 천지공사는 절정으로 치닫고 있었다. 바로 그즈음, 정확하게는 그해 5월 17일, 증산 상제님께서 구릿골 김형렬 성도의 집을 떠나며 "이 길이 길행吉行이라. 한 사람을 만나려 함이니 장차 네게 알리리라." 하고 말했다. 대삿갓에 풀대님 차림으로 김자현 등 두어 성도들을 데리고 길행을 나선 증산 상제님이 도착한 곳은 구릿골에서 1.5킬로미터 정도 떨어진, 지금은 금평제(구릿골 앞의 넓은 저수지) 수문 앞에 폐허로 변한 용암리龍岩里 물방앗간이었다. 잠시 후, 증산 상제님은 물방앗간 앞 용암리 주막으로 갔다.

이날 증산 상제님이 만난 '한 사람'은 당장에는 고부인의 이종사촌 동생으로, 같은 집에 살았던 차경석이었다. 그는 이제 어린 고수부님과 함께 소꿉놀이를 하던 어린아이가 아닌 당년 28세로 구척장신에 용모가 준수한 젊은이로 성장해 있었다. 그는 동학 신도였다. 그가 동학 신도였다면 같은 집에 살았던 고수부님과 같은 시기에 입도했을 것이다. 갑오년 동학혁명 실패후 차경석은 동학당 후신 영학당英學黨에서 활동하였고, 이후 일진회一進會에 가입하여 전북 총대總代까지 지낸 바 있었다. 그날은 재산 문제로 송사를 하기 위해 정읍에서 전주로 가는 길이었다. 용암리 주막에서 점심을 먹고 막 떠나려 할 즈음, 증산 상제님이 들어오시는 것을 보고 차경석은 상제님의 기품에 취해 절로 마음이 끌렸다. 이후 차경석은 상제님 모시기를 간청했으나 증산 상제님은 쉽사리 허락하지 않았다. 6월 초하룻날 다시 그곳으로 온 차경석은 증산 상제님의 용의주도한 '시험'을 거쳐 마침내 입도하게 된다.

차경석 성도는 증산 상제님께서 많은 성도들 가운데 일부러 찾아가 만난 끝에 입도한 성도 중 한 명이다. 그렇다면 차경석 성도는 증산 상제님께서 '길행 길에 만난 한 사람'일까. 그럴지도 모른다, 당장에는. 하지만 과연 그럴까?

1907년 그해는 고부인 역시 28세가 되는 해였다. 혼인생활 13년째, 고부인은 이미 태종太宗이라는 딸을 두고 있었다. 태종의 출생년도를 비롯한 기타 행적에 대한 자료를 확인하는 것은 쉽지 않다. 출생연도에 대해서 제적부에는 1900년생, 순천 박씨 족보에는 1902년생으로 등재되어 있다(태종은 1918년 6월 20일 정읍군 우순면 초강리 연지평마을 박노일과 혼인한다). 두 기록 중에 후자가 더 정확하다는 것이 일반적인 견해지만 확인할 수는 없다. 족보의 출생연도를 수용한다면 1907년 당시 태종은 여섯 살이 된다. 가정을 이룬지 13년째인데 태종이 여섯 살이라면 어렵게 얻은 딸이었다.

국가의 운명이 나라 안팎으로 요동치고 있던 그해, 고부인은 또 하나의 시련을 이겨내야 했다. 6월 20일, 그러니까 차경석이 증산 상제님을 모신 지 20일 정도 되었을 때, 남편 신여옥이 사망한 것이다. 고부인은 이제 여섯 살 난 아이 하나가 딸린 청상이 되었다. 고수부님의 대속의 길은 그렇게 길고 험난하였다. 어린 시절 '아비' 잃은 아이의 설움을 몸소 대속하였던 고수부님은 이제 다시 남편 잃은 아녀자의 큰 슬픔과 좌절을 대속하는 길을 가고 있는 것이었다.

그해 10월, 온 산이 단풍으로 물들어 갈 무렵, 증산 상제님은 지난 6월에 입도한 차경석 성도를 데리고 홀연히 길을 떠났다. 일행이 도착한 곳은 바로 순창 농바우마을 박장근 성도의 집이었다. 증산 상제님은 차경석에게 "…… 네게 한 기운을 붙이겠다."고 말한 뒤, 박장근에게 "너의 머슴을 불러 어젯밤 무엇을 본 일이 있는지 물어 보라."고 했다.

박장근 집의 머슴이 달려왔다. "어젯밤 꿈에 한 백발 신선이 하늘에서 내려와 농바우를 열고 큰칼과 투구와 갑옷을 꺼내는 데 장검은 서릿발이 돋은 듯하고 갑옷과 투구는 빛이 나서 눈이 부셨습니다. 신선이 칼과 투구와 갑옷을 저에게 주면서 '한 장군이 명을 받들고 여기에 올 것이니 이것을 그 장군에게 주라'고 하므로 제가 그것을 받아서 두었사온데 그 자리가 바로 (차경석 성도가 앉아 있는) 저 자리입니다."

증산 상제님은 "네가 꿈을 옳게 꾸었다. 농바우 전설이 허망한 말은 아니로다." 하고 다시 박장근을 향해 "너는 이 공사의 증인이다."라고 말했다. 증산 상제님이 천지공사로서 차경석 성도에게 이른바 '장군 도수將軍度數'를 붙이는 장면이다. 그랬다. 예로부터 이 지방에는 농바우 전설이 전해 내려오고 있다. 내용인즉 농바우 속에 갑옷과 투구와 긴 칼이 들어 있는데 '장군이 나타나 가져간다'는 것이었다. 바로 농바우 전설에 등장하는 장군이 차경석 성도라는 뜻이겠다.

비슷한 시기에 증산 상제님은 순창 장군암將軍岩에서 김형렬 성도를 증인으로 삼아 차경석 성도에게 초패왕楚覇王 도수를 붙였다(5:180). 초패왕은 한고조漢高祖 유방劉邦과 천하를 다투었던 초나라 왕 항우項羽. '힘은 산을 뽑고 기개가 천하를 덮었다(力拔

山氣蓋世)'는 항우였으나 한낱 하급관리에 지나지 않았던 유방과의 4년 천하 쟁패전에서 대패하고 역사 무대의 뒤로 쓸쓸히 퇴장하는 신세가 됐다.

증산 상제님에 의해 천지공사의 일환으로 붙여지는 도수는 곧 그(공사 주인)의 운명과 직결된다. 상제님으로부터 장군 도수, 초패왕 도수를 맡았던 차경석 성도는 꼭 그만큼의 영광을 누리다가 또한 그렇게 몰락하게 될 것이다. 공사를 마친 뒤에 증산 상제님은 글 한 수를 차경석 성도에게 읽어 주었다.

경 지 영 지 불 의 쇠　　대 곡 사 로 결 대 병
經之營之不意衰하니 大斛事老結大病이라
천 지 권 우 경 지 사　　만 사 아 손 여 복 장
天地眷佑境至死하니 漫使兒孫餘福葬이라

천하사를 평생 경영하다 뜻밖에 쇠패하니

배포가 아무리 커도 일이 쇠해져 큰 병을 얻으리라.

천지가 도와주어도 마침내 죽음에 이르니

헛되이 자손을 부려 남은 복마저 장사지내는구나. (3:208)

차경석 성도의 운명을 예시하는 내용이다. 차경석이 입도한 이후 증산 상제님은 무쇠를 담금질하듯 당근과 채찍으로 달구어 왔다. 초패왕 도수, 장군 도수 등이 당근이라면 차경석에 대한 만장輓章으로 풀이되는 이 시는 채찍이다. 좀 구체적으로 증산 상제님 어천御天 후에 고수부님을 배반하게 될 차경석 성도의 앞날에 대한 경고에 다름 아니다. 차경석 성도는 물론 공사에 참관하고 있는 성도들도 당시로서는 증산 상제님의 깊은 의중을 알 도리가 없었을 것이다.

농바우에서 일련의 공사를 마친 증산 상제님은 마지막으로 깔바위에 가서 제를 지낸 후에 단란한 시간을 보냈다. 농바우 공사를 마친 증산 상제님 일행이 도착한 곳은 태인 행단—.

> 태인 행단杏壇에 이르시어 경석에게 말씀하시기를 "공자가 행단에서 도를 가르쳤다 하나니 여기서 네게 한 글을 전하리라." 하시고 삼략의 머릿장[三略首章]을 외워 주시니라. 이어 말씀하시기를 "천지공사에 수부首婦가 있어야 일이 순서 대로 될 터인데 수부를 정하지 못한 연고로 도중에 지체되는 일이 허다하도다. 지금 수부 책임하의 중대한 공사가 산적해 있느니라. 내 일은 수부가 들어야 되는 일이니 네가 참으로 내 일을 하려거든 수부를 들여세우라." 하시니라.(3:209)

증산 상제님 자신을 대행하게 될 후계자를 천거하는 일을 차경석 성도에게 맡기는 공사 장면이다. 차경석을 비롯한 다른 성도들로서는 전혀 예상치 못한 자리였겠으나 공사 내용은 예사롭지가 않았다.

수부가 무엇인가. 앞서 우리는 '수부'에 대한 개념을 정리하였다. 다시 요약하면 다음과 같다. 수부는 모든 여성들의 머리가 되는 여자로서 상제님의 반려자, 상제님의 아내, 그리고 상제님을 대행하여 도장을 처음 열어야 하는 사명을 갖고 있는 인물, 앞으로 열리게 될 후천 음존시대陰尊時代를 맞아 선천 5만 년 동안 형성되어 온 억음존양抑陰尊陽의 질서를 깨고 새로운 정음정양의 질서를 열게 될 여성구원의 선봉장이 되는 분이다. 어디 그뿐인가.

> 하루는 태모님께서 성도들에게 말씀하시기를 "상제님께서 천지공사를 통해 평천하를 이루시고 '수부 도수首婦度數로 천하 만민을 살리는 종통대권宗統大權은 나의 수부, 너희들의 어머니에게 맡긴다.'고 말씀하셨느니라." 하시니라.(11:345)

> 수부는 증산 상제님이 인사의 주장자로 내세워 종통대권을 전한 분이다. 증산 상제님의 도가 전개되어 나가는 도운의 개창자, 하느님의 반려자로서 광구천하의 절반을 맡아 여성 해원시대의 새 문화를 여는 천지의 여주인, '해방과 자유의 첫 여인'으로서 큰 사역자를 뜻하는 것이다 (안경전, 『대도문답 2』).

증산 상제님은 그 막중한 수부 택정의 사명을 차경석 성도에게 맡겼다. 도수란, 천지공사란 그런 것인가. 상제님의 천지공사는 그렇게 한 치 빈틈이 없이 진행되고 있었다. 아, 여기에 이르면 알 것도 같다. 그해 5월, 증산 상제님께서 구릿골 김형렬 성도의 집을 나서면서 말씀했던 '길행 길에 만나려 하는 한 사람'이 차경석 성도이지만 더 깊이 생각해보면 바로 고수부님이라는 것을! 증산 상제님이 농바우에서 차경석 성도에게 장군 도수를 붙였고, 바로 그곳에 풍수지리설로, 전설로 전해져 내려오는 옥녀단좌형의 주인공이 수부님이 될지도 모른다는 것을! 그때 장군 도수를 맡은 차경석 '장군'의 일차적인 임무는 상제님의 반려자 되실 수부님을 택정하는 것임을! 그 이후 '장군'의 임무는 두 말할 나위도 없이 증산 상제님과 고수부님의 가르침을 널리 펴는 것일 터였다. 고수부님의 장롱(농바우)에서 칼과 투구를 꺼내 가서 그것을 사용하는 것을 천지공사 용어로 표현하면 고수부님이 씨를 뿌린 낙종落種 도수를 이어 받아 모를 옮겨 심는 이종移種 도수를 실현하는 것임을!

제5장

수부 도수首婦度數

"수부감을 지척에 두고 못 정했구나. 속히 주선하라."

증산 상제님의 천지공사가 시작된 이후 지금까지 두 분의 수부님이 있었다. 한 분은 증산 상제님의 첫째 부인이기도 한 정치순鄭治順(1874~1928). 증산께서 부모의 뜻에 따라 정씨 부인과 혼인한 것은 함박눈이 펑펑 쏟아지는 1891년 21세 때 겨울.

혼기에 이르시매 부모님께서 매파를 두어 여러 차례 간선을 하시는데 증산께서 매파가 주선한 규수 집 이야기를 들으시고 그 집 선대의 가계와 친족의 인품과 악습, 악성惡性 등을 물건 보듯이 낱낱이 말씀하시니 쉽사리 혼인이 이루어지지 않으니라. …… 증산께서 스물한 살 되시는 신묘辛卯(道紀 21, 1891)년 늦가을에 마침 하동 정씨河東鄭氏 문중의 규수를 중신하거늘 성부께서 즉시 허혼하고 자부로 맞이하시니 이름은 치순治順이요 나이는 열여덟인데, 몸이 정상이 아니요 성정이 원만하지 못하더라.(1:37)

증산 상제님이 마흔아홉 명의 규수를 퇴박하고 마침내 선택한 이가 '몸이 정상이 아니요 성정이 원만하지 못한' 정부인이었다는 것은 그럴 만한 이유가 있었을 것이다. 안경전 종정님은 "운명의 멍에에 흐느끼는 만 여인의 가슴속에 불길 같은 하느님의 사랑의 온유함을 주시기 위함이었다."(안경전, 『증산도의 진리』)고 지적한다.

한 가지 확인하고 가자. '수부首婦'란 문자 그대로 오직 한 분밖에 없는 상제님의 지어미, 최상[首]의 아내란 뜻이다. 따라서 이야기 전개과정에서 확인되겠지만 고수부님 한 분만이 10년 천지공사를 집행하신 수부가 된다. 그러나 한때 상제님의 부인이었던 정부인을 신앙인들은 '수부님'으로 높여 '정수부님'이라 호칭한다. 뒤에 나오는 김말순金末順(1890~1911) '수부님'도 마찬가지다.

하루는 형렬을 불러 머리 모양과 옷차림을 여자처럼 꾸미시더니 공사를 보신 뒤에 이르시기를 "수부首婦가 없어 임시로 공사를 치렀으니 수부를 선정하라." 하시니라. 그 후에 하루는 형렬에게 재촉하여 말씀하시기를 "세상 운수가 박도迫到하였는데 아직 마치지 못한 후천선경 공사가 산적하여 있느니라. 수부를 선정하여야 모든 공사가 차례 대로 종결될 터인데 수부를 아직 정하지 못하여 공사가 지체되고 있으니 속히

수부를 선정하라." 하고 명하시며 "수부의 책임 공사가 수년 남아 있느니라." 하시니라. 이에 형렬이 "저의 딸이 과년瓜年하오니 처분하여 쓰시옵소서." 하고 몇 번 아뢰거늘 상제님께서는 다만 "그리하면 될까." 하시니라.(3:92)

증산 상제님은 수석성도 김형렬에게 수부 천거의 사명을 맡겼고, 김형렬이 자기의 셋째 딸 말순을 수부로 천거하는 장면이다. 김형렬 성도가 자기의 딸을 수부로 천거했을 때 허락한 것도, 거절한 것도 아닌 '그리하면 될까'라는 증산 상제님의 말씀은 깊이 생각해볼 대목이다. 말순이 수부사명을 제대로 매듭짓지 못할 것을 암시한 것은 아닐까.

농바우와 '행단' 공사를 행한 증산 상제님은 곧바로 정읍 대흥리로 와서 차경석 성도의 집에 머물렀다. 당시 차경석의 집은 집만 덩그렇게 클 뿐 안살림은 곤궁하기가 이루 말할 수 없었다. 온 식구들이 굶주림으로 부황이 들 정도였고 동생 차윤경의 아내인 주판례가 밥품을 팔아야 할 지경이었다. 인근에서 유명한 주먹대장인 차윤칠은 형이 증산 상제님을 따라다니는 것을 보고 "동학한다고 집안이 망했는데 형님이 또 이상한 사람을 끌어들여 집안을 망치려 한다."고 불평을 터뜨리기 일쑤였다. 그럼에도 불구하고 증산 상제님을 향한 차경석 성도의 성경신誠敬

信은 추호도 흔들림이 없었다. 증산 상제님이 대흥리 집에 와 머무는 동안에 깔아드릴 방석 하나조차 없는 곤궁함이 안타까울 뿐이었다. 고민 끝에 차경석은 고부인의 혼석자리를 빌려와 깔아드린 뒤 감주를 올렸다.

증산 상제님도 경석의 마음 씀씀이를 모르지는 않았을 터였다. 그때 손에서 사발이 미끄러져 감주가 엎질러졌다. 하필이면 감주가 고부인의 혼석자리에 뿌려졌다. 경석이 걸레를 가지러 간 사이에 증산 상제님은 손수건을 꺼내 감주를 닦아냈다. 손수건은 붉은색이었다. 감주를 닦아내려고 하였으나 오히려 혼석자리에 붉은 얼룩이 졌다. 증산 상제님이 돌아간 뒤 차경석은 혼석자리를 닦아 보았으나 붉은 얼룩은 지워지지 않았다. 경석은 고부인에게 가서 자초지총을 털어놓으며 혼석자리를 건네주었다. 붉은 얼룩이 진 혼석자리를 받아든 고부인의 내면 풍경이 어떠하였을까.

그해 11월, 증산 상제님이 갑자기 대흥리 차경석의 집으로 들어섰다. 행랑채 사랑방 아랫목에 앉은 상제님은 차경석 성도를 향해 "네가 전일에 수부를 천거한다 하더니 어찌 됐느냐?" 하고 물었다.

경석은 당황하지 않을 수 없었을 것이다. 증산 상제님이 후계자 천거 사명을 맡겨 주었을 때 마음속으로는 이종누님 고부인을 생각하고 있었으나 차마 얘기를 할 수 없었다. 남편과 사별하고 홀로된 지 겨우 다섯 달밖에 되지 않은 고부인에게 쉽사리 수부 이야기를 꺼낼 수가 없었던 것이다. 증산 상제님의 입장을 생각해도 마찬가지였다. 한없이 높기만 한 상제님에게 당신의 반려자로 청춘과부를 천거할 수 있겠는가.

그러나 더 이상 피할 방법도 없었다. 다급해진 차경석은 고부인을 찾아갔다. 같은 마을에 홀로 살고 있는 고부인을 찾아간 경석은 "내가 내일 새벽에 서울을 가는데 도복 준비가 안 되어 그러니 누님이 와서 도복을 손질해 주오." 하고 짐짓 꾸며서 말했다. 고부인은 의심하는 기색 없이 차경석을 따라나섰다. 차경석의 집은 안채와 행랑채가 위 아래로 되어 있고 행랑채 정면으로 대문이 있어 대문을 열면 행랑채가 마주 보이는 구조였다.

고부인께서 대문으로 드시니 문득 광명이 열리며 달덩이가 환하게 행랑방 문지도리에 솟아 있거늘 그 달을 바라보니 둥근 달 속에 한 선관仙官이 좌정坐定해 계시는지라 고부인께서 정신을 가다듬어 다시 바라보시매 여전히 달 가운데에 선관이 좌정하여 계시거늘 한참을 바라보시다가 아녀자의 체면에 미안한 생각이 들어 이내 안채로 들어가시니라.(6:36)

고부인이 대문에서 안채로 오는 길에 보았던 것은 광명 속으로 행랑방 문지도리에 솟아 있는 둥근 달덩이였고, 그 달 속에 앉아 있는 한 선관이었다. 고부인으로서는 신비한 경험이었을 것이다. 안채에 들어와 바느질을 했으나 눈앞에는 훤하게 솟아 오른 달과, 그 속에 평화로이 앉아 있는 선관의 모습이 가득 차 올라 바느질이 제대로 잡히지 않았다.

앞서 우리는 고수부님이 전생에 상제님과 '정定한 인연이 있었다'는 것을 당신의 말씀을 통해 얘기하였다. 그리고 여기에 나타난 일화는 고부인이 곧 '출세 이전부터 이미 정해진 수부'였다는 것을 얘기해 주는 한 자료다. 또 고부인의 어머니 박씨 부인이 꿈속에서 한 선관으로부터 책을 받고 고부인을 잉태했다는 일화를 상기할 필요가 있다. 박씨 부인의 꿈속에 나타난 선관과 지금 차경석의 집에서 고부인이 증산 상제님을 선관으로 보았다는 것은 일맥상통한 점이 있다.

차경석은 "지금 안채로 들어간 분이 저의 이종누님입니다. 수부로서 어떻습니까?" 하고 증산 상제님의 의중을 떠보았다.

"수부감을 지척에 두고 못 정했구나." 증산 상제님은 기다렸다는 듯 대답했다.

당황한 것은 경석이었다. 양쪽 모두 어렵기는 마찬가지여서 증산 상제님이 허락한 것은 그렇다고 해도 또 누님에게는 어떻게 말해야 하는가. 경석이 안채로 갔다.

"우리 선생님께서 지금 천지공사를 보고 계시는데 그 가운데 수부 공사라는 것이 있소. 허나, 수부가 없으므로 공사를 못 보고 계신다 하오. 누님이 그 수부 공사를 맡아봄이 어떻겠소?"

경석의 말을 듣고 있던 고부인은 망설일 것도 없다는 듯 흔쾌히 승낙하였다. 이후 일은 일사천리로 진행되었다. 차경석으로부터 자초지종을 들은 증산 상제님은 "공사 시간이 촉박하다. 속히 주선하라."고 재촉하였다.

제6장

종통대권

"내가 너를 만나려고 15년 동안 정력을 들였나니
이로부터 천지대업天地大業을 네게 맡기리라."

온 산을 붉게 물들였던 울창한 나뭇잎들이 우수수 떨어지고
앙상한 빈 가지만 드러낸 1907년 동짓달 초사흗날ㅡ. 정읍 대
흥리 한복판에 위치한 차경석 성도의 집 안팎은 정적이 흐를
정도로 조용하기만 하였다. 고판례 부인에 대한 수부 책봉 예
식을 거행하는 날이었다. 좀 적극적으로 표현하면 증산 상제님
과 고부인의 혼례식 날인 것이다. 혼례식이되 세속적인 차원의
그것이 아니라 증산 상제님과 수부님이 우주 만유의 어버이됨
을 천지에 선포하는 의식에 다름 아니었다. 또한 정음정양의
후천 세상을 여는 천지대도의 수부 공사이며 '상제님 대도大道'
의 종통을 전수하는 예식이었다. 그랬으므로 혼례식 장면 또한
특이하기만 하였다.

두 칸 장방에는 30여 명의 성도들이 증산 상제님을 중심으로

둘러앉아 있었다. 이윽고 증산 상제님이 차경석을 향해 "수부 나오라 해라." 하고 말했다. 일찍이 증산 상제님은 "나는 동정 어묵動靜語默 하나라도 천지공사가 아님이 없고 잠시도 한가한 겨를이 없이 바쁜 줄을 세상 사람들은 모른다."(3:18)고 했다. 따라서 증산 상제님이 수부라고 지칭했으므로 고부인은 이미 수부님이 되었다. 잠시 후, 고수부님이 천천히 들어왔다.

"내가 너를 만나려고 15년 동안 정력을 들였나니 이로부터 천지대업天地大業을 네게 맡기리라." 증산 상제님이 고수부님을 향해 말했다.

우리는 이 말씀을 두 부분으로 나누어 얘기할 필요가 있을 것 같다. 먼저 증산 상제님이 고수부님을 '만나려고 15년 동안 정력을 들였다'는 앞부분 말씀이다. 고수부님이 이미 '예정된 수부' 였다는 점을 확인할 수 있는 대목이다. 앞에서 우리는 고수부님이 천상에서부터 증산 상제님과 큰 인연이 있었다는 것을 고수부의 말씀을 통해 확인하였다.

그런데 삼계대권을 갖고 있는 증산 상제님이 수부를 찾기 위해 15년 동안 정력을 들이는 동안 '예정된 수부' 였던 고수부님이 혼인을 하고 딸까지 두었다면, 그 이유가 궁금하다. 증산 상제님의 핵심사상 중 하나인 해원사상으로 접근이 가능하다. 수부가 무엇인가. 고수부님의 거룩한 생애를 더듬어 가면서 우리는 '수부'라는 위격을 아무리 강조해도 지나치지 않을 것이다.

수부란 "선천 세상에 맺히고 쌓인 여자의 원寃과 한恨을 풀어 정음정양의 새 천지를 열기 위해 세운 뭇 여성의 머리요 인간과 신명의 어머니"(6:2)이며 "온 인류의 원한과 죄업을 대속代贖하고 억조창생을 새 생명의 길로 인도"(11:1)하는 분이다. 이와 같은 개념에 유의할 때, 지금까지 얘기해 온 고수부님의 고난 가득한 삶 자체가 원과 한이 맺힌 여성, 나아가서는 인류의 원한과 죄업을 대속하는 삶에 다름 아니다. 가난한 집안에 태어나 일찍이 아버지를 여의고 열다섯 살 나이에 조혼을 했으며 또 남편과 사별한 청상과부로서, 홀어머니로서 아이를 키워야 하는 고수부님의 삶은 뭇 여성들의 해원의 전범이 된다. 고수부님이 겪는 삶의 고통이 크면 클수록 '원한과 죄업을 대속' 하는 폭도 그만큼 커지는 것이 될 터. 증산 상제님은 바로 그런 큰 고수부님을 찾기 위해 15년 동안 정력을 기울인 것은 아니겠는가.

증산 상제님의 말씀 중에서 우리가 주목하는 또 하나는 뒷부분이다. 상제님께서는 천지대업을 고수부님에게 맡기겠다고 했다. 이 공사에서는 증산 상제님이 도문을 개창한 이래 누구에게 후계사명을 내리고 종통대권을 전했는가 하는 문제의 핵심을 확인할 수 있다. 천지대업이 무엇인가? 천지에서 가장 높은 곳에 계시는 주재, 통치자가 인간으로 와서 만유생명을 건지는 일이 될 것이다. 종통宗統이란 무엇인가? 한마디로 증산 상제님이 전한 후천 선경 건설의 도통맥이다. 증산 상제님은 지금 고수부님을 자신의 후계자로 정하고 종통을 전하고 있는 것이다.

잠시 후, 증산 상제님은 고수부님과 팔짱을 끼고 방에서 나왔다. 성도들이 붉은 책과 누런 책 각 한 권씩을 번갈아 깔아주었고 증산 상제님과 고수부님은 그 책을 밟으며 마루에서 내려와 마당으로 걸어갔다. 마당 한복판에서 걸음을 멈춘 증산 상제님은 고수부님을 향해 "남쪽 하늘의 별을 보고 네 번 절하라."고 말했다.

고수부님이 절을 했다. 천지신명에게 수부됨을 고하는 의식일 터였다. 증산 상제님과 고수부님은 다시 책을 밟고 방으로 들어왔다.

다시 방 안—. 증산 상제님은 갑자기 고수부님을 향해 "웃통을 벗고 누우라."고 말했다. 일반인의 상식수준에서 증산 상제님과 고수부님의 경계를 측량하기란 불가능할 터이다. 많은 성도들이 보고 있는 천지공사 현장에서 고수부님에게 윗저고리를 벗고 누우라니!

고수부님은 과연 고수부님이다. 고수부님은 저고리를 벗고 누웠다. 놀랄 일은 그 다음에 일어났다. 증산 상제님이 고수부님의 배 위에 걸터앉았다. 그리고 큰 소리로 말했다.

"경석아, 장도칼 가져오너라."

차경석 성도가 장도칼을 가져왔다. 증산 상제님은 장도칼을 들고 곧 찌를 듯이 고수부님의 목에 들이댔다.

"죽어도 나를 섬기겠느냐, 천지대업을 하는 중도에 변하지 않겠느냐?"

"변할 리가 있으리까."

고수부님의 대답을 듣고 증산 상제님은 "그러면 그렇지!" 만면에 흐뭇한 표정을 지으며 일어섰다.

예식이 끝난 것은 아니었다. 이번에는 증산 상제님이 직접 방바닥에 누웠다. 그리고 고수부님을 향해 "내 배 위에 앉아서 그와 같이 다짐을 받으라."고 말했다. 고수부님은 증산 상제님의 배 위에 올라앉았다. 오! 온 세상에 누가 있어 상제님의 배 위에 올라탈 수 있단 말인가! 대답은 간단하다. 오직 한 분, 증산 상제님의 반려자 고수부님만이 가능한 일이다.

"나를 일등으로 정하여 모든 일을 맡겨 주시렵니까?" 고수부님은 다짐을 받아내듯 물었다.

증산 상제님은 "변할 리가 있으리까. 의혹하지 마소." 하고 자리에서 일어났다. 그리고 부符를 써서 불사르며 천지에 고축하였다.

그날 수부 공사는 그렇게 절정을 향하고 있었다. 예식을 마치면서 증산 상제님은 "대인의 말은 천지에 쩡쩡 울려 나가나니 오늘의 이 다짐은 털끝만큼도 어김이 없으리라."고 말했다.

수부 공사에는 증인이 있어야 했다. 증산 상제님은 이도삼李

道三, 임정준林正俊, 차경석 세 사람으로 하여금 공사의 증인을 세웠다. 그날 예식이 끝났을 때 증산 상제님은 공사에 참여한 성도들과 천지신명들을 향해 확인하듯 말했다.

"이것이 천지대도天地大道의 수부 공사首婦公事니라. 만백성이 부모가 되려면 이렇게 공사를 보아야 하느니라."

일반인에게는 특이하게 보일 수 있는 이 의식에서 우리는 몇 가지 의미를 읽을 수 있다. 첫째, 칼을 들어 목에 대고 다짐을 받아냄으로써 증산 상제님과 고수부님이 서로 간에 생사를 결단하는 자세로 사명을 다하겠다는 맹약을 받아냈다는 점이다. 둘째, 증산 상제님이 고수부님의 배 위에 올라탔고 고수부님이 같은 의식을 보여줌으로써 정음정양, 평등사상을 실천하고 있다. 증산 상제님과 고수부님의 공사 모습이 '만백성의 부모'로서 전범이 된다고 했을 때, 이와 같은 의식에는 남녀동권시대를 선언하는 의미가 있다. 셋째, 특히 고수부님이 증산 상제님의 배 위에 올라타고 장도칼을 상제님의 목에 대고 맹약을 받아냄으로써 증산 상제님이 선언하는 후천 음존시대陰尊時代를 앞장서서 실천하고 있다는 점이다.

그날 수부 공사가 모두 끝날 무렵이었다. 증산 상제님은 갑자기 고수부님을 향해 "우리 내외 하나 되자!" 하고 천지가 무너지도록 큰 소리를 질렀다. 성도들은 깜짝 놀랐다. 증산 상제님은 성도들의 반응을 모르지 않는다는 듯 "세상 사람이 내가 누군지만 알려 해도 지각이 있어야 하느니라." 하고 말했다.

고수부님은 이제 천지의 어머니가 되는 수부님이 되었다. 수부에게는 수부의 법도가 있을 터.

상제님께서 수부님께 수부의 법도를 정하시고 말씀하시기를 "나는 서신西神이니라. 서신이 용사用事는 하나, 수부가 불응不應하면 서신도 임의로 못 하느니라." 하시고 여러 가지 공사를 처결하실 때 수부님께 일일이 물으신 뒤에 행하시니라. 상제님께서 말씀하시기를 "수부의 치마 그늘 밖에 벗어나면 다 죽는다." 하시라.(6:39)

그날 이후 증산 상제님은 고수부님에게 수부로서 맡아야 할 모든 일들을 하나씩 가르쳐 주었다. 문명文命을 쓸 때도 반드시 고수부님의 손에 붓을 쥐게 한 뒤 등 뒤에 겹쳐 앉아 손목을 잡고 쓰게 하였다. 또한 차경석의 집에 고수부님의 처소를 정하여 머물게 하고 '수부소首婦所'라 부르게 하였다.

제7장

그해 겨울의 대공사

"그대와 나의 합덕으로 삼계三界를 개조하느니라."

고판례 부인이 수부에 책봉됨으로써 천지공사가 순서대로 진행될 수 있게 되었다. 그동안 "수부를 정하지 못한 연고로 도중에 지체되었던 일이 허다했던, 산적해 있던 수부 책임하의 중대한 공사"(3:209)가 이제 수부가 책봉됨으로써 순조롭게 진행될 수 있게 된 것은 천지공사를 주재하는 증산 상제님은 물론이요 천지 만유의 입장에서도 다행한 일이 아닐 수 없었다. 천지공사의 바쁜 일정을 보내고 있는 증산 상제님으로서는 마음이 급하고도 급했을 터였다.

고수부님이 천지공사의 동반자가 된 이후 증산 상제님은 당분간 정읍 대흥리 수부소에 머물면서 공사를 진행하고 있었다. 공사는 봇물 터진 듯 바쁘게 진행되었다. 15년 동안 정력을 들인 끝에 만난 고수부님이었으므로 그동안 지연되었던 공사를 처리하기에 바쁘지 않을 수 없었을 것이다.

이 무렵, 증산 상제님이 행한 공사 주인은 대부분 고수부님이었다. 특징적인 것은 고수부님이 주인이 된 공사가 십중팔구는 도운道運과 관련된 것이라는 점이다. 증산 상제님이 "수부 책임하의 중대한 공사가 산적해 있다."(3:209)고 했던 바로 그 공사일 것이다. 천지공사는 크게 도운 공사와 세운世運 공사로 구분된다. 전자는 상제님 도의 종통 계승의 운로를 정하여 광제창생, 통일천하 대업완수의 칙령을 내리는 공사요, 후자는 세계 질서의 움직임, 운명을 천지도수로 정하여 인사로 전개되게 하는 공사이다. 따라서 이 무렵에 진행되는 고수부님 중심의 공사가 도운 공사와 관련됐다는 것은 곧 고수부님에게 종통대권 후계사명이 맡겨졌다는 것을 재확인하는 천지공사에 다름 아니다.

그날도 증산 상제님과 고수부님은 천지공사에 여념이 없었다. 증산 상제님은 남쪽 방향을 등지고 북쪽을 향하여 섰다. 고수부님에게는 북쪽을 등지고 남쪽을 향하여 서게 하였다. 두 분 사이에는 술상이 놓여져 있었다. 막이 오르고 공사가 진행되었다. 증산 상제님은 많은 글들을 써서 술상 위에 놓았다. 그리고 고수부님과 함께 서로 마주 보고 절을 한 뒤 증산 상제님이 말했다.

"그대와 나의 합덕으로 삼계三界를 개조하느니라."

고수부님을 향한 증산 상제님의 마음은 애틋하기만 하였다.

어느 날 증산 상제님은 한시 한 수를 적어 고수부님에게 건네
주며 당신의 마음을 전하기도 하였다.

구 정 만 리 산 하 우　　공 덕 천 문 일 월 처
驅情萬里山河友요 供德千門日月妻라
명 월 천 강 심 공 조　　장 풍 팔 우 기 동 구
明月千江心共照요 長風八隅氣同驅라

정을 만 리에 모니 산하가 내 벗이 되고

덕을 온 천하에 베푸니 일월이 내 짝이 되는구나.

강마다 밝은 달은 내 마음을 함께 비추고

온 천지에 큰 바람은 내 기운을 함께 모는구나.(6:43)

　문제가 전혀 없는 것은 아니었다. 어린 딸 하나만 데리고 혼
자 살고 있던 고수부님이 증산 상제님을 만나 수부가 되고, 수
부소 주인이 된 뒤부터 동네 사람들이 수군대기 시작하였다.
'수부'를 이해할 수 없는 동네 사람들에게는 남편과 사별한 지
다섯 달밖에 되지 않은 청상과부가 개가한 것으로 보였을 터이
기 때문이다.

　증산 상제님도 동네 인심을 모르지 않았다. 이미 그 정도는
예상하였을 터였다. 증산 상제님은 차경석의 집 마당 한가운데
청수를 올리고 공사를 보았다. 이후 동네에서는 고수부님을 두
고 더 이상 수군거리는 일이 없어졌다. 증산 상제님이 공사로
써 동네에서 일어나는 잡음을 단번에 제거해 버린 것이었다.

증산 상제님과 성도들이 고부 운산리雲山里에서 체포되어 고부 경무청에 수감된 것은 그해가 저물기 직전이었다. 물론 이 소식은 고수부님에게 전해졌을 것이다. 그것은 고수부님으로서는 마른하늘에 날벼락과도 같은 충격적인 소식이 아닐 수 없었을 것이다. 자초지종은 그러하였다.

이 무렵, 증산 상제님은 고부 와룡리 문공신文公信(1888~1954) 성도와 운산리 신경수申京守(1838~1923) 성도의 집을 왕래하며 바쁜 공사일정을 보내고 있었다. 국가의 존망이 위태로운 터에 상하귀천이 따로 없었다. 조선인의 기개는 곳곳에서 일어나는 의병으로 증명해 주었다. 자라 보고 놀란 가슴 솥뚜껑 보고 놀란다는 속담이 있다. 남의 나라를 강탈하여 주인행세를 하려는 일본제국주의 당국은 조선인이 몇 명만 모여 있어도 의병혐의를 씌워 체포해 가는 하수상한 시절이 되었다. 그해 12월 26일 새벽 증산 상제님은 신경수의 집에 머물고 있었다. 그때 무장한 순검 수십 명이 신경수의 집을 포위한 가운데 증산 상제님을 의병혐의로 체포하여 고부 경무청으로 끌고 갔다.

증산 상제님의 수감소식을 알았다고 해도 고수부님으로서는 당장에 어떤 방도가 있는 것도 아니었다. 그동안 진행된 천지공사를 통해 이미 수부사명에 대해 알고 있었으므로 증산 상제님이 경무청에 갇혔다면, 그것도 천지공사의 일환이라고 짐작하였을 것이다. 실제로 당시 증산 상제님은 '후천선경 건설의 진주천자 도수'를 진행하고 있는 중이었다(진주천자 도수에 대한 상세한 내용은 『도전』 5:196~5:226을 참고할 것).

이에 순검들이 계속하여 심문하며 "네가 누군데 감히 그런 말을 하느냐?" 하니 상제님께서 큰 소리로 "나는 강 천자姜天子다!" 하시매 "어찌 강 천자냐?" 하니 "너희가 나를 강 천자라 하니 강 천자이니라. 나는 천하를 갖고 흔든다." 하시거늘 형렬과 자현은 이 말씀을 듣고 혼비백산하여 "이제 우리는 다 죽었다." 하고 성도들 가운데 누군가는 "저, 죽일 놈 보게." 하며 욕을 하니라.(5:213)

이때 순검들이 상제님의 옥체를 죽검으로 사정없이 후려치며 갖은 욕을 보이는데 공신이 보니 상제님의 가슴이 갑자기 20세 처녀의 젖가슴처럼 부풀거늘 순검들도 놀라 매질을 멈추니라. 잠시 후, 혹독한 매질이 계속되매 상제님께서 온 몸이 피투성이가 되고 안구가 튀어나온 채 혀를 물고 혼절하시거늘 순검들이 비로소 상제님을 대들보에서 내려 구류간으로 옮기니라.(5:214)

1908년, 그해에도 조선의 운명은 '추락하는 날개'와 같았다. 지난 해 12월에 서울진공작전을 전개했던 13도창의군이 일본군의 선제공격으로 패퇴했다는 소식이 들려온 것은 새해 벽두였다. 정읍 대흥리 수부소 텅 빈 방을 홀로이 지키는 고수부님의 외로움이 점점 커져가는 가운데 증산 상제님이 석방된 것은 수감된 지 38일 만인 그해 2월 4일 경칩절이었다. 당시 고수부 님은 온 신경을 증산 상제님을 향해 열어 두었을 것이다.

감옥에서 나온 증산 상제님은 고부 객망리 본댁으로 갔다. 본 댁에서 3일 동안 머문 뒤 차경석을 대동하고 와룡리 황응종의 집으로 옮겼다. 이때 증산 상제님은 그림자처럼 따라다니는 차 경석을 보고 "천자를 도모하는 자는 다 죽으리라. 꿈만 꾸는 자 도 죽으리라."고 경고했다. 증산 상제님 어천 후 고수부님을 염 두에 두고 차경석을 경계하는 것이지만, 당장에 경석으로서는 증산 상제님의 의중이 무엇인지 알 도리가 없었을 터였다. 이후 증산 상제님은 차경석을 데리고 다시 객망리 본댁으로 갔다가 주막에서 술을 마신 뒤 고수부님이 기다리는 대흥리로 향했다.

몇 달 만에 증산 상제님을 만난 고수부님의 내면풍경이야 굳 이 얘기할 필요도 없을 것이다. 반갑고 비통하고……. 경무청 에서의 가혹한 고문, 감옥살이, 그리고 추종했던 성도들의 배 신으로 몸과 마음이 많이도 상했을 증산 상제님이다.

그날 이후 증산 상제님은 대흥리 수부소에 머물렀다. 그동안 에도 천지공사는 계속되었다. 그날의 공사 주인은 고수부님이 었다. 증산 상제님은 성도들 10여 명을 차경석의 집 마당에 늘여 세운 뒤에 고수부님과 더불어 마루에 앉아 있었다. 차경석 성도에게 망치를 들게 하고 증산 상제님과 고수부님을 치며 동상례를 받으라고 하였다. 동상례란 일명 신랑다루기 또는 신부 다루기를 가리킨다. 전통 혼례에서 신랑이 대례 절차를 마친 후 신부 집에 재행했을 때 동년배의 동네 청년들이나 친척들이 신랑을 매달거나 발바닥을 때리는 등 고초를 겪게 하는 일종의 통정通情 의식이다. 일반적으로 신랑 신부가 첫날밤을 지낸 이튿날 점심때를 전후하여 행한다.

감옥에서 나온 지 며칠밖에 되지 않은 증산 상제님이 혼례식을 치른 지 3개월이 지났는데도 굳이 동상례를 자청해서 치르고자 하는 이유는 무엇일까. 정확한 이유는 확인할 수 없겠으나 한 가지 확실한 것이 있다. 증산 상제님과 고수부님이 치르는 동상례가 곧 천지공사 차원에서 이루어지는 것이라는 점이다. 누구보다 난감한 것은 차경석 성도일 터였다. 상제님의 명을 어길 수는 없는 노릇이라 차경석은 망치를 들고 마루로 올라갔다. 그리고 '신랑 강증산'과 '신부 고판례'를 향해 동상례를 받았다.

동상례가 한창 진행됐을 때, 고수부님이 방안으로 뛰어 들어가며 "죽으면 한 번 죽을 것이요, 두 번 죽지는 못하리라."고 말했다. 증산 상제님의 의중을 알 수는 없으나 고수부님은 이미 당신의 뜻을 간파하고 있었던 것 같다. 증산 상제님은 고수부님을 크게 칭찬했다.

잠시 후, 증산 상제님은 안내성 성도에게 망치를 들게 하여 차경석을 치며 "무엇을 하겠느냐?"고 물어보라고 했다. 안내성은 증산 상제님의 성도들 가운데 가장 우직하게 믿음을 실천하는 인물이다. 안내성이 망치를 들었다. 경석은 "역모를 하겠다."고 큰 소리로 대답했다. 증산 상제님 앞에서 역모를 하겠다고 당당하게 말할 수 있는 인물이 차경석이다.

증산 상제님과 고수부님은 물론 그곳에 있었던 참여자들의 일거수일투족도 모두 천지공사의 재료가 된다. 차경석이 고수부님 앞에서 역모를 하겠다고 외친 그 자체도 천지공사다. 물론 이 공사는 훗날 현실화될 것이다.

고수부님이 수부로 책봉된 이후 증산 상제님은 자주 차경석을 경계하는 공사를 집행하였다. 증산 상제님 어천 후 종통대권 후계사명을 맡은 고수부님이 전개하게 될 도운 과정에서 차경석이 걸림돌이 되리라는 것을 미리 알고 경계하는 공사였다. 경석의 '역모'를 확인한 증산 상제님은 고수부님을 향해 돌아앉았다.

"네 나이는 스물아홉이요, 내 나이는 서른여덟이라. 내 나이에서 아홉 살을 빼면 내가 너 될 것이요, 네 나이에 아홉 살을 더하면 네가 나 될지니 곧 내가 너 되고 네가 나 되는 일이니

라."(6:46)

증산 상제님이 곧 고수부님이 되고, 고수부님이 곧 증산 상제님이 된다고 했다. 하느님의 음성으로, 몸짓으로, 말씀으로, 천지공사로! 말할 나위 없이 고수부님의 위상을 재확인하는 공사다. 그런데 증산 상제님의 후계사명을 재천명하고 있다는 분석도 가능한 이 공사를 동상례 공사를 행하는 장소에서, 특히 차경석의 '역모' 공사에 이어 진행하였다는 것이 주목된다. 고수부님으로의 종통계승 재확인, 차경석을 경계하는 공사는 이후에도 몇 차례 계속된다.

이후 공사도 마찬가지였다. 태인 새울에서 천지공사를 보았던 증산 상제님이 다시 대흥리 수부소를 찾아왔다. 증산 상제님은 고수부님을 보고 "쌀을 많이 팔았는가?" 하고 물었다. 영문을 알 수 없는 고수부님은 "알지 못합니다."라고 대답했다. 내용인즉 그러하였다.

며칠 전 태인 새울에서 공사를 행하고 있을 때, 증산 상제님은 차경석에게 돈을 주며 "돌아가서 쌀을 팔아 놓으라."고 말했다. 경석은 그 돈을 고수부님에게 알리지 않고 개인적으로 써버렸다. 증산 상제님은 더 이상 아무 말도 하지 않았다.

태인에서 차경석에게 수부 천거를 명하신 이후 차경석은 증산 상제님과 고수부님의 연결고리 역할을 하고 있었다. 그러나 증산 상제님은 이 일이 있은 후 차경석에게 부탁하지 않고 모든 일을 고수부님과 직접 의논하여 조처하게 된다. 증산 상제님이 당신의 후계사명에 대해 걸림돌이 될 만한 것을 사전에 정리해 주고 있었던 것이다.

며칠 뒤, 증산 상제님은 성도들을 데리고 태인 성황산城隍山에 올라 치마바위(일명 장군바위)에 가서 몇 가지 공사를 행하였다. 공사가 한창 진행 중일 때 증산 상제님은 별안간 "치마 밑에서 대도통 난다." 하고 말했다. 이 공사에서 '치마'는 고수부님을 비유하는 말이다. 고수부님 밑에서 도통이 난다는 것은 무엇인가. 고수부님으로부터 도운이 전개된다는 얘기에 다름 아니다.

정읍 대흥리로 돌아온 증산 상제님은 "정읍에 천맥阡陌 도수를 붙인다."고 말하며 여러 공사를 행한 후에 "여기가 못자리니 이것이 천하파종天下播種 공사니라."고 말했다.

고수부님이 거처하고 있는 정읍이 못자리가 되고, 우주 주재자인 증산 상제님이 이곳에 천하파종을 하는 도수를 붙였다면 어떻게 되는가. 말씀 그대로 당신의 종통계승자인 고수부님이 이곳에서 도문을 개창하게 되고, 그 도문에서 도운이 천하로 뻗어나갈 것임을 암시하는 공사이다.

이 공사를 이어받은 고수부님은 훗날 낙종·이종·추수 공사를 집행하게 된다. 그 공사에 대해서는 그때 가서 다시 얘기하자.

그해 6월경, 증산 상제님은 전주군 구릿골(현재 김제군 청도리 동곡)에 살고 있는 김준상金俊相(1878~1966)의 아내가 고질병으로 앓고 있던 발의 종창을 치유해 주고 그 대가로 머릿방 한 칸을 얻어 약방을 차렸다. 구릿골 약방개설은 증산 상제님의 천지공사에 있어서 하나의 분기점을 이루게 된다. 증산 상제님은 차경석을 처음 만났을 때 당신의 직업에 대해 '의원노릇을 한다'(3:180)고 하였고, 의원이되 천지의원(9:21)이라고 했다. 구릿골 약방개설은 천지의원인 증산 상제님으로서 큰 병을 앓고 있는 천지의 병을 뜯어고치는 천지공사의 마지막 여정이 될 것이다.

> 이제 온 천하가 큰 병[大病]이 들었나니 내가 삼계대권을 주재하여 조화造化로써 천지를 개벽하고 불로장생不老長生의 선경仙境을 건설하려 하노라. 나는 옥황상제玉皇上帝니라.(2:16)

구릿골 약방을 개설한 뒤 증산 상제님은 주로 약방에 머물면서 천지공사를 행하고 있었다. 고수부님은 여전히 정읍 대흥리 수부소에 머물고 있었다. 그렇다고 해서 증산 상제님과 고수부님이 떨어져 있었다고 이해한다면 오독이다. 증산 상제님 없는 천지공사가 없듯이 1907년 이후부터는 고수부님 없는 천지공사가 없다고 해도 과언이 아니다. 천지공사가 진행되고 있는 동안 증산 상제님과 고수부님은 늘 함께 공사를 진행하고 있는 것으로 이해하면 된다. 천지공사를 진행하는 증산 상제님의 말씀에 고수부님이 등장하지 않는다고 해도, 적어도 천지공사라는 큰 틀 안에서 볼 때 그곳에는 고수부님이 함께 있는 것으로 이해하면 된다.

어느 날 상제님은 구릿골 약방 벽 위에 '사농공상 음양 기동북이고수 이서남이교통士農工商 陰陽 氣東北而固守 理西南而交通'이라는 글을 써 붙였다. 글은 김일부의 『정역』에 있는 한 구절이다. 동양철학의 심오한 내용이라 접근하기가 용이하지 않지만 좀 거칠게 이해한다면 태시太始에 천지(우주)가 열릴 때부터 우주 1년의 순환과정에서 기氣는 동북으로 굳게 지키고 변화의 새 원리[理]는 서남에서 크게 교통된다는 뜻이다. 왜 그러한가? 라는 물음을 제기할 때, 번역의 뜻만 가지고 이해하기는 쉽지 않다. 이 문장에는 동양의 역학을 공부하는 사람들한테는 최고의 신비이자 최고로 난해한 문제를 내포하고 있기 때문이다.

증산 상제님은 『정역』의 한 구절과 함께 많은 글을 써 벽에 붙이고 그 위를 흰 종이로 겹쳐 붙인 뒤에 김형렬 성도에게 "그 위에 흰 종이로 포개어 붙이라." 하고 "오늘은 천지대공판을 떼는 날이니 자네들은 그렇게 아소."라고 강조했다. 이어 김준상에게 "보시기 한 개를 가져오라." 하고 김자현에게 "마음 가는 대로 보시기를 종이 바른 곳에 대고 도려 떼라."고 하였다. 김자현이 명하는 대로 하였는데 그 속에서 '음陰' 자가 나왔다.

증산 상제님이 "옳다! 천지도수가 맞아 들어간다."고 말했다. "음과 양을 말할 때에 음 자를 먼저 읽나니 이는 지천태地天泰니라. 너의 재주가 참으로 쓸 만하구나. 옳게 떼었다. '음' 자의 이치를 아느냐? 사람은 여자가 낳는 법이므로 옳게 되었느니라. 후천에는 음陰 도수가 뜨게 되느니……."

'지천태' 란『주역』의 열한 번째 괘. 원래 양 기운은 상승하고 음 기운은 하강하는 성질이 있는데 지천태는 음 기운이 위에서 아래로 내려오고 양 기운이 아래에서 위로 올라가 음양이 자유로이 상호 교류됨으로써 조화가 일어나 안정을 누리게 되는 평화의 괘이다. 지금 증산 상제님은 음을 강조하고 후천에는 음 도수가 뜨게 된다고 하였으므로 지천태는 곧 후천의 괘가 된다.

우리는 알고 있다. 고수부님은 "후천 음도陰道 운을 맞아 만유 생명의 아버지인 증산 상제님과 합덕合德하여 음양동덕陰陽同德으로 정음정양의 새 천지인 후천 오만년 조화 선경을 여는" (11:1) 분이라는 것을. 여기까지 이해되면, 우리는 이 공사의 주인이 누구인지 짐작할 수 있다. 고수부님이다. 아니나 다를까. 잠시 후, 증산 상제님은 "약장藥欌은 곧 안장롱安葬籠이며 신주독神主櫝이니라. 약방 벽지를 뜯을 날이 속히 이르러야 하리라."고 말했다.

이 공사를 행하고 며칠 뒤에 대흥리로 온 증산 상제님은 고수부님을 향해 "약장은 곧 네 농바리가 되리라."고 결론을 내리듯 말했다.

장소를 옮겨가면서 진행된 이 일련의 공사는 증산 상제님의 도통줄이 인사문제로 현실화되어 나타나게 될 정통적인 도운 개창의 출발점에 대한 공사다. 공사 내용 가운데 '안장롱'과 '신주독'을 문자 그대로 풀이하면 전자는 편안하게 장례를 지내는 농이며, 후자는 신주를 모시는 독이라는 뜻이다. 이 공사는 훗날 현실화될 것이며 논의과정에서 그때그때 언급될 것이다.

공사 내용 가운데 주목되는 것은 약장이 곧 고수부님의 농바리가 되리라는 증산 상제님의 말씀이다. 증산 상제님이 구릿골 약방을 정성들여 개설하였다는 것은 이미 지적하였지만, 그중에서도 약장 제작은 그 절정이었다(구릿골 약방의 '약장'이 짜여진 과정, 구조에 대한 구체적인 사항은 『도전』 5:243~250을 참고할 것). 특히 '약장의 구조와 공사 정신'(5:250)에 주목하면 증산 상제님의 핵심사상 중에서도 해원사상, 개벽사상, 그리고 종통문제와 도운 전개과정이 집약적으로 표현되어 있다는 것을 확인할 수 있다. '약장'은 한마디로 증산 상제님 대도의 상징이라고 할 수 있다.

농바리는 전통 혼례에서 신부가 시집갈 때 가지고 가는 예물인 장롱이 소나 말 위에 얹혀 있는 상태를 말한다. 바로 그 약

장이 고수부님의 농바리가 된다는 것은 증산 상제님의 종통대
권이 고수부님으로 전해졌다는 것을 재확인해 주고 있다는 해
석 외에 다른 무엇이겠는가. 암시하는 내용은 그렇지만, 실제
내용에 있어서도 그대로 현실화된다. 증산 상제님 어천 후에
구릿골 약방의 약장은 대흥리 수부소로 이동하게 된다. 이는
고수부님이 증산 상제님으로부터 도통을 받고 종통 계승자의
첫 사명으로서 첫걸음을 떼는 상징적 사건이 될 것이다.

　고수부님을 주인으로 하는 도운 공사는 계속되고 있었다. 그
날도 수부소에 머물고 있던 증산 상제님은 고수부님을 향해 갑
자기 "금구로 가자." 하고 재촉하였다. 영문을 알 수 없었으나
고수부님은 부랴부랴 행구를 수습하였다. 그러나 증산 상제님
은 더 이상 금구 이사에 대한 얘기를 꺼내지 않았다. '금구'(현
재 김제시 금산면 금산리 지역이다)는 모악산 금산사 초입에 위치한
용화동 일대를 가리킨다. 구체적으로는 증산 상제님 어천 후 고
수부님 셋째 살림의 터전이 될 용화동을 가리킨다.

　며칠 뒤였다. 증산 상제님은 이경문을 불렀다. 경문은 구릿골
약방의 약장을 제작하는 과정에서 증산 상제님의 분노를 사서
죽음에까지 이르렀던 목수. 이미 증산 상제님의 권능을 경험한
이경문이었으므로 죽으라면 죽는 시늉까지 할 수밖에 없는 처

지였다. 증산 상제님은 경문에게 천원에 가서 일등교자와 일등 하인을 구해 와 마당에 꾸며 놓으라고 명하였다.

이경문이 교자와 하인을 구해 수부소 앞마당에 대령하였다. 증산 상제님은 고수부님과 더불어 교자에 나란히 앉았다. 하인들에게 "금구로 가자."고 길을 재촉하였다. 잠시 후, 교자를 멈추게 한 증산 상제님은 "밥 한 그릇 가지면 둘이 먹고 남는데 창피 볼 것 없다."라고 말한 뒤에 "이만하면 간 셈이라." 하고 교자에서 내렸다. 그리고는 언제나 그랬듯이 도포자락을 휘날리며 바람처럼 훌쩍 떠났다. 고수부님은 그런 증산 상제님의 뒷모습을 황망한 눈빛으로 바라볼 뿐이었다.

그해 8월 18일 저녁 무렵, 증산 상제님이 말을 타고 정읍 대흥리에 나타났다. 고수부님과 담소를 나누던 증산 상제님은 안중선과 차윤경을 불렀다.

"너희들은 이 길로 구릿골로 가서 일등가마와 일등하인을 구하여 날 밝기 전에 오라. 내일 수부를 데리고 이사하리라."

이미 두 차례나 금구로 이사를 가다가 중지하였음에도 불구하고 증산 상제님이 하는 일이라 고수부님은 또 채비를 하고 밤이 새기를 기다렸다. 오, 또……. 다음날 아침 잠자리에서 일어난 증산 상제님은,

"네가 금구로 가면 네 몸이 부서질 것이요 이곳에 있으면 네

몸이 크리니 이곳에 있는 것이 옳으니라."(6:67)

한마디 말씀을 남겨 놓은 채 말을 타고 홀로 구릿골로 돌아 갔다. 당시 고수부님은 증산 상제님의 깊은 의중을 알았을까. 세 번씩이나 같은 일을 되풀이하는 것으로 보면 무엇인가 깊은 뜻이 있는 천지공사라는 것을 모르지는 않았을 것이다.

이 공사에서 '금구'는 증산 상제님 어천 후 고수부님 셋째 살림의 터전이 될 용화동을 가리킨다. 그곳에서 자신의 욕심만 채우려는 난법자들을 만나 크게 고통 받게 될 것을 경계한 것이다. 이 공사는 증산 상제님 어천 후에 현실화된다.

며칠 뒤였다. 차윤칠이 구릿골 약방에서 공사를 진행하고 있는 증산 상제님을 찾아뵈었다. 차윤칠을 뚫어지게 보던 증산 상제님은 당부의 말을 하였다.

"윤칠아. 네 매씨妹氏(고수부님)를 잘 공양하라. 네 매씨가 굶으면 천하 사람이 모두 굶을 것이요, 먹으면 천하 사람이 다 먹을 것이요, 눈물을 흘리면 천하 사람이 다 눈물을 흘릴 것이며, 한숨을 쉬면 천하 사람이 다 한숨을 쉴 것이고, 기뻐하면 천하 사람이 다 기뻐할 것이다."(6:68)

차윤칠은 차씨 4형제 가운데 셋째로서 그중 성품이 과격했다. 증산 상제님 어천 후 차경석이 고수부님을 배신하고 도문을 가로채어 '보천교普天敎'라는 간판을 내걸었을 때 누구보다도 눈부시게 활동한 인물 중 하나가 차윤칠이었다. 그는 1918년 '보천교 제주 성금 이송' 사건 때 일경에 연행되어 혹독한 고문을 당하고 그 형독으로 신음하다가 2년 뒤(1920)에 사망하게 된다. 따라서 이 공사는 두 가지 의미로 해석할 수 있다. 첫째, 고수부님을 주인으로 전개되는 도운에 장애가 될 차경석·윤칠 형제가 마음에 걸렸던 증산 상제님이 그들을 경고한 것이다. 둘째, 천하 사람들에 대한 경고의 의미도 짙다. 고수부님이 '천하 사람들의 어머니'가 된다고 했을 때 어머니가 굶으면 천하 사람이 모두 굶고, 어머니가 먹으면 천하 사람이 다 먹을 수 있는 것은 당위일 터였다.

종교적인 차원뿐만 아니라 인간으로서도, 부부로서도 고수부님에 대한 증산 상제님의 정은 그렇게 애틋하기만 하였다. 날이 갈수록 그 깊이는 더해갔다. 왜 그랬을까. 이 무렵에 고수부님과 관련되어 진행된 도운 공사들을 분석하여 보면 추정은 어렵지 않다. 당신의 어천을 몇 달 앞으로 정해두고 있었던 증산 상제님은 지금 천지공사, 특히 고수부님과 관련된 도운 공사를 매듭짓고 있는 중이었다.

그날도 수부소를 찾아온 증산 상제님은 고수부님의 등을 어루만지면서 "너는 복동이로다. 장차 천하 사람의 두목이 되리니 속히 도통하리라."고 말했다. 얼핏 보면 부부의 정을 그렇게 표현한 것 같지만, 내용은 그렇게 간단한 것이 아니다. 고수부님에게 이미 수부 도수를 붙이고 몇 차례에 걸쳐 종통대권을 전했던 증산 상제님은 이제 도통 도수를 붙여 주고 있는 것이었다. 여기서 '두목'이란 (증산 상제님의) '대도'의 권능을 계승하여 새로운 후천종교시대와 역사를 개창하는 창업자를 가리킨다. 도통이 없는 두목이 있을 수 없고 두목이 아닌 수부 도수, 종통대권은 한낱 무용지물에 지나지 않을 것이다.

제8장

천지굿

"이 당 저 당 다 버리고 무당 집에 가서 빌어야 살리라."

겨울이다. 그해 가을 넘칠 듯 휘황한 빛으로 출렁거렸던 정읍 내장산의 단풍잎들이 우수수 떨어지고 앙상한 빈 가지들이 무거운 정적 사이로 하늘거리던 동짓달. 고수부님이 갑자기 안질을 앓았다. 웬일인지 쉬이 낫지 않았다. 거의 앞이 보이지 않을 지경이 되었을 때 차윤경이 구릿골 약방으로 달려가서 증산 상제님한테 전했다.

동짓달 스무이렛날 밤, 증산 상제님은 성도들을 데리고 정읍 대흥리로 왔다. 당시 고수부님의 내면풍경을 굳이 표현하지 않아도 추측하기는 어렵지 않을 터이다. 사람이 살면서 병든 것만큼 고통스러운 일이 또 있을까. 증산 상제님이 왔으므로 반가움이야 이루 말할 수 없겠으나 당장의 고통 때문에 고수부님의 마음은 뭐라고 형언하기가 쉽지 않았을 것이다. 대흥리 수부소에 도착한 증산 상제님은 수저를 돌려가며 저녁식사를 함께 한 뒤 성도들에게 주문을 읽게 하고 고수부님을 팔에 안아 재웠다. 다음날 날이 밝으려고 할 때 고수부님이 눈을 뜨는 순간 눈에서 뜨거운 눈물이 왈칵 쏟아져 내렸다. 안질은 씻은 듯이 나았다. 그래도 안심이 되지 않았던 증산 상제님은 고수부님의 머리카락 한 올까지 확인한 뒤에야 "이제는 염려 없다." 하며 안도의 빛을 보였다. 이와 같은 일화는 고수부님에 대한 증산 상제님의 애틋한 마음을 엿볼 수 있는 하나의 자료다.

증산 상제님은 계속 수부소에 머물러 있었다. 하루는 대공사를 진행하기 위해 성도 수십 명을 불렀다. 성도들이 왔을 때 증산 상제님은 고수부님과 나란히 서서 집밖으로 나왔다. 성도들이 뒤를 따랐다. 대열은 길게 이어졌다. 대흥리 마을 주변을 한 바퀴 돌아본 뒤 증산 상제님과 고수부님 일행은 집으로 돌아왔다.

수부소 앞에 도착하여 흰 종이에 글을 써서 불사른 뒤 증산 상제님은 "이는 포정 공사布政公事니라. 정읍에 포정소布政所를 정하노라."고 선언하듯 말했다. 포정소란 증산 상제님 어천 후에 도운을 처음 열어 도정道政을 집행하는 곳이다. 고수부님을 중심으로 증산 상제님 도문이 개창될 도수를 붙이는 공사였다.

한겨울 엄동설한풍이 기승을 부리고 있었다. 이 무렵, 증산 상제님의 행동에는 뭔가 모르게 침울한 빛이 나타나곤 하였다.

이와 같은 증산 상제님의 모습을 보았다면 고수부님으로서는 무척 안타까웠을 것이다. 한겨울이라 인적이 드문 수부소 주위에 정적이 흐르고 있을 때 증산 상제님은 갑자기 흰 종이에 '옥황상제玉皇上帝'라고 써서 붉은 주머니에 넣은 뒤 고수부님에게 건네주었다.

"잘 간직해 두라. 내가 옥황상제니라." 증산 상제님의 목소리는 전에 없이 엄숙하면서도 처연했다.

이때까지 고수부님이 증산 상제님의 신원을 알았다는 흔적을 찾아보기는 어렵다. 적어도 기록상으로 증산 상제님이 고수부님한테 자신의 신원에 대해 얘기해 준 것은 이때가 처음이었다. 모를 일이지만 이때쯤이면 고수부님은 이미 증산 상제님의 신원에 대해 알고 있지 않았을까. 적어도 짐작은 하고 있었을 것이다. 붉은 주머니를 향해 시선을 붓고 있는 고수부님을 보며 한동안 말이 없던 증산 상제님은,

"내가 없으면 크나큰 세 살림을 그대가 홀로 맡아서 어찌 처리하겠느냐!" 하고 안타까운 듯 말했다.

고수부님은 다만 증산 상제님이 어느 외처에 출입하겠다는 정도로 알 뿐이었다. 바로 여기, 공사 내용 가운데 '크나큰 세 살림'에 주목하자. '세 살림'은 증산 상제님 어천 후에 고수부님이 세 번씩 장소를 옮겨가며 세 차례에 걸쳐 개창하게 될 도장道場 살림을 가리킨다. 그것이 고수부님이 감당할 몫이다. 고

수부님의 앞날이 그만큼 험난하게 공사로 짜여지고 있는 것이
었다.

  고수부님에게 대권을 맡기는 공사를 진행할수록 증산 상제님
에게는 마음에 걸리는 것이 있었다. 차경석 성도였다. 그날도
수부소에서 고수부님과 마주 앉아 담소를 나누고 있던 증산 상
제님은 갑자기 경석을 불러 "세숫물을 가져오라."고 했다. 잠시
후, 세숫물을 올리고 나가는 경석의 뒷모습을 손가락으로 가리
키며 증산 상제님은,

  "저 살기를 좀 봐라. 경석이 저 놈은 만고대적萬古大賊이라. 자
칫하면 내 일이 낭패되리니 극히 조심하라." 하고 말했다.

  증산 상제님이 차경석을 경계하는 말씀을 자주 하였으므로
대충 짐작은 하고 있었겠지만 당장의 고수부님으로서는 실감
있게 느껴지지는 않았을 것이다. 차경석은 이종사촌 동생일 뿐
만 아니라 아홉 살 이후 친남매처럼 살아오고 있는 사이다. 지
금도 마찬가지였다. 고수부님은 물론 친정어머니 박씨, 그리고
딸 태종까지도 차경석의 집에서 함께 살고 있지 않은가. 한 인
간으로서 고수부님은 그만큼 차경석에게 신세를 지고 있었던
셈이다. 증산 상제님이 이와 같은 고수부님의 입장을 모를 리
없었다. 차경석을 경계하는 한편으로 증산 상제님은,

  "그대 세 식구 먹은 밥값을 후히 갚아야 하리라."고 말했다.

결국 고수부님의 입장에서 차경석에 대해 두 가지 과제를 갖고 있는 셈이었다. 차경석을 경계하는 일과 그동안 졌던 신세를 갚는 일…….

차경석의 집 두 칸 장방에는 평소 증산 상제님을 믿고 따랐던 많은 성도들이 잔뜩 숨을 죽인 채 앉아 있었다. 증산 상제님은 장구를 앞으로 메고 성도들의 눈길이 우르르 몰려오는 바로 그 곳에 자리하고 섰다. 성도들은 호기심 어린 눈길로 스승의 거동을 지켜보았다. 증산 상제님은 이따금씩 파격적인 행동으로 성도들을 놀라게 하였다. 스승이로되 단순한 스승이 아니요, 인류의 스승이다. 인간이로되, 그냥 인간이 아니라 인간으로 오신 상제님이다. 상제님이로되, 말로만 상제가 아니라 닥쳐오는 대환란의 후천 가을개벽을 예비하고 인류의 낙원이 될 후천 선경 세계를 건설하기 위해 하늘과 땅을 뜯어고치는 천지공사를 집행해 왔던 개벽장 하나님이다. 그런 증산 상제님께서 무당의 모습으로 장고를 메고 태연하게 서 있는 것이었다. 성도들의 궁금증이 막 폭발하려고 할 즈음, 증산 상제님은,

"수부 나오라고 해라."

심산유곡의 산사에서 울려 퍼지는 종소리같이 청아한 목소리로 명하였다. 뒤이어 고수부님이 약속이나 한 듯 우쭐우쭐 춤을 추면서 나타났다. 잠시 동안 고수부님의 등장을 기다렸던

증산 상제님은 장구채를 휘두르며 두둥-, 장구를 쳤다.

"이것이 천지굿이라. 나는 천하 일등 재인才人이요, 너는 천하 일등 무당巫堂이니 우리 굿 한 석 해 보세."

증산 상제님은 소리꾼이 아니리를 하듯 말하면서 다시 장구를 두둥 쳤다. 단순한 판소리 마당이 아니다. 종교적 의식행위로서 우주 주재자인 증산 상제님과 그의 반려자인 고수부님이 천지공사를 행하고 있는 것이었다. 천지공사란 앞 세상의 시간표, 이정표다(안운산, 『새 시대 새 진리 2』). 좀 구체적으로는 후천개벽기를 맞이하여 인류를 구원하기 위해 우주의 주재자가 짜는 프로그램이다.

증산 상제님은 고수부님이 천하 일등 무당이고 자신은 천하 일등 재인이며, 지금 진행하고 있는 의식이 천지굿이라고 했다. 증산 상제님과 고수부님의 말씀을 이해하려고 할 때 우리는 저 심오한 비유법에 주의해야 한다. 일부 논자들은 언표만을 보고 고수부님이 무당이라는 결론을 내리기도 하지만, 세속에서 흔히 일컫는 무당으로 이해한다면 오독이다.

백 번 양보하여 고수부님이 무당이라고 한다면 큰 무당이요, 진짜배기 원형무당이다. 과연 근대 과학지식으로 샤머니즘 세계의 원형[archetype]이 제대로 이해될 수 있을까. 원래 샤머니즘의 세계는 우주의 대도세계와 통해 있다. 무당은 대우주의 신령한 조화의 영기를 온몸에 충만히 받아내려 도통한 영적 성인

(거룩한 사람)이다(안경전, 『대도문답 2』).

증산 상제님은 말했다. 지금까지는 상극의 이치가 인간 사물을 맡았으므로 모든 인사가 도의에 어그러져서 원한이 맺히고 쌓여 온갖 참혹한 재앙을 일으키게 되었다고. 원한을 풀어 그로부터 생긴 모든 불상사를 소멸하여야 영원한 화평을 이루게 된다고(4:16). 또 말했다. 천지를 개벽하여 선경을 세우려면 먼저 해원이 돼야 한다고(4:19). 인류가 전멸할 위기에 처하게 되는 후천개벽기를 맞이하여 인류를 구원할 수 있는 천지공사를 하기 위해서는 무엇보다도 해원이 선행되어야 한다. 그리고 지금 진행되고 있는 것이 바로 원한풀이굿이다. 이름하여 천지해원굿이다.

"이 당 저 당 다 버리고 무당 집에 가서 빌어야 살리라."

천지굿이 한창 진행되고 있을 즈음, 증산 상제님은 다시 노래하듯 말했다. 유유자적하듯 부르는 노래 같지만, 그 말씀 속에는 인류의 생사 문제가 달려 있다. 후천개벽기를 당하여 그 누구를 막론하고 반드시 일등 무당인, 천지해원굿의 주인공인 고수부님을 대도大道 연원의 뿌리로서, 생명의 근원으로서 모셔야 살아날 수 있다는 경고 메시지에 다름 아니다. 그러니까 증산 상제님은 지금 천지굿이라는 해방의식을 통해 고수부님이야말로 당신의 종통대권을 이어받은 후계자로서 그 연원임을 확실히 자리매김하고 있는 것이었다.

"세상 나온 굿 한 석에 세계 원한 다 끄르고 세계 해원 다 된다네."

부부란 그런가. 증산 상제님이 장고를 둥, 두, 두둥- 울리는 데 고수부님이 장단에 맞추어 청아한 목소리로 노래했다. 천지 굿판이 무르익는다. 신명이 절로 어우러진다. 고수부님의 노래를 듣고 있던 증산 상제님은,

"그대가 굿 한 석 하였으니 나도 굿 한 석 해 보세."

장고를 끌러 고수부님에게 주며 목청을 가다듬었다. 고수부님이 장고를 받아 메고 두둥 둥 울렸다. 증산 상제님이 소리 높여 노래했다.

"단주수명丹朱受命이라. 단주를 머리로 하여 세계해원 다 끄르니 세계해원 다 되는구나."

단주는 중국 요堯임금의 아들. 그는 수차례 요의 정벌전쟁에 참여하여 큰 전공을 세우기도 하였고, 자기의 봉토도 갖고 있었으며, 당시 동방의 이족夷族과 서방의 하족夏族간의 전쟁을 종식시켜 평화를 유지해야 한다는 혁신적인 생각을 갖고 있었던 인물이다(이재석, 『인류 원한의 뿌리 단주』). 그러나 요임금은 권좌를 물려주려 할 때 대신들이 천거하는 단주를 불초하다고 하여 천하를 두 딸과 함께 순舜에게 물려주었다. 역사는 순임금이 요임금과 함께 역사상 최고의 이상시대를 통치하였다고 기록한다. 과연 그러한가.

증산 상제님은 "요의 아들 단주가 불초하였다'는 말이 반만 년이나 전해 내려오니 만고의 원한 가운데 단주의 원한이 가장 크다."고 전제하면서 "정말로 단주가 불초하였다면 조정의 신하들이 단주를 계명啟明하다고 천거하였겠느냐. 만족蠻族과 이족夷族의 오랑캐 칭호를 폐하자는 주장이 어찌 말이 많고 남과 다투기를 좋아하는 것이겠느냐? 온 천하를 대동세계로 만들자는 주장이 곧 '시끄럽고 싸우기 좋아한다'는 말이었느니라."(4:30)고 역사 기록자들을 꾸짖는다.

증산 상제님은 단주의 원한이야말로 원한의 역사의 뿌리라고 주장하고 자신의 핵심사상 중 하나인 해원의 머리로 꼽았다.

이때는 해원시대解冤時代라.(2:24)

무릇 머리를 들면 조리條理가 펴짐과 같이 천륜을 해害한 기록의 시초이자 원冤의 역사의 처음인 당뇨唐堯의 아들 단주丹朱의 깊은 원을 풀면 그 뒤로 수천 년 동안 쌓여 내려온 모든 원의 마디와 고가 풀리게 될지라. 대저 당요가 단주를 불초히여겨 두 딸을 우순虞舜에게 보내고 천하를 전하니 단주가 깊은 원을 품은지라 마침내 그 분울憤鬱한 기운의 충동으로 우순이 창오에서 죽고 두 왕비가 소상강瀟湘江에 빠져 죽는 참혹한 일이 일어났나니 이로 말미암아 원의 뿌리가 깊이 박히게 되고 시대가 지남에 따라 모든 원이 덧붙어서 드디어 천지에 가득

차 세상을 폭파하기에 이르렀느니라. 그러므로 이제 단주 해원을 첫머리로 하고 또 천하를 건지려는 큰 뜻을 품었으나 시세時勢가 이롭지 못하여 구족九族이 멸하는 참화를 당해 철천의 한恨을 머금고 의탁할 곳 없이 천고千古에 떠도는 모든 만고역신萬古逆神을 그 다음으로 하여 각기 원통함과 억울함을 풀고, 혹은 행위를 바로 살펴 곡해를 바로잡으며, 혹은 의탁할 곳을 붙여 영원히 안정을 얻게 함이 곧 선경을 건설하는 첫걸음이니라.(4:17)

풀어야 할 것은 여성의 원한뿐만이 아니다. 단주의 원한 이래로 원의 뿌리가 깊이 박히게 되고 시대가 지남에 따라 모든 원이 덧붙어서 천지에 가득 차게 되었고 이제는 폭발 직전에 와 있다. 폭발한다면 지구는 물론 우주를 파국으로 몰고 갈 것이다. 지금까지의 온갖 진리와 사상, 학술, 종교로는 멸망 직전에 놓여 있는 세상을 구원할 수 없다. 구원할 수 있는 오직 하나의 활방은 지금 증산 상제님과 고수부님이 펼치고 있는 천지해원굿이다.

두 분은 이 천지 해원굿을 통해 유사 이래 쌓이고 쌓여 온 천하 창생의 원한을 끌러 주고 새로운 천지질서와 인류가 나아갈 새로운 도道판을 열어 주었다. 그 천지질서와 도판의 첫 번째 주인이 바로 고수부님이다. 바꾸어 말하면 증산 상제의 종통대

권을 이어 후천 가을개벽기에 인류를 구원하게 될 종통 연원자
가 고수부님이라는 것을 확인시켜 주는 장면이다.

제9장

상제님과 수부님이 부르는 노래,
영변寧邊 수심가愁心歌

"나의 수부, 너희들의 어머니를 잘 받들라. ······
수부의 치마폭을 벗어나는 자는 다 죽으리라."

그해 겨울, 증산 상제님과 고수부님은 유난히도 바빴다. 누가
쫓는 것은 아니로되, 쫓기는 공사일정 때문이었다. 그날도 증산
상제님은 고수부님과 함께 수부소에서 중요한 공사를 행하고
있었다. 증산 상제님과 고수부님만이 할 수 있는 천지공사는
그 하나하나가 새로운 것이고, 그만큼 파천황적일 수밖에 없겠
지만, 그날 공사는 시작부터 분위기가 사뭇 달랐다. 증산 상제님
이 고수부님 앞에 식칼을 내놓고 자리에 벌떡 눕는 것이었다.

증산 상제님은 "나에게 올라타서 한 손으로 멱살을 잡고 한
손으로 그 칼을 잡으라."고 하였다. 그리고 "나를 찌를 듯이 하
여 '꼭 전수하겠느냐?' 하고 다짐을 받으소."라고 말했다.

아무리 천지공사요, 아무리 고수부님이라고 해도 증산 상제

님 말씀 대로 하기가 어디 쉬운 일이겠는가. 워낙 갑작스러운 일이라 고수부님은 차마 행동으로 옮기지 못하고 머뭇거리는데 증산 상제님이 "뭐하시는가. 시간이 다 가네." 하고 재촉하였다.

고수부님은 역시 고수부님이다. 잠시 후, 고수부님이 증산 상제님을 올라탔다. 그리고 증산 상제님이 시키는 대로 한 손으로 멱살을 잡고 한 손으로 식칼을 들고 찌를 듯이 하면서 "반드시 꼭 전하겠느냐?" 하고 다짐을 받았다.

"예, 전하지요." 증산 상제님이 큰 소리로 대답한 뒤, "이왕이면 천지가 알아듣게 크게 다시 하소."라고 말했다.

고수부님이 더욱 큰 소리로 "꼭 전하겠느냐?" 하고 다짐 받았다. 증산 상제님이 "꼭 전하리다." 거듭 다짐을 했다. 같은 방법으로 세 차례에 걸쳐 다짐 '의식'이 이루어졌다.

두 말할 나위 없이 종통대권 전수 공사다. 종통 전수 공사는 고수부님을 만난 이후 몇 차례에 걸쳐 이루어졌으나 이 공사는 좀 특이하다. 식칼을 들고 찌를 듯이 하면서 종통대권을 전수받는 이가 전수하는 이에게 다짐을 받는 절차로 진행되는 것은 생사를 결단하는 자세로, 적어도 종통대권 문제에 관한 한 더 이상의 의혹을 가질 수 없도록 재천명하는 의미가 있다. 같은 다짐을 세 번에 걸쳐 받았다는 대목도 마찬가지다. 천지가 알아듣게 다짐받으라는 것은 곧 천지 앞에서 맹세하는 의식일 뿐만 아니라 천지에 선포하는 의미가 있다. 이 공사는 그만큼 절실한 가운데 이루어졌던 것 같다. 고수부님에게 종통대권을 전수하는 것은 곧 증산 상제님 당신의 도운의 앞날에 대한 대비책이기도 하였으므로 그만큼 철저하게 이루어질 수밖에 없을 터였다.

그날 이후, 증산 상제님은 천지공사를 볼 때마다 반드시 먼저 고수부님에게 그 가부를 물어서 응낙을 받은 후에야 행하였다. 공사뿐만이 아니었다. 식사를 할 때면 고수부님에게 수저를 주고 먼저 먹기를 권하였다. 심지어 담배를 피울 때도 고수부님에게 먼저 권한 뒤에야 비로소 담배를 피웠다. 비록 천지공사 차원에서 한시적으로 이루어진 일이지만 장차 상제님이 안 계신 인사에서는 상제님보다도 앞서는 분, 앞설 수 있는 분-물론 증산 상제님과 고수부님은 어느 분이 앞서고 뒤에 서는 분이 아니다. 정음정양의 원리로서 남녀동권시대의 전범이 되는 두 분을 우리는 반려자라고 표현한다-, 그가 바로 고수부님이었다. 증산 상제님은 지금 고수부님을 한껏 올림으로써 그 위격을 확인해 주는 것이었다.

증산 상제님은 성도들을 향해 말했다.

"나의 수부, 너희들의 어머니를 잘 받들라. 내 일은 수부가 없이는 안 되느니라. …… 수부의 치마폭을 벗어나는 자는 다 죽으리라."

증산 상제님은 이제 당신의 어천을 앞두고 모든 권한을 후계자인 고수부님에게 전하고 있었다. 바로 그 사실을 공사에 참여한 성도들은 물론 천지신명에게 각인시켜 주는 것이었다.

그날 공사도 그랬다. 마주 앉아서 얘기를 나누고 있던 증산 상제님은 갑자기 자리에서 일어나 고수부님을 향해 큰절을 올렸다. 영문을 모르는 고수부님으로서는 당황하지 않을 수 없었다. 그때 증산 상제님은 어렸을 때부터 있었던 일들을 낱낱이 얘기하며 착했던가 모질었던가를 일일이 물었다.

"옳지 못한 일에는 용서를 하십시오." 증산 상제님은 간절하게 빌었다. 증산 상제님이 고수부님에게 '인사대권을 전하는 예식'이다.

정읍 대흥리 수부소에서 중요한 도운 공사들을 진행하던 증산 상제님은 엄동설한풍을 뚫고 구릿골 약방으로 갔다. 상제님은 쉴 틈이 없었다. 당신이 정해 놓은 어천할 시간이 눈앞에 다가오는 것을 훤히 꿰뚫어 보고 있는 증산 상제님으로서는 마지막 남은 판을 짜기 위해 밤낮을 가리지 않고 서두를 수밖에 없었을 터였다.

그날도 대공사의 깃발이 올라갔다. 성도 아홉 명을 벌여 앉혀 놓은 뒤 증산 상제님은 "이제 도운을 전하리라."고 말했다. 이어서 "대[竹]의 기운이 만물 중에 제일 크니 그 기운을 덜어 쓰리라."고 말한 뒤 김갑칠 성도에게 "푸른 대 하나를 뜻대로 잘라 오라."고 명하였다.

잠시 후, 김갑칠 성도가 잘라온 대나무의 마디 수를 헤아려 보는데 모두 열한 마디였다. 증산 상제님은 그중에서 한 마디를 끊게 하여 무릎 밑에 넣고 남은 열 마디 중 끝의 한 마디를 잡았다.

"이 한 마디는 두목이라. 왕래와 순회를 마음대로 할 것이요 남은 아홉 마디는 교教 받는 자의 수효와 맞는도다."

공사는 일사천리로 진행되었다. 공사를 마무리하면서 증산 상제님은 김갑칠에게 "밖에 나가 하늘에 별이 몇 개나 나타났는가 보라."고 하였다. 김갑칠이 밖에 나가서 보았는데 검은 구름이 온 하늘을 덮었고 다만 하늘 복판이 열려서 별 아홉 개가 떠 있었다. 방으로 들어와 그대로 전했다.

"그러하냐. 이는 교 받는 자의 수효에 응함이니라. 도운의 개시가 초장봉기지세楚將蜂起之勢를 이루리라."

도운의 전개, 특히 도맥과 교맥을 받는 숫자를 대나무 마디를 들어 비유적으로 암시하는 공사다. 처음에 잘라낸 한 마디는 증산 상제님과 고수부님의 천지대업을 계승하여 추수 도운으로 마무리하는 대두목을 상징하고, 나머지 열 마디 중 상제님께서 손으로 잡은 끝의 한 마디는 도운의 뿌리가 되는 수부님을(낙종), 나머지 아홉 마디는 수부님으로부터 분립해 나가는 아홉 교파(이종)를 상징한다.

이 공사는 증산 상제님 어천 후에 현실화된다. 고수부님이 도문을 개창하여 도운의 씨앗을 뿌리고, 차경석 성도가 이종 도수를 실현하는 과정에서 여기저기서 여러 성도들에 의한 교단이 일어나게 된다. 차경석 성도의 보천교普天敎를 비롯하여 김형렬 성도의 미륵불교彌勒佛敎, 안내성 성도의 증산대도교甑山大道敎, 문공신 성도의 교단, 박공우 성도의 태을교太乙敎, 이치복 성도의 제화교濟化敎, 김병선 성도의 교단, 김광찬 성도의 도리원파桃李園派 등이 그것이다. 그야말로 초장봉기지세를 이루게 되는 것이다. '초장봉기지세'란 중국 진나라 말기 진시황의 포학을 타도하기 위해 봉기했던 초패왕 항우와 초나라 장수들의 기세를 일컫는다.

증산 상제님의 이 공사로 인해 고수부님께서 씨를 뿌린 도운이 차경석 성도에 의해 이종-다른 교파의 형성도 차경석 성도의 '배신'으로 말미암아 도道판이 여러 개로 분열되는 결과에서 비롯되었으므로 큰 틀에서 이종의 범주에 넣을 수 있다-이 되면서 짧은 시간에 여러 개의 교파로 나뉘고 추종하는 신도들 또한 수백만을 헤아리게 되는 것이다. 결국 이 공사는 증산 상제님 어천 후에 고수부님이 열어가게 될 도운의 앞날이 험난함을 예고하는 것이기도 했다.

그날 공사를 마친 증산 상제님은 김형렬 성도에게 "내가 정읍으로 가리니 이 길이 길행이라. 이 뒤에 네게 알리리라."라는 말을 남긴 뒤 훌쩍 떠났다. 정읍이란 물론 정읍 대흥리 수부소 주인 고수부님을 가리킨다. 그날 수부소를 찾아온 증산 상제님은 고수부님의 무릎을 베고 누워 "내가 죽으면 네가 머리를 풀겠느냐, 아니 풀겠느냐?" 하고 물었다.

"어찌 머리를 풀지 않겠습니까. 그러한 일은 염려 마소서." 고수부님이 대답했다.

잠시 후, 증산 상제님은 "영변寧邊 수심가愁心歌를 부르라." 하고 음성을 가다듬어 먼저 불렀고 고수부님도 뒤따라 불렀다.

소슬 동풍東風에 궂은비는 오는데 울퉁불퉁 저기 저 남산南山 보아라. 우리도 죽어지면 저기 저 모양 되리라.(10:4)

증산 상제님은 계속 대흥리 수부소에 머물렀다. 그러나 대공사를 행하는 중이었으므로 고수부님은 당신 곁에 있어도 말을 붙일 여유가 없었다. 이 무렵, 증산 상제님은 아예 당신의 어천을 직접적으로 표현하기도 하였다. 고수부님과 함께 수부소에 있을 때 증산 상제님은,

"내가 이 세상에 있으면 삼계의 모든 일이 지연될 것이다. 이제 천상에 가서 공사를 펴내어 빨리 진행케 하고 오리니 기다리지 말라. 공사를 마치면 돌아올 것이다." 하고 말했다.

고수부님은 증산 상제님의 말씀을 액면 그대로 믿지 않았다.

당시까지만 해도 고수부님은 증산 상제님께서 어천하실 것이라고는 전혀 생각지 않았다. 증산 상제님이 어천한 뒤에 알게 되겠지만 그것은 성도들도 마찬가지였다.

이 무렵, 증산 상제님의 행적을 살펴보면 인간으로서, 부부로서, 도의 계승자로서 그리고 도의 반려자로서의 고수부님에 대한 정감을 애틋하게 표현하는 경우가 많았다. 어천의 순간이 그만큼 가까이 다가오고 있음이리라. 그날도 고수부님과 함께 있던 증산 상제님은 "내가 비록 죽을지라도 마음을 변치 않겠느냐?" 하고 물었다.

"어찌 변할 수가 있겠습니까."

"그러하냐. 암. 그래야지." 고수부님의 대답을 듣고 있던 증산 상제님은 글 한 수를 조용히 외워 주었다.

무 어 별 시 정 약 월   유 기 래 처 신 통 조
無語別時情若月이요 有期來處信通潮라
말없이 이별할 때의 정은 으스름 달빛처럼 애련한 것이언만
다시 올 기약 있어 믿는 마음은 조수처럼 어김이 없을진저.
(10:7)

방안은 처연한 분위기가 감돌고 무거운 침묵이 짓눌렸다. 잠시 후, 증산 상제님은,

"네게 세 가지 큰 병이 있으니 그중 악한 병이 단독丹毒이라.

내가 단독을 빼 주마." 하고 고수부님 가까이 다가앉았다.

"내가 천상에서 신씨 보고 잘 맡아보라 하였더니 병 두 가지를 붙여서 보냈구나."

신씨란 고수부님이 증산 상제님을 만나기 다섯 달 전에 사망한 전남편을 가리킨다. 증산 상제님은 "독기를 뺀다." 하며 고수부님의 손등을 피멍이 질 정도로 한참 동안 깨문 뒤 "이제 단독은 염려 없다."고 말했다.

"나머지 병도 없애 주소서."

"모든 일에 한도가 있고 책임이 있으니 …… 나머지는 이후에 치유할 사람이 있다." 증산 상제님이 말했다.

부부의 정을 나누는 일화이기도 하지만, 그것이 천지공사의 일환이라는 것을 우리는 알고 있다. 주목되는 것은 고수부님에게 '나머지 병'이 있고, 그것을 '이후에 치유할 사람이 있다'는 말씀이다. 누구인가, 고수부님의 '나머지 병'은 무엇이고, 그 병을 '치유할 사람'은? 고수부님은 태종을 낳은 뒤부터 복통을 자주 일으키곤 하였다. 혈적증이었다. 훗날 고수부님 도장의 수석성도 고민환이 산약散藥을 써서 치료하게 된다. 고수부님의 '나머지 병'이란 바로 그 혈적증이지 않을까. 확신할 수는 없으나 증산 상제님이 고수부님을 일단 신씨에게 맡기신 이후 붙여진(생긴) 병이라면 혈적증이 확실한 듯하다.

천지공사와 도수의 목적은 무엇인가. 공사가 마무리되는 시점이 되는 미래 역사 속에서 인사적인 성공이라고 할 수 있다. 천지공사가 현실화되는 과정은 어떠한가. 공사 집행 당시에는 그 도수를 맡는 주인공(당대 성도들)이 있고 그 도수는 역사적으로 시간의 흐름과 함께 인사대권자에게 전해지는 형태가 된다. 이것이 하나의 법칙이라고 할 때 고수부님의 '나머지 병'은 혈적증이고, 그 병을 '치유할 사람'은 고민환 성도가 되지만, 천지공사가 현실화되는 과정에서 고수부님으로부터 종통대권을 이어받아 인사대권을 행사하게 될 증산 상제님의 대행자, 인사대권자가 되는 것이다. 증산 상제님은 고수부님 당대뿐만 아니라 고수부님 이후, 그러니까 당신의 도운이 펼쳐질 전 역사적 과정을 공사로 집행하고 있는 것이다.

며칠 뒤, 고수부님과 함께 담소를 나누며 애틋한 정을 나누던 증산 상제님은 갑자기 "임옥臨沃에서 땅 빠진다!" 하고 천둥 같은 음성으로 말했다. 증산 상제님의 말씀 한마디가 예사로울 수는 없다. 임옥은 전북 임피臨陂·옥구沃溝─. 임옥에서 땅 빠진다는 것은 무엇인가. 다름 아닌 고수부님이 임피·옥구에 있는 오성산에서 선화仙化하게 된다는 내용이다. 증산 상제님의 공사는 그렇게 치밀하게 짜여지고 있었다. 고수부님이 선화하게 되는 것까지 공사로 진행한 증산 상제님은 "네가 나를 꼭 믿느냐?"

하고 다짐을 받았다. 고수부님은 "꼭 믿습니다." 하고 굳게 맹
세했다.

제10장

다섯 신선과 바둑 이야기

"내 도수는 바둑판과 같으니라.

해가 저물면 판과 바둑은 주인에게 돌아가느니라."

1908년 12월, 날씨는 변덕스럽기만 하였다. 엄동설한풍에 갑자기 큰 눈이 펑펑 쏟아져 천지를 뒤덮을 듯 하다가도 언제인가 싶게 따스한 햇살이 내려 봄날처럼 눈이 녹아 길은 질펀하게 진창을 이루기도 하였다.

이 무렵, 고수부님은 출타를 하였다. 증산 상제님과 함께 천지공사를 위한 출행이었다. 공사 무대가 정읍 대흥리에서부터 서울까지일 정도로 대공사였다. 고수부님이 직접 참여한 것을 보면 어떤 식으로든 공사 내용이 당신과 관련이 있는, 증산 상제님의 말씀을 빌리면 '수부 책임하의 공사'라는 것을 미루어 짐작할 수 있겠다. 김형렬, 김호연, 김갑칠, 안내성, 박공우, 문공신, 차경석 성도 들과 문정삼, 차윤칠, 차윤덕, 차순옥, 차평국 등이 따랐다.

공사는 시작부터 심상치 않았다. 대흥리를 떠나면서 증산 상제님은 성도 여덟 명으로 하여금 앞뒤로 네 명씩 서서 걷게 하였다. 나머지 성도들은 몇 걸음 떨어져 뒤따랐다. 증산 상제님은 "조선이 팔도八道니라."고 말했다. 이 공사가 조선의 국운과 관련되어 있다는 의미일 것이다.

충청도 태전을 지나 계룡산을 거쳐 공주에 이르렀을 때부터 큰길을 두고 험한 솔밭길로 갔다. 눈 녹은 진창에 발이 빠져 걸음을 옮기는 것조차 쉽지 않았다. 우여곡절 끝에 일행이 도착한 곳은 서울이었다. 때마침 큰 눈이 내려 한 치 앞을 분간하기도 어려울 지경이었다. 일행은 덕수궁 대한문大漢門과 원구단圜丘壇 사이의 광장으로 갔다.

증산 상제님은 먼저 성도들 중 네 명을 뽑아 사방위로 둘러 앉히고 자신은 중앙에 앉았다. 그리고 "이곳이 중앙 오십토五十土 바둑판이니라." 하고 말했다. 짧은 말씀이지만 내용은 심오하다. 이 말씀 가운데 '바둑판'은 조선, 지구촌, 우주를 상징한다. 그러므로 이 공사를 행하는 장소는 지구촌과 우주의 중심으로서의 조선으로 이해된다. 이 경우 바둑판이 온 인류의 운명과 관련된다는 점도 유의해야 한다. 중앙 '오십토'는 무엇인가. 동양사상의 심오한 내용이라 좀 난해하지만 범박하게 얘기하면 주재 · 통치자의 자리라는 정도로 이해된다.

이 공사에서 먼저 두 가지를 주목한다. 하나는 공사 시간대이다. 증산 상제님이 서울에서 이 공사를 행한 비슷한 시기인 1909년 1월 7일부터 27일까지 황제 순종은 궁정열차를 타고 대구, 부산, 마산과 평양, 신의주, 의주, 개성을 각각 순시하게 된다. 그것으로 끝난 것이 아니다. 『순종실록』에 따르면 1909년 1월, 3월, 10월 세 차례에 걸쳐 순행한 것으로 기록되어 있다. 다른 하나는 공사무대이다. 다른 공사도 마찬가지이지만 특히 이 공사에서 공사무대를 주목한다. 왜 덕수궁 대한문과 원구단 사이의 광장인가.

대한문 _ 서울 중구 정동에 있는 덕수궁의 정문. 원래는 경운궁의 동문으로 대안문大安門이었다. 1897년 10월 고종황제가 '대한제국'을 선포하면서 경운궁에서 원구단으로 통하는 이 문을 정문으로 하였다.

대한문은 덕수궁의 정문으로 원래 이름은 대안문大安門이다. 덕수궁의 본래 이름은 경운궁慶運宮. 1608년에 광해군이, 1623년에 인조가 이곳에서 즉위하였다. 고종이 대한제국의 황제로 즉위한 곳이기도 하다. 1611년~1615년에는 조선의 정궁, 1897년~1907년에는 대한제국의 황궁이었다. 1902년 궁궐(덕수궁)을 크게 중건하면서 대안문을 세워 정문으로 사용했다. 이 대안문은 1904년 화재로 소실되었고 2년 뒤에 재건하면서 대한문으로 고쳐 불렀다. 이런 얘기가 전한다. 1903년 한 젊은 무녀가 대안문 용마루에 연결시킨 밧줄을 타고 내려와 "…… 대안대왕大安大王 강천降天이시다!"라고 외치면서 임금을 대령하라고 호통을 쳤다(《코리아리뷰》지, 1903.). 이를 불길한 징조로 여겨 '대한문'으로 바꾸었다고.

원구단은 우리나라와 중국의 역대 왕조에서 유교적인 의례에 따라 하늘에 제사를 지내던 제천단을 일컫는다. 고대국가 때부터 제천의식이 행해졌으나 유교적인 예禮의 관념에 따라 제도화된 원구제는 고려시대에 들어와서부터 실시되었다. 고려의 원구제는 중국의 이른바 '천자국'의 원구제와 같았다. 제사 대상은 우주를 주재하는 호천상제昊天上帝를 비롯하여 5방의 천신 등이었다. 그러나 고려 말 배원친명정책排元親明政策 이후 원구제는 폐지되었다. 조선이 건국된 이후 제후국가에서 '천자의 제천의

례'인 원구제를 거행할 수 없다고 했다. 이러한 가운데 1457년 (세조 3)에 원구제가 거행되기 시작했으나 1464년을 마지막으로 다시는 거행되지 않았다. 1616년(광해군 8) 원구제를 또 한 차례 거행하려고 했다는 기록이 보이지만 그 자세한 전말은 알 수 없다. 원구단이 다시 건립된 것은 1897년(광무 1) 대한제국 선포 후 고종이 황제로 즉위하면서부터다. 그 후, 일제강점기인 1913년에 원구단은 철거되고 이듬해 같은 자리에 조선호텔을 건축했다. 현재는 화강암 기단 위에 세워진 3층 8각정 황궁우皇穹宇 유적만 전해오고 있다.

원구단 _ 천자天子가 하늘에 제사를 드리는 제천단으로, 1897년 고종이 대한제국의 황제로 즉위하면서 이곳에서 천제를 올렸다. 1913년 일본에 의해 원구단이 헐리고 그 자리에 지금의 조선호텔이 세워졌다. 현재는 3층 팔각정의 황궁우만 남아 있다.

정리하면, 증산 상제님과 고수부님은 지금 황제와 관련이 있는 장소에서 천지의 주재 · 통치자가 되는 상제의 이름으로 조선 국운과 관련이 있는 공사를 행하고 있는 것이다. 바로 그 공사장에 고수부님이 있음을 우리는 주목한다.

본격적인 공사가 시작되었다. 증산 상제님은 박공우 성도를 향해 "공우야. 쌀이 솥을 따르느냐, 솥이 쌀을 따르느냐?" 하고 물었다. 박공우가 "쌀이 솥을 따르지요."라고 대답했다.

"네 말이 옳도다. 쌀은 미국이고 솥은 조선이니 밥을 하려면 쌀이 솥으로 올 것 아니냐. 장차 일본이 나가고 서양이 들어온 연후에 지천태 운이 열리느니라."

지천태가 후천의 『주역』 괘라는 것은 이미 지적하였다. 표면적으로 드러난 말씀은 매우 현실적으로 이루어져 있다. 공사 내용은 분명하다. 장차 일제강점기가 끝나고 미국이 들어오도록 판을 짠 것이다. 그 후에 후천의 운(지천태 운)이 열리게 될 것이다. 바로 여기쯤에 이르면 이 공사에 고수부님이 있어야 하는 이유를 짐작할 수 있게 된다. 『주역』 괘 '지천태'로 상징되는 "후천 음도陰道 운을 맞아 만유 생명의 아버지인 증산 상제님과 합덕하여 음양동덕陰陽同德으로 정음정양의 새 천지인 후천 오만년 조화 선경"(11:1)을 여는 주인공이 바로 고수부님이기 때문이다.

공사는 계속되었다. "내 도수는 바둑판과 같으니라. 바둑판 흑백잔치니라. 두 신선은 바둑을 두고 두 신선은 훈수를 하나니 해가 저물면 판과 바둑은 주인에게 돌아가느니라."

증산 상제님은 같은 내용의 공사를 1902년에도 이미 행한 바 있다(5:6). 바둑 이야기를 하는 것 같지만 내포된 의미는 어마어마한 내용이다. 바둑판이 상징하는 것이 한반도라고 할 때 '네 신선'은 한반도 주변 4대 강국이다. 주변 4대 강국이 바둑판 한반도를 놓고 서로 팽팽하게 세력다툼을 벌이다가 '해가 저물면' 대세가 뒤집어진다. 바둑판 주인 조선이 외세의 속박에서 벗어나 인류 역사의 전면에 부상하여 세계 운명을 바꾸는 주체가 되는 것이다. 그러니까 이 공사는 조선의 운명은 물론 향후 국제정세를 다섯 신선이 바둑 두는 형상으로 짜 놓은 것이다. 2008년 현재, 북한 핵문제를 두고 벌어지는 6자회담을 연상하면 이해하기가 쉬울 것이다. 이 공사는 한반도를 중심으로 하는 (제3차 세계대전) 전쟁 도수다. 좀 더 구체적으로 표현한다면 후천 가을개벽의 실제상황 가운데 전쟁에 대한 공사다. 증산 상제님이 "천지개벽 시대에 어찌 전쟁이 없으리오. 앞으로 천지전쟁이 있느니라."(5:202)고 했던…….

개벽전쟁 공사는 그렇게 판이 짜여지고 있었다. 물론 그것으로 '개벽' 공사가 끝난 것은 아니었다. 증산 상제님이 말했다. "난리가 나간다, 난리가 나간다. 난리가 나가고 병이 들어오리라."

상제님 말씀이다. 마치 노래 부르듯 하는 몇 마디 짧은 말씀이지만 어찌 예사로울 수 있겠는가. 증산 상제님은 지금 후천 가을개벽으로서 1차 관문인 전쟁이 터지면 뒤이어 병이 들어온다고 말씀하고 있는 것이다. 병은 곧 병겁病劫 심판을 가리킨다. 증산 상제님은 얼마 전에 다른 자리에서 말했다. "장차 전쟁은 병으로써 판을 막으리라. 앞으로 싸움 날 만하면 병란이 날 것이니 병란兵亂이 곧 병란病亂이니라."(7:35) 아. 조선은 물론 인류의 미래는 그렇게 짜여지고 있었다. 후천개벽에 대한 좀 더 구체적인 얘기는 다음 기회로 미루자.

일련의 '개벽' 공사를 마친 증산 상제님과 고수부님은 이어서 '육임도꾼 지도자 출세 공사'(5:337)를 행한 뒤 자리를 창경궁으로 옮겨 이후 며칠 동안 머물렀다. 물론 공사의 일환이다. 그러나 공사 내용에 대해서는 밝혀지지 않고 있다. 서울에서 대공사를 마친 증산 상제님과 고수부님 일행은 익산 금마면 미륵사지를 거쳐 정읍 대흥리로 돌아왔다.

그해 섣달 그믐날, 고수부님은 증산 상제님과 함께 수부소에서 대공사를 행하였다. 증산 상제님은 밤과 낮을 쉬지 않고 벌써 며칠 동안 글을 쓰고 있었는데 그 종이가 산더미같이 쌓였다. 공사를 마친 증산 상제님은 "이번 공사는 무신납월 공사戊申臘月公事니 무신납월 공사가 천지의 대공사니라."고 하였다. 그러나 그 내용에 대해서는 얘기해 주지 않았다. 원래 '납臘'이란 중국 주나라 때 모든 신에게 지내던 12월 제사의 명칭. 뒤에 12월의 다른 이름이 되었다. 그러니까 무신납월 공사는 문자 그대로 '무신년(1908) 12월에 행한 대공사'라는 얘긴데, 그해 12월에 서울로 가서 행한 이후 모든 공사를 하나로 묶어 무신납월 공사라고 한다. 과연 '천지의 대공사'가 되는 이 무신납월 공사는 고수부님과 함께 행한 포정소 공사와 종통 및 인사대권 도수, 일등 무당 도수 등과 함께 증산 상제님 9년 천지공사의 핵심을 이룬다.

무신납월 공사를 마친 다음날, 그러니까 1909년 설날이 밝았다. 새해를 맞이하는 고수부님으로서는 감회가 새로웠을 것이다. 돌이켜 보면 1년 전 이맘때 증산 상제님은 감옥에 있었다. 혼례식을 올린 지 두 달도 채 되지 않은 고수부님은 적막한 수부소에서 고통스러운 날들을 보내야 했다.

그해 설날은 달랐다. 고수부님은 증산 상제님과 많은 성도들과 함께 새해 설날을 맞이한 것이다. 차경석 성도가 선령에게 차례를 지내려고 할 때였다. 증산 상제님이 "장만한 찬수를 가져오라."고 하여 여러 성도들과 나누어 먹었다. 물론 고수부님

도 함께 먹었을 것이다. 그때 증산 상제님은 "이것이 곧 절사節
祀니라." 하고 말했다.

원래 차례는 매월 음력 초하루·보름, 조상의 생일, 명절 등
에 간단히 지내는 제사를 일컫는다. 조상에게 드리는 연시제年
始祭는 정월 초하룻날 아침에 세배로 드린다. 그런데 여기서 증
산 상제님이 차례 지낼 음식을 성도들과 나누어 먹었다는 것은
무슨 뜻일까. (다른 해석도 있을 수 있겠으나) 상제님께 먼저 올리
라는, 상제님을 근본으로 한 차례만이 진정한 의례가 될 수 있
다는 가르침일 터이다. '절사'란 절기나 명절을 따라 지내는 제
사를 일컫는다. 증산 상제님이 '절사'라고 말씀한 것은 모든 절
사에 해당하는 제사는 그렇게 해야 한다는 뜻이 아니겠는가.
이와 같은 해석의 근거는 다른 공사에서 찾을 수 있다.

> 형렬이 어느 절일節日에 조상들에게 절사節祀를 지내고자 하
> 니 상제님께서 형렬에게 준비한 제수祭需를 가져오게 하시어
> 여러 성도들과 더불어 잡수시며 "이것이 곧 절사니라." 하시
> 거늘 그 후로 형렬이 절사와 기제忌祭를 당하면 항상 상제님께
> 제를 올리니라.(3:20)

그날 11시께였다. 증산 상제님은 고수부님을 남겨둔 채 안내
성 성도의 집으로 갔다. 그곳에서 『현무경玄武經』을 썼다. 『현무

경」은 인사대권자가 명을 내려 천지신명을 부리는 부符로서 증
산 상제님이 남긴 유일한 저작으로 알려지고 있다.

병유대세 병유소세 대병무약 소병혹유약
病有大勢 病有小勢 大病無藥 小病或有藥

병에는 큰 병세가 있고 작은 병세가 있나니

큰 병은 약이 없고 작은 병은 혹 약이 있으나

……

대인대의 무병
大仁大義 無病

대인대의하면 병이 없느니라.

……

지천하지세자 유천하지생기 암천하지세자 유천하지사기
知天下之勢者 有天下之生氣 暗天下之勢者 有天下之死氣

천하대세를 아는 자에게는 살 기운(生氣)이 붙어 있고

천하대세에 어두운 자에게는

천하의 죽을 기운(死氣)밖에는 없느니라.(5:347)

글을 다 쓴 뒤에 증산 상제님은, "『현무경』에 천지이치와 조
화의 오묘함을 다 뽑아 놓았느니라."고 말했다. 그리고 양지 두
장에 글을 써서 심지처럼 돌돌 말아 작은 흰 병 두 개에 한 장씩
나누어 넣고 병 입구를 종이 마개로 막았다. 병을 방 한쪽에 세
워 놓고 그 앞에 백지를 깔아 『현무경』과 작은 칼을 놓아두고
대흥리로 돌아왔다(이 『현무경』과 흰 병 두 개와 칼은 훗날 증산 상제
님이 어천한 후 안내성 성도가 '태을주' 수련을 하기 위해 셋집을 얻어

들어가면서 고수부님을 찾아뵙고 올려 드리게 된다).

정월 초이튿날이다. 고수부님과 함께 대흥리에 머물고 있던 증산 상제님은 차경석 성도의 집에 제물을 차리게 하고 반천무지攀天撫地 배례법과 제법祭法의 절차를 일일이 가르쳐 주었다. 그날 일을 모두 마친 뒤 증산 상제님은 경석에게 "초사흗날 천지신명에게 고사치성제告祀致誠祭를 거행하리라."고 말했다.

이때 같은 마을에 사는 차문경이 술에 취해 비틀거리면서 차경석의 집 앞을 지나가고 있었다. 평소에 차경석의 집에 증산 상제님과 그 일행이 자주 출입하는 것을 눈여겨보았던 차문경은,

"차경석의 집에서 강 모姜某가 역모를 꾸미고 있다!"

큰 소리로 온 동네 골목을 돌아다니며 외쳤다. 때는 전국 각지, 특히 전라도 지역에서 폭죽같이 터지는 의병의 함성으로 당국에서 잔뜩 긴장하고 있는 시절이었다. 차문경이 질러대는 소리는 천원에 있는 병참兵站까지 전해졌고 뒤이어 천원헌병대에 비상이 걸렸다.

같은 시각, 증산 상제님은 고수부님과 차경석에게 "집을 지키면서 나를 대신하여 치성을 드리라."고 말해 놓고 곧 수부소를 떠나 이웃 마을 비룡촌飛龍村 차윤경의 집으로 자리를 옮겼다. 다음 날 새벽 고수부님과 차경석이 치성을 막 끝냈을 무렵이었다. 무장한 일본헌병 수십 명이 집 안으로 들이닥쳤다. 헌

병들은 차경석을 위협하며 증산 상제님이 있는 곳을 캐물었다. 눈치 빠른 차경석이,

"그분은 의술로 행세하시는 분인데 수삼 일 전에 우리 집에 오셨다가 떠나시어 어디로 가셨는지 모르겠소."

이렇게 둘러댔을 때 개머리판이 어깨 위로 날아들었다. 경석이 상처를 약간 입었으나 일은 그렇게 매듭지어졌다.

공사의 일환이라고 하지만 작년 이맘때도 증산 상제님은 의병으로 몰려 모진 감옥살이를 했다. 일련의 일화를 보면 성도들과 함께 무리를 지어 활동하는 증산 상제님은 일제 당국으로부터 요주의 인물로 꼽혔고, 증산 상제님 또한 그런 사실을 잘 알고 있었다. 정읍 대흥리에서 고수부님과 경석이 일병의 추궁을 받고 있을 무렵, 증산 상제님은 비룡촌을 떠나 백암리 김경학 성도의 집으로 갔다. 그곳에서 경학에게 이부吏部를 맡기는 공사(5:351)를 보고 정월 초닷샛날이 되어 구릿골 약방으로 돌아갔다.

제11장

아, 옥황상제님

"내가 죽었는데 네가 어찌 나의 묻힌 곳을 찾아보지 않느냐?"

1909년 정월 초이튿날 의병혐의로 쫓기듯 대흥리를 떠난 이후 증산 상제님은 더 이상 고수부님 앞에 모습을 보이지 않았다. 같은 해 6월 24일 증산 상제님이 구릿골 김형렬의 집 사랑방에서 어천했다. 고수부님은 증산 상제님이 어천했다는 사실조차 까마득하게 몰랐다. 누구 하나 달려와서 전해 주는 사람도 없었다. 적막한 수부소 텅 빈 방을 홀로 지키고 있는 고수부님으로서는 증산 상제님이 단지 어디 외처에 출입한 것으로 알고 그때까지 그저 기다리고만 있었다.

여기서 하나의 의문이 제기될 수 있다. 증산 상제님이 어천한 구릿골과 고수부님이 머물고 있는 대흥리와는 80여 리밖에 되지 않는 거리다. 성도들은 왜 고수부님에게 증산 상제님의 어천 사실을 전하지 않았을까. 그것은 어천 전에도 마찬가지였다. 지금까지 논의한 바와 같이 증산 상제님은 당신이 어천한다는 것을 고수부님은 물론 성도들에게도 수차례에 걸쳐 암시했다. 각처에 흩어져 있는 성도들에게 어천 나흘 전인 6월 20일 구릿골 약방으로 모이라는 통지를 띄우게 하였고, 그날 모인 성도들에게 당신이 어천할 것임을 직접적으로 암시하기도 하였다. 이 과정에서 증산 상제님은 콜레라를 비롯한 운기運氣, 상한傷寒, 내종, 황달 등 '천하의 모든 병'을 대속하였고, 6월 10일부터 일체 곡기를 끊고 소주만 마시다가 22일 김형렬 성도에게 "내 녹줄이 떨어졌구나. 내가 이제 죽으리라."고 말하기도 했다. 따라서 김형렬을 비롯한 다른 성도들도 증산 상제님이 곧 어천하게 되리라는 것을 알고 있었고, 의지만 있었다면 충분히 고수부님에게 연락할 수 있었다.

다른 성도들도 그렇지만 문제의 인물 중 하나는 차경석이었다. 6월 20일 성도들의 구릿골 모임 통지는 (증산 상제님으로부터) 자옥 도수自獄度數를 받아 바깥출입을 금지당한 차경석에게도 전해졌다. 차경석은 같은 집에 거처하고 있는 고수부님에게 아무런 언질도 없이 구릿골로 갔다. 증산 상제님 어천 후에도 차경석은 그 사실을 고수부님에게 알려 주지 않았다. 차경석이 그 정도라면 다른 성도들이야 말할 나위가 없을 터였다. 결국 증산 상제님이 없는 이 땅에서 고수부님은 절해고도絶海孤島에 갇혀 있는 형국에 다름 아니었다.

증산 상제님이 어천한 지 10여 일이 지나갔다. 증산 상제님의 장례식을 치른 차경석과 여러 성도들이 대흥리에 와서 고수부님에게 문안을 여쭈었다. 고수부님은 "선생님께서는 지금 어디에 계시는고?" 성도들을 향해 물었다. 차경석이 "청국 공사를 보시려고 멀리 남경南京에 가 계십니다." 하고 꾸며댔다.

차경석은 왜 증산 상제님의 어천 사실을 숨겼을까. 누님한테 상처를 주지 않으려고 한 탓일까. 그럴 수도 있을 것이다. 남편과 사별한 지 다섯 달 만에 (그것도 차경석 자신의 소개로) 증산 상제님을 만나 부부의 연을 맺은 지 2년도 채 되지 않은 터에 상제님이 덜컥 세상을 떠났으므로 누님의 기구한 운명에 연민을 느꼈을 수도 있다.

오. 이런 해석은 너무 사적인 접근이다. 고수부님이 증산 상제님의 반려자일 뿐만 아니라 종통 후계자라고 할 때 차경석은 물론 성도들도 어떤 식으로든 증산 상제님 어천 사실을 전하는 것이 온당하다. 그렇지 않다면 그들의 내면풍경에는 어떤 불손한 그림자가 드리우고 있었다는 지적도 가능하다. 따라서 우리는 차경석이 증산 상제님의 어천 사실을 숨기고 거짓으로 대답하는 것은 다른 성도들과 사전에 합의를 했다는 추측을 해볼 수도 있다. 증산 상제님 어천이라는 어마어마한 사실을 한 개인의 의지로 숨길 수 있는 사항이 아닌 까닭이다. 또한 차경석의 거짓말에 다른 성도들이 이의를 제기하지 않은 것을 보면 이와 같은 추측에 무리는 없을 것이다.

만약 그렇다면, 여기에도 몇 가지 의문이 있다. 증산 상제님의 어천 사실을 영원히 숨길 수는 없을진대, 성도들은 왜 그 사실을 숨기려고 하였을까. 일의 순서로 본다면 증산 상제님이 어천했으므로 종통대권 후계사명을 맡은 고수부님이 하루빨리 나서서 도문을 수습하고 도운을 열어가야 옳았다. 결국 김형렬, 차경석을 비롯한 성도들이 고수부님에게 증산 상제님 어천 사실을 숨겼던 것은 아직까지도 그들의 의식구조에 깊이 뿌리 박혀 있는 가부장적 사고와 함께 종통 문제와 관련되었을 수도 있다는 추정도 가능하다.

인간의 마음이란 참으로 간사한 것이다. 증산 상제님이 이름 없는 여인을 들어 올려 수부책봉을 하고 후계사명을 맡기는 천지공사를 행하는 현장을 지켜보았던 성도들도 상제님 살아생전에는 겉으로 승복하는 척하고 마음으로는 쉽사리 승복하지 않았을 가능성도 배제할 수 없다. 또한 그동안 증산 상제님으로부터 남녀동권시대가 열린다는 혁명적인 가르침을 귀에 못이 박히도록 들어 왔다고 해도, 아직도 봉건사상의 위계질서가 퍼렇게 살아있는 시절이라 증산 상제님이 떠난 자리에서 고수부님은 종통대권 전수자가 아닌 한낱 여자로 보였고, 그런 고수부님을 추종할 수 없다고 판단했을 수도 있다.

한동안 침묵을 지키던 고수부님은 "언제쯤 돌아오신다던

가?" 하고 물었다. 차경석이 "자세히는 알 수 없으나 공사를 다 보시면 오시지 않겠는지요."라고 대답할 뿐이었다.

고수부님은 답답할 수밖에 없었을 것이다. 하루가 지나고 이틀이 지나고 두세 달이 지나도록 중국 난징에 가서 청국 공사를 보고 있다는 증산 상제님은 오지 않았다. 그때까지도 성도들 그 누구도 증산 상제님 어천 사실을 전해오지 않았다. 고수부님의 의식에는 의혹이 연기처럼 피어오르기 시작했다. 한번 피어난 의혹은 점점 커져 먹장구름처럼 밀려왔다.

한편, 증산 상제님이 어천한 뒤 성도들은 마치 거친 풍랑을 만난 난파 직전의 뱃사람들처럼 방황했다. 일부는 증산 상제님과 같은 다른 스승을 찾기 위해 두세 명씩 짝을 지어 사방으로 돌아다니기도 했다. 하루는 김형렬을 비롯한 몇 명의 성도들이 차경석의 집 사랑방에 모여 무엇인가 의논을 하고 있었다. 고수부님이 엿들어 보는데 얘긴즉 다른 스승을 구하러 부안 변산에 갔다가 헛걸음을 하고 왔다는 내용이었다. 며칠 뒤에는 차경석과 김형렬이 안내성 성도의 집에 공부방을 차리고 안내성의 동생 안중선과 더불어 '태을주' 수련을 시작했다는 소식이 들려왔다. 고수부님으로서는 이상한 노릇이 아닐 수 없었다. 증산 상제님은 천지공사를 보기 위해 중국 난징에 가 있는데 다른 스승을 찾으러 다녔다는 것도, 공부방을 차렸다는 것도 이해할 수 없는 일이었다.

그해 6월 그믐께. 고수부님이 '태을주'를 읽는데 자꾸만 이상한 일이 일어났다. 정기가 모아지고 신안神眼이 활짝 열리면서 난데없는 상여가 들어와 보이기도 하고 들것이 들어와 보이기도 하며, 심지어는 증산 상제님이 나타나 이마를 어루만지기도 하는 것이었다. 그뿐만이 아니었다. 저녁이 되면 증산 상제님이 평소와 같이 의관을 갖추고 들어오기도 하고, 때로는 평소에 집에 있을 때 입던 중의적삼에 풀대님 차림으로 들어와 마주 앉기도 하였다.

또 어느 날 밤에는 고수부님이 불을 끄고 자리에 누웠는데 증산 상제님이 불쑥 들어와 말없이 맞은편에 앉았다. 고수부님이 일어나 손으로 어루만지며 "누구시어요?" 물었다. "벌써 나를 잊었단 말이냐." 틀림없는 증산 상제님의 목소리였다. 놀란 고수부님은 혹시 헛것을 보고 있는 것은 아닐까 싶어 딸 태종을 불러 불을 켜라고 하였다. 태종이 들어와 성냥을 그었다. 태종이 성냥을 그으면 증산 상제님이 입으로 바람을 훅 불어 끄고 또 그으면 또 끄고 성냥 두 갑을 다 썼으나 불을 켤 수가 없었다. 이때 증산 상제님이 "태종아! 나는 너의 아버지니라. 아랫방에는 내가 왔다는 말을 하지 마라. 알았느냐?" 타이르듯 말했다.

태종이 아랫방으로 간 뒤 증산 상제님은 고수부님 곁에 누우며 입고 있던 마고자에서 호박단추 세 개 중 두 개를 떼어 건네주었다. 고수부님은 호박단추를 받아 손에 쥔 채 잠이 들었다. 이튿날 새벽에 고수부님이 잠을 깨어 일어났을 때 증산 상제님은 이미 사라진 뒤였고 손에 쥐고 있었던 호박단추도 보이지 않았다.

늦가을 제법 스산한 바람이 밀려들기 시작하는 (그해는 윤6월이 들어서 양력으로는 10월 말이 되는) 9월 초 어느 날, '태을주' 수행을 하던 고수부님은 문득 신안神眼이 환하게 열렸다. 동시에 문 앞으로부터 무지개 줄기와 같은 푸르고 붉은 색의 서기가 증산 상제님이 약방 개설 이후 주로 머물면서 천지공사를 보았던 구릿골로 가는 길을 따라 길게 뻗쳐 있고, 그 상서로운 기운의 맨 끝이 구릿골 대밭 끝에 있는 한 초빈草殯(시신을 넣은 관을 한적한 곳에 놓고 이엉 등으로 그 위를 이어 눈, 비 등을 가리게 한 것)에 닿아 있었다. 고수부님의 눈길은 저절로 무지개 끝으로 달려갔다. 그냥 형체만 보이는 것이 아니었다. 마치 눈앞에 있는 것처럼 초빈의 이엉을 얹은 모습에서 추깃물이 묻은 것까지 바로 눈앞에서 보이듯 환하게 보였다. 고수부님으로서는 이상한 경험이 아닐 수 없었다.

이튿날 저녁, 증산 상제님이 나타나 방안으로 쑥 들어왔다. 고수부님 앞에 앉은 증산 상제님은 "내가 죽었는데 네가 어찌

나의 묻힌 곳을 찾아보지 않느냐?" 하고 물었다. 고수부님은 "어찌 상서롭지 못한 말씀으로 희롱하십니까?" 하고 반문했다. 증산 상제님은 "내가 참으로 죽었노라."고 말했다. 그리고 고수부님의 등을 어루만지면서 손을 잡고 「이별가」 한 곡조를 나직하면서도 처연하게 부른 뒤 밖으로 사라졌다.

고수부님의 의식에는 증산 상제님이 어천했을지도 모른다는 생각이 먹구름처럼 밀려왔다. 이미 수없이 되풀이해 왔던 의혹들이다. 증산 상제님이 나타나 그 의혹에 불을 지름으로써 고수부님은 의혹의 응어리가 폭발할 지경에 이르렀다. 고수부님은 차윤경을 불러 당장 (당시 안내성 집에서 '태을주'를 수련하고 있는) 차경석을 불러 오라고 했다. 잠시 후, 차경석이 나타났다. 고수부님은 경석에게 증산 상제님의 행방을 물으며 당장 찾아가자고 단호하게 말했다.

고수부님의 기세에 눌린 경석은 뒤로 물러섰다. "선생님께서 며칠 전에 남경에서 구릿골로 돌아오시어 큰 공사를 보시는데 다만 한 사람만 출입하며 시중들게 하시고 다른 사람은 누구든지 출입을 금하시므로 가서 뵈올 수 없습니다."

고수부님은 더 이상 믿지 않았다. 이제 차경석이 콩으로 메주를 쑨다고 해도 믿지 않을 터였다. 그날 밤 고수부님은 뜬눈으로 밤을 새웠다. 다음 날 새벽에 고수부님은 분粉 한 갑, 독약 한 봉, 그리고 증산 상제님이 주었던 붉은 주머니를 챙겨들고 아무도 모르게 문을 나섰다. 새벽 으스름 적막한 천지에 북쪽으로 터진 빈들에는 찬 기운만 감돌 뿐이었다. 목적지는 물론 구릿골이었다. 그러나 그때까지 한 번도 가 본 일이 없는 구릿골이 어디에 있는지 방향조차 알 수 없었다. 단지 전날 밤 광명 속에 나타났던 큰길을 따라 초빈한 곳을 향해 바쁜 걸음을 재촉할 뿐이었다.

한편, 대흥리 차경석의 집에서는 고수부님이 없어진 것을 알고 발칵 뒤집어졌다. 발등에 불이 떨어진 것은 차경석이었다. 증산 상제님 어천 후 고수부님에게 거짓으로 말한 것이 한두 번이 아니었던 경석으로서는 어떤 식으로든 막아야 했다. 차경석은 동생 윤칠을 데리고 황급히 고수부님의 뒤를 쫓았다.

차경석 일행은 태인 도창현道昌峴에 이르러 고수부님을 따라잡을 수 있었다. 차경석은 고수부님이 무엇인가 중대한 결심을 하고 집을 나선 것으로 판단했던 것 같다. 고수부님을 만난 차경석은 몸부터 뒤졌다. 과연 고수부님은 독약을 품고 있었다. 경석은 얼른 독약을 빼앗았다. "누님, 어찌 이런 일을 행하시오. …… 제발 이 길로 돌아가서 명이 오기를 기다립시다."

차경석이 간청하였으나 고수부님은 들은 척도 하지 않고 계속 걷기만 할 뿐이었다. 경석과 윤칠도 할 수 없이 뒤를 따랐다. 원평에 이르렀을 때 고수부님은 윤칠에게 주과포를 준비하여 들리고 가던 길을 계속 갔다. 마음이 급한 고수부님은 꾸불꾸불 돌아가는 길을 버리고 논두렁과 밭두렁으로 곧장 가로질러 걸어갔다. 한나절 만에 구릿골 김형렬의 집 뒤 대밭 끝에 있는 초빈 앞에 당도하였다. 신안을 통해 광명 속으로 보았던 바로 그 초빈이었다. 고수부님은 증산 상제님의 초빈이라는 것에 추호도 의심하지 않았다.

고수부님은 "이엉을 헤치라."고 차윤칠에게 명하였다. 차경석이 고수부님 앞을 막았다. "누님, 와 이런다요? 남의 초빈을 헤치다가 임자가 보고 달려오면 어쩌려고 그러시오. 제발 그만두고 내려갑시다." 고수부님은 차경석을 밀어내고 몸소 초빈을 헤치기 시작하였다. 차경석도 할 수 없다는 듯 윤칠에게 초빈을 헤치고 재궁梓宮의 천개天蓋(관의 뚜껑)를 떼어내라고 하였다.

아나나 다를까. 과연 관속에 누워있는 얼굴은 고수부님이 믿었던 그대로 증산 상제님이었고, 생전의 모습과 조금도 다르지 않았다.

고수부님은 갖고 온 붉은 주머니를 열고 엽전 일곱 푼을 꺼내 재궁 속에 넣은 뒤에, 증산 상제님이 일찍이 "장차 내가 죽거든 꼭 입에 넣어 달라."고 했던 진주 한 개를 꺼내 입안에 넣었다. 또 쌀 세 알과 흰 바둑알 세 개를 넣었는데 바둑알은 도로 뱉어 냈다. 이어 한삼을 가슴에 덮어 드린 다음, 그 위에 '옥황상제'라고 쓴 명정을 덮고 천개를 닫았다. 증산 상제님이 써서 붉은 주머니 속에 넣어 주었던 '옥황상제' 명정이다. 천지 만물을 다스리는 조화주 하느님의 공식 호칭은 옥황상제이다. 증산 상제님이 '옥황상제'라고 명정을 써서 고수부님에게 준 것은 그 자체로서 종통전수의 큰 의미가 있다는 것은 굳이 강조할 필요가 없을 것이다.

주과포로 전奠(장사지내기 전에 영좌 앞에 간단히 술과 과실을 차려 놓는 예식)을 올리고 재배를 하는 고수부님은 흐느끼는 소리가 절로 넘어 나왔다. 왜 아니겠는가. 우리는 조심스럽게 당시 고수부님의 내면풍경을 읽어볼 수 있다. 인간으로서 증산 상제님을 만난 이후 남들처럼 금슬 좋은 부부로 오랫동안 행복하게 살아보지도 못했고, 수부로서 증산 상제님이 어천한 사실조차 까마득히 몰랐다. 그 후 몇 달이 지난 지금 이곳에 와서 초빈을 헤쳐 본 뒤에야 비로소 증산 상제님이 어천했으며, 증산 상제님이 다름 아닌 옥황상제라는 사실을 명확하게 깨닫게 되다니! 동시에 앞으로 고수부님 당신이 헤치고 나갈 일들이 눈앞을 가로막았을 것이다. 과연 누구를 믿고 증산 상제님이 내린 종통대권 후계 사명을 맡아 도문을 개창할 것이며, 누구와 함께 도운을 개척해 나갈 것인가. 봇물같이 터져 나오는 흐느낌으로 재배를 마친 뒤 고수부님은 초빈을 다시 봉하라고 명하였다.

그때 구릿골 집에 있던 수석성도 김형렬이 고수부님 일행을 보고 같은 마을에 살고 있는 김자현, 김갑칠 성도 등 10여 명을 데리고 달려왔다. 예를 행한 뒤 김형렬은 고수부님을 모시고 자기 집으로 들어갔다. 고수부님은 증산 상제님이 어천하였던 김형렬의 집에서 이틀 동안 머문 뒤 대흥리로 돌아왔다.

그날 이후 고수부님은 온갖 상념 속에서 복잡하고도 쓸쓸한 나날을 보내고 있었다. 딸 태종이 갑자기 몸이 펄펄 끓으면서 시두時痘를 앓기 시작한 것은 그즈음이었다. 고열에 시달리던 태종이 자꾸만 "객망리에 가자."고 헛소리처럼 중얼거렸다. '객망리'란 증산 상제님의 본댁이요, 고수부님의 시가 동네가 된다. 고수부님은 곧 숨이 넘어갈 것 같은 태종을 데리고 객망리로 향했다. 도중에 갈림길이 나타났다. 태종이 옆길로 가자고 했다. 그 길을 따라 일행이 도착한 곳은 고부 운산리雲山里였다. 원래 이름은 구르멧산, 현재 정읍시 정우면 회룡리回龍里를 가리킨다. 운산리에 도착했을 때 태종은 한 대문을 가리키며 "이 집으로 들어가자."고 보챘다. 들어가 보니까 뜻밖에도 신경수 성도의 집이었다.

마침 마당에 있던 신경수가 고수부님을 보고 반갑게 맞이하여 안방으로 모시는데 태종이 윗방으로 들어가자고 졸랐다. 신경수가 윗방으로 안내했다. 뜻밖에도 증산 상제님이 생전에 천지공사를 집행했던 방이었다. 방안에는 증산 상제님이 공사를 행할 때 '도술道術'이라는 글을 써서 사면의 벽에 붙인 흔적이 그대로 남아 있었다. 고수부님과 태종은 그 방에서 며칠 동안 지냈다. 그때 이상한 일이 벌어졌다. 특별히 의원을 부르거나 약을 쓴 것도 아닌데 태종의 시두가 깨끗이 나은 것이었다. 원래 신경수의 집은 증산 상제님이 '수명소壽命所' 도수를 붙여 놓은 곳이다.

수명소가 무엇인가. 천지와 인간의 수명을 주관하여 장수문명의 후천 선경세계를 여는 본부가 되는 장소. 이 수명소는 세운의 문명개벽(생명과학과 의학의 발달, 의식주의 경제적 풍요)과 더불어 후천 가을개벽이 성사된 후 마지막으로 문을 활짝 열게 될 것이다.

고수부님은 신경수의 집에 오게 된 경위와 태종의 시두 치유 등 일련의 사건들을 겪으면서 그 집 그 방이 과연 예사로운 장소가 아니라고 느꼈을 것이다.

고수부님이 신경수의 집에 머물러 있을 때 강흥주 성부聖父님이 찾아왔다. 현재까지 발견된 기록상으로는 처음 만나게 된 시아버지와 며느리였다. 고수부님은 며느리로서 정식으로 인사를 여쭈었다. 성부님은 고수부님을 며느리로서 따뜻하게 맞이해 주었다. 성부님이 돌아간 뒤 며칠 동안 더 머물던 고수부님은 다시 대흥리로 돌아왔다.

제12장

대도통

"나는 낙종落種 물을 맡으리니 그대는 이종移種 물을 맡으라.
추수할 사람은 다시 있느니라."

전북 완주군 구이면 원기리 모악산 대원사大院寺—. 증산 상제
님·고수부님 유적지 가운데 대원사는 같은 모악산에 있는 금
산사와 함께 아무리 강조해도 지나치지 않을 것이다. 내가 답
사를 목적으로 천 년 고찰 대원사를 찾았던 것은 지금까지 다
섯 손가락을 꼽을 정도였다. 가장 최근에 찾았던 것은 2006년
9월 6일, 증산 상제님·고수부님 유적지 답사 때였다. 같은 목
적으로 처음 답사했을 때가 1999년이었으니까 매년 한 번씩은
찾았던 셈이다. 06년 답사 때 대원사로 통하는 길은 99년 처음
찾았을 때와는 많이 달라져 있었다. 99년 답사 때는 사람 하나가
겨우 오를 수 있는 좁은 등산로였으나 06년 답사 때는 차 한 대
가 다닐 수 있을 정도의 진입로를 닦는 도로공사가 한창이었다.
대원사는 증산 상제님이 성도한 가람으로 유명하다. 불교 선

지식 가운데 대승보살의 최상의 경지에 도달하였다는 유마힐維
摩詰 거사 같은 재가 불자가 없지 않지만, 재가 불자도 아닌 인
물이 절에 들어와 도통을 했다는 것은 예사로운 일이 아니다.
더구나 정통 불교전각이 아니라 우리의 민간신앙에서 유래한
대원사 칠성각에서 도통을 했다는 것은 주목할 필요가 있겠으
나 더 이상의 논의는 생략한다.

조선민족에게 한도 많고 원도 많았던 망국의 해 1910년이 가
고 1911년 4월, 고수부님이 동생 차경석 성도와 류응화柳應化, 류
응화의 둘째 아들 석남錫南을 데리고 찾아간 곳은 다름 아닌 전
주 대원사였다. 증산 상제님이 천지대신문을 열고 대도통을 하

대원사 칠성각 _ 상제님께서 1901년에 천지대신문을 열고 대도통을 한 곳(맨 우측 건물)으로,
고수부님께서 1911년 4월에 이곳에서 상제님 성령과 혼례식을 올리고 49일 동안 진법주를
읽으며 수행하였다.

였던 이곳을 찾아온 고수부님은 뜻 깊은 의식을 거행했다. 대례복을 갖추어 입고 증산 상제님의 성령과 혼례식을 올린 것이다.

이 혼례식을 어떻게 이해해야 할까. 무속에서 사망한 사람끼리 영혼결혼식을 올리는 경우는 더러 있지만, 살아있는 사람이 (그것도 자청하여) 죽은 사람의 혼령과 혼례식을 올리는 경우는 찾아보기 어렵다. 고수부님의 혼례식은 증산 상제님이 살아있을 때는 한 번도 만나지 못했던 시아버지로부터 며느리로 인정받은 직후였다는 점도 주목되지만, 그것만으로는 설명되지 않는 무엇이 있을 것이다. 무엇보다도 고수부님이 대례복을 입고 혼례식을 거행했다는 점에 주목한다. 대례복을 입고 증산 상제님의 성령과 결혼식을 올리는 것은 고수부님에게 있어서 일종의 통과제의적인 의미가 있지 않을까. 홀로 남은 증산 상제님의 반려자요 후계사명자로서 수부의 위격을 천지신명계와 인간계에 공표하는 어떤 선언적 의식 같은……

천상천하에서 그 어느 벼슬보다 높은 옥황상제의 반려자. 그가 바로 수부이다. 고수부님은 바로 그 위격에서 대례복을 입고 증산 상제님 성령과 혼례식을 거행한 것이다.

또 하나의 물음. 왜 이 시점에서 혼례식인가? 그것도 증산 상제님이 이미 어천한 뒤 성령과의 혼례식을? 그것은 당신의 재발견에 따른 행위가 아닐까. 증산 상제님 재세시의 혼례식(수부

책봉 예식) 때 고수부님은 증산 상제님이 '옥황상제'라는 사실을 몰랐다. 증산 상제님의 초빈을 찾아 (상제님이 남겨 준) '옥황상제'라는 명정을 덮어 주면서 비로소 그 엄청난 사실을 깨닫게 된 것이다.

본래 두 분(증산 상제님과 고수부님-인용자주)의 만남은 상제님이 새 세상을 여는데 반려자가 필요하여 일방적으로 차경석 성도를 만나 맺어진 인연이기 때문에, 처음에는 고수부님도 상제님이신 줄을 깊이 있게 모르셨을 것입니다. 그러나 영대가 선천적으로 밝으신 것으로 소문이 자자했던 고수부님은 상제님의 처소에서 밝은 대광명이 출몰하는 기현상을 자주 보셨습니다. 그리고 살면서 기운을 받아 신명이 열리고 대공사에 친히 수부(퍼스트레이디)로서 참여하여 근본을 잘 알고 계셨을 것이나, 상제님이 세상을 떠나신 후 발생한 옥황상제 명정 사건을 겪고 난 후에야 비로소 사랑하는 남편의 정체를 확실하게 깨달았다고 보아야 하지 않겠습니까? 지난날에 자신이 남편으로 모신 분이 천상의 상제님으로서 인간으로 와 새로운 천지운로와 기장을 세운 천지공사를 마치고 천상에 올라가셨음을 이때 뼛속 깊이 각성하셨을 것입니다.(안경전, 『대도문답 2』)

지금 이 세상에 없지만 평생 반려자인 남편이 옥황상제라는 사실을 알게 되었을 때, 고수부님의 입장에서는 무엇인가 달라져야 했을 것이다. 당장에는 두 가지 과제가 떠오르지 않았을까. 하나는 '옥황상제'의 반려자인 수부로서 천지공사를 직접 행하는 일이었고, 다른 하나는 증산 상제님이 재세 시에 당신에게 붙였던 여러 가지 도수를 이루는 일이었다. 결국 그렇게 현실화되겠지만.

후자와 관련해서 증산 상제님 어천 전까지 천지공사를 수행해 왔던 고수부님에게 주어진 사명은 막중하였다. 당장 눈앞에 놓인 과제는 종통대권 후계사명으로서 도문을 개창하는 일이라고 할 수 있다. 이 일은 혼자서 할 수 있는 일이 아니었다. 도문을 개창하기 위해서는 조직이 필요할 것인데, 조직을 결성하기 위해서 가장 먼저 꼽힐 수 있는 인물들은 증산 상제님 재세 시에 추종했던 성도들이었다.

현실은 어떠한가. 과연 고수부님이 그들을 규합하여 도문을 개창할 수 있겠는가. 그들은 증산 상제님으로부터 직접 후계사명을 받은 고수부님을 불신하고 있지 않은가. 그럼에도 불구하고 고수부님이 당장에 도문을 개창한다면 그들을 의지하여 일할 수밖에 없을 터였다. 그렇다면 두 가지 전제조건이 해결되어야 한다. 하나는 수부로서 천지공사를 집행할 수 있는 권능(신권)을 얻는 일이요, 다른 하나는 증산 상제님의 대행자로서의 권위를 회복하는 일이다. 전자는 도통을 하는 길이요, 후자는 증산 상제님이 천지대신문을 열었던 바로 그곳에서 증산 상제님의 성령과 혼례식을 거행함으로써 정식으로 증산 상제님과 하나 되었음을 재확인시켜 주는 일은 아니었을까. 이것이 고수부님과 증산 상제님의 성령과의 혼례식을 통과 제의적 의미로 분석하는 이유이다.

우리의 분석을 뒷받침해 주는 근거는 혼례식 직후의 고수부님의 행적에서 찾을 수 있다. 혼례식을 올릴 때 고수부님은 만고장상萬古將相의 이름을 적어 차례차례 크게 불러 당신이 옥황상제의 반려자가 되었음을 재확인시켜 주었다. 그리고 혼례식이 끝난 뒤 고수부님은 증산 상제님이 천지대신문을 열었던 바로 그 자리 대원사 칠성각으로 들어가 49일 동안 '진법주' 수련을 시작했다. 도통으로 가는 길을 걸어가고 있는 것이었다.

대원사 칠성각에서의 49일 '진법주' 수련에 대한 일화들을 찾기는 쉽지 않다. 우리는 다만 고수부님이 증산 상제님이 도통의 길을 갔던 바로 그 길을 따라가고 있다는 행적에 주목하자.

대원사 칠성각에서 49일 '진법주' 수련을 마친 고수부님은 딸 태종과 함께 고부 운산리 신경수 성도의 집으로 갔다. 증산 상제님이 천지공사를 보았던 신경수의 집 윗방으로 들어간 고수부님은 그날부터 다시 1백 일 동안 수도에 들어갔다.

작정한 1백 일을 채우던 날, 고수부님은 별안간 눈앞이 환하게 열리면서 천지(우주)의 뭇 이치를 밝게 깨달음으로써 활연대각豁然大覺하였다. 불교에서 활연대각은 완전히 변하여 깨닫는 것, 청정무구淸淨無垢해짐으로써 깨닫는 것, 혹은 활짝 깨닫는 모양을 가리킨다. 그러나 고수부님의 도통은 한순간에, 불교 선가의 용어로 돈오頓悟적인 그것이 아니고 몇 단계를 거쳐 이루어졌다.

한편, 증산 상제님 재세 시에 자옥 도수를 받았던 차경석은 문밖출입을 하지 못한 채 대흥리 본소에 머물러 있었다. 가장이 경제활동을 할 수 없었으므로 집안 살림살이는 날이 갈수록 궁핍해졌다. 차경석과 그의 가족들이 궁핍하다는 것은 같은 집에서 살고 있는 고수부님 또한 그만큼 궁핍했다는 얘기가 된다. 고수부님이 운산리 신경수의 집에서 활연대각하고 대흥리로 돌아온 것은 그즈음이었다.

그해 9월 19일은 증산 상제님 성탄 40돌이다. 고부 운산리 신경수 성도의 집에서 대각을 한 고수부님의 위상은 예전과 같지 않았다. 고수부님은 차경석을 불러 증산 상제님의 성탄치성을 올리라고 명하였다. 경석은 배포 있는 사내였다. 주위의 권유로 장사나 할까하고 빌린 돈 6백 원 가운데 치성비를 뚝 떼어내어 고수부님이 명한 대로 제수를 준비하였다.

증산 상제님의 성탄일이 다가왔다. 그날 아침 성탄치성 이후로부터 매년 상제님 성탄치성이 봉행되었다. 치성을 지내는 고수부님은 감개가 무량했을 것이다.

다음 날(9월 20일) 아침, 고수부님은 방을 나왔다. 동쪽 산 너머로 해가 떠오를 무렵, 청량한 아침 공기를 한껏 들이마시며 마당을 거닐던 고수부님은 별안간 의식을 잃고 쓰러졌다. 깜짝 놀란 가족들이 우르르 달려와 고수부님을 떠메어 방안에 눕히고 팔다리를 주물러 보았으나 소생할 기미가 보이지 않았다. 갑작스런 일을 당하여 딸 태종은 물론이요, 차경석 형제 가족까지 온 집안이 혼비백산하면서 뒤이어 통곡이 터져 나왔다.

9월 20일 아침에 수부님께서 이렇게 네댓 시간을 혼절해 계시는 중에 문득 정신이 어지럽고 황홀한 가운데 큰 저울 같은 것이 공중으로부터 내려오는지라 자세히 보시니 오색찬란한 과실이 높이 괴어 있는데 가까이 내려와서는 갑자기 헐어져 쏟아지거늘 순간 놀라 깨어나시니 애통해하던 집안사람들이 모두 기뻐하니라.(11:19)

얼마나 시간이 지났을까. 마침내 고수부님이 깨어났다. 조금 전까지만 해도 일어날 기색이 보이지 않았던 고수부님은 무슨 일이 있었느냐는 듯 방안에 가득 둘러앉아 있는 가족들을 천천히 둘러보았다. 눈빛이 차경석에게 머물렀다.

"네가 누구냐?" 고수부님이 물었다. 고수부님이 아니라 증산 상제님의 목소리였다. 여기서 고수부님이 증산 상제님의 목소리로 말씀했다는 것은 고수부님의 도통이 증산 상제님의 성령을 받아 이루어졌다는 의미일 터였다.

놀라움을 감추지 못한 차경석이 자신의 성명을 말했다. 고수부님은 또 무슨 생이냐고 물었다. 경석이 "경진생庚辰生(1880)입니다."라고 대답했다.

"나도 경진생이라. 속담에 동갑장사 이利 남는다 하니, 우리 두 사람이 동갑장사하자." 고수부님이 말했다.

경석이 우물쭈물하는데 고수부님이 다시 생일을 물었다. 경석이 '6월 초하루'라고 대답하였다. 경석의 대답이 끝남과 동시에 고수부님은,

"내 생일은 3월 스무엿새라. 나는 낙종落種 물을 맡으리니 그대는 이종移種 물을 맡으라. 추수할 사람은 다시 있느니라."

하고 매우 의미심장한 말을 했다.

우리는 이날 아침부터 정오까지 전개된 일련의 일들을 전체적으로 세 가지 의미에서 분석할 수 있다. 첫째, 고수부님이 천지대신문을 여는 순간이라는 점이다. 둘째, 증산 상제님이 고수부님에게 붙여 준 도통 도수가 최종적으로 현실화되는 장면이다. 다시 말하면 고수부님에 의해 '대도大道' 개척사의 첫발을

내딛는 축복의 시간대를 여는 바로 그 순간이라는 의미가 있다.

먼저, 고수부님이 차경석에게 얘기한 '동갑장사'라는 말씀에 주목하자. 이야기 중간에 언급되었듯이 고수부님과 차경석은 같은 1880년생으로 동갑이다. 따라서 고수부님이 경석에게 '동갑'이라고 한 것은 자연스러운 표현일 수 있다. 문제는 '장사'라는 비유의 내용이다. '장사'의 내용은 말할 나위 없이 (증산 상제님) 도운사의 개척이다. 구체적인 내용은 뒤의 말씀에 있다. 고수부님은 낙종 물을 맡고 차경석은 이종 물을 맡으라는 내용이 그것이다. 모내기할 때 주로 사용하는 용어인 '낙종'은 곡식의 씨앗을 뿌려 심는 것이고 '이종'은 그 씨앗이 발아하여 조금 자란 모종을 옮겨 심는 것을 일컫는다. 구체적으로 해석하면 전자의 의미는 고수부님이 주인공이 되는 도장 개창(낙종) 도수이고, 후자는 차경석에게 붙인 도장 성장(이종) 도수이다.

여기서 우리는 고수부님 천지공사의 특성에 대해 주목할 필요가 있다. 고수부님의 천지공사는 두 가지 의미를 갖고 있음에 유의하자. 하나는 증산 상제님과 같이 직접 천지공사를 행하는 '모사謀事'의 의미이고, 다른 하나는 증산 상제님이 공사로서 붙여 놓은 도수를 이루는 '성사成事'(여기서는 추수의 의미가 아닌, 상제님의 천지공사를 보다 더 구체화하는 의미로서의 성사를 말한다)의 의미가 그것이다. 이날 진행된 공사도 마찬가지다. 고수부님은 천지공사의 주재자로서 차경석에게 이종 도수를 붙였을 뿐만 아니라 낙종 도수를 맡음으로써 모사와 성사를 동시에 맡는 주인공이 됐다.

이 공사에서 마지막으로 주목할 만한 말씀은 '추수할 사람은 다시 있다' 는 내용이다. 고수부님이 (낙종 도수로서) 씨앗을 뿌리고 차경석 성도가 (이종 도수로서) 모를 옮겨 심으면 그것을 이어 받아 추수할 사람이 따로 있다는 것이다. '추수할 사람은 다시 있다' 의 '다시' 에 주목한다면, '이종 도수' 를 이어 받되, 그냥 이어 받는 것이 아니라 정리 내지는 갈무리하여 질적인 대전환을 통해 결실 도운으로 넘어가는 것이다. 그 추수할 사람이 누구인가? 대두목이요, 대사부이다.

> 대두목은 상제님의 대행자요, 대개벽기 광구창생의 추수자
> 이시니 상제님의 계승자인 고수부님께서 개척하신 무극대도
> 창업의 추수운을 열어 선천 인류문화를 결실하고 후천 선경
> 세계를 건설하시는 대사부이시니라.(6:2)

이날 공사 내용에 대한 우리의 이야기들을 정리하면 다음과 같다. 후천 가을개벽 시대에 새 생명을 추수하는 증산 상제님 대도의 첫 씨앗을 고수부님이 뿌리고(낙종 도수), 그의 동생 차경석이 옮겨 심은 후(이종 도수), 이를 매듭짓는 대도의 추수사업(추수 도수)이 대사부의 출세에 의해 이루어진다. 고수부님의 첫

번째 선언, 즉 '낙종·이종·추수' 도수는 도운 공사에 다름 아니다. 대도통을 하는 이날, 고수부님의 첫 말씀이 도운을 짜는 것으로 시작된다는 점에 우리는 주목할 필요가 있다. 증산 상제님은 일찍이 "대인(증산 상제님-인용자주)의 말은 천지에 쩡쩡 울려 나간다."(6:37)고 하였다. 대도통을 하고 천지대신문을 여는 날 고수부님은 증산 상제님과 일체가 되어 도운 공사의 말씀을 천지에 선포한 것이다.

이로부터 수부님께서 성령에 감응感應되시어 수부로서의 신권神權을 얻으시고 대권능을 자유로 쓰시며 신이神異한 기적과 명철明哲한 지혜를 나타내시니 천하 창생의 태모太母로서 상제님 대도의 생명의 길을 열어 주시니라. 이로써 일찍이 상제님께서 "장차 천하 사람의 두목이 되리니 속히 도통하리라." 하신 말씀이 응험되니라.(11:19)

제13장

도장 개창

태모님께서 신도神道로써 포정소 문을 여시고
도장 개창을 선언하시니라.

　1911년 9월 20일에 대도통을 한 고수부님은 다음날부터 날
마다 마당에 청수를 떠 놓고 물형부物形符를 받아 불살랐다. 그
광경을 보고 못마땅해 하는 것은 이종사촌 동생 차경석 성도였
다. 그날도 고수부님이 의식을 행하는 광경을 옆에서 지켜보던
차경석은 "아아. 부인만 알고 제자는 알지 못 하는구나." 하고
투덜거렸다. 증산 상제님을 원망하는 것이었다.

　당시 증산 상제님을 추종했던 성도들은 각기 나름대로 큰 희
망 하나씩을 갖고 있었다. 당장에는 증산 상제님을 추종하는
성도로서 도통을 하는 것이었다. 그리고 후천개벽의 그날이 하
루빨리 와서 '선택받은 자'로서 살아남는 영광을, 후천 선경세
계에 거듭나는 영광을 누리는 것이었다. 그러나 개벽의 그날은
오지 않았고 도통이 되지도 않았는데 그동안 믿고 의지했던 증

산 상제님이 훌쩍 어천해 버렸다. 성도들로서는 당황하지 않을 수 없었다. 누구보다도 차경석이 그랬다.

바로 그때 고수부님이 도통을 하고 신도神道로써 물형부를 받아 일을 행하는 것이었다. 일이 이 지경이 되었으므로 차경석은 고수부님의 모습을 보고 '왜 저 양반한테만 기운을 붙여 주고 나한테는 기운을 붙여 주지 않는 거냐'라며 증산 상제님을 원망했던 것이다.

차경석뿐만 아니라 증산 상제님을 믿고 따랐던 다른 성도들도 마찬가지였다. 수부 도수를 제대로 이해하지 못했던 그들은 고수부님이 신도를 열어 천지조화를 자유자재로 하는 대도통을 한 뒤 "우리가 (증산 상제님에게) 정성을 바쳐 왔으므로 도통을 해도 (우리가) 먼저 해야 될 터인데 왜 고부인에게만 도통을 주느냐."고 불평을 품기 일쑤였다.

고수부님도 성도들의 불만을 모르지는 않았을 것이다. 그날 물형부를 불사른 뒤 고수부님은 차경석을 향해 "부符를 받아라." 하고 말했다. 땅바닥에 납작 엎드린 경석이 붓을 들고 한참을 기다렸으나 부는 내리지 않았다. 그때였다. 문득 고수부님에게 신도가 내렸다. 고수부님은 증산 상제님의 음성으로 경석을 향해 "공우에게 사람을 보내 내가 담아 놓은 술을 가져오라."고 말했다.

당시 박공우 성도는 신경수 성도의 집에 살고 있었다. 차경석이 보낸 인편으로부터 술을 가져오라는 명을 들은 박공우는 깜짝 놀랐다. 1909년 봄에 (증산 상제님의 명으로) 술 서 말을 빚어 두었으나 증산 상제님이 찾지 않고 어천하였으므로 그대로 봉하여 두었던 것을 고수부님이 어떻게 알았단 말인가. 박공우는 기이하기도 하고 한편으로는 기쁘기도 하여 아무 소리도 못한 채 신경수로 하여금 그 술을 지고 가게 하였다.

차경석, 박공우는 비록 증산 상제님의 9년 천지공사 기간 중 후반기에 입도(1907)하였으나 다른 어떤 성도들보다 비중 있는 천지공사 도수의 주인공들이었다. 도통한 다음 날 보여 준 고수부님의 모습에 두 성도들은 감복 이상의, 어쩌면 (차경석이 품었던 불만을) 일거에 제압하는 효과를 낳았을 터였다. 뿐만 아니라 증산 상제님을 추종했던 다른 성도들의 불만까지 잠재우기에 충분한 조화였을 것이다.

차경석, 박공우를 비롯한 성도들의 불만을 누른 뒤 고수부님은 종통대권 후계사명자로서 자신이 나아갈 방향에 대한 수순을 정확하게 밟아 나가고 있었다.

그해 9월 24일, 고수부님은 차경석을 불러 사인교와 백마 한 필을 구해오라고 하였다. 다음날, 침방을 깨끗하게 청소한 뒤 차윤덕에게 방을 잘 지키라고 하였다. 이어 차경석을 불러 한삼에 '어명御命'이라고 써서 입히고 갓을 주물러 삐뚜름하게 씌운 뒤에 어사 도수御使度數를 정하며 "너는 암행어사다. 암행어사는 폐의파립弊衣破笠으로 행동해야 한다."고 말했다.

대도통이란 어떤 경지인가. 고수부님의 말씀 하나하나가 의미심장하다. 말씀은 물론 행동 하나하나가 천지조화에 통하는, 천지공사에 부합하는 것일 터. 고수부님은 사인교에 올라 원평으로 행차했다. 앞에서 백마를 탄 폐의파립의 차경석이 길을 텄다. 뒤에는 차윤칠과 임정준, 주낙범이 뒤를 따랐다. 행렬은 간소하였으나 영락없이 제왕의 그것이다. 왜 아니겠는가. 천지의 어머니요, 우주의 주재·통치자 되는 옥황상제 반려자의 행차였으므로.

모악산 초입의 원평 네거리에 도착한 고수부님은 송찬오宋賛五의 주막에 처소를 정했다. 그리고 차윤칠에게 "구릿골 약방에 가서 약장과 궤櫃를 굳게 지키고 있으라."고 하였다. 차윤칠이 급히 구릿골 약방으로 달려갔다. 고수부님은 다시 차경석을 불렀다.

"짐꾼 세 사람을 데리고 약방으로 가서 약장, 궤 등 약방기구 일체와 벽에 붙인 글과 벽 바른 종이까지 모조리 떼고 방바닥의 먼지까지 쓸어서 가져오라."

구릿골 약방은 증산 상제님 9년 천지공사 후반기에 지휘부와 같았던 곳 . 상제님은 그곳에서 인류는 물론 우주의 미래 운명에 대한 판을 짰다. 당시 구릿골 약방은 김형렬 성도가 지키고 있었다. 구릿골에 도착한 차경석은 김형렬에게 고수부님의 뜻을 전하고 약방기물을 인도하라고 요구했다. 다른 성도들도 마찬가지였으나 김형렬 역시 고수부님에게 내린 수부사명을 제대로 이해하지 못하고 있었던 한 사람이었다.

"보게. 내 딸이 지금 사경에 임박하였네. 이러한 우환 중에 무엇을 달라고 하는 것은 경우가 아니지 않은가. 그것도 그러하지만, 본래 선생님 재세 당시부터 나에게 보관케 하신 물건이니 인도할 수 없네."

김형렬은 두 가지 이유를 들어 약방기물 인도를 거절했다. 여기서 김형렬의 딸은 셋째 딸 말순을 가리킨다. 일찍이 김형렬이 수부로 천거했고 증산 상제님도 받아 들였으나 형렬의 우유부단한 성격과 그의 부인 황씨의 반대로 결국 수부사명을 제대로 받들지 못했던 인물이다. 그것은 김수부의 불행을 결과할 터였다.

증산 상제님은 어천 하루 전날까지도 김수부의 불행을 막으려고 했던 것 같다. 그날 밤 증산 상제님은 김형렬을 불러 "내가 이제 죽으려 하는데 후비后妃가 와서 수족이라도 걷어 줘야 할 것 아니냐."고 말했다. 상제님의 의중을 어느 정도 짐작했던 형렬은 집에 가서 사정을 말했으나 황씨 부인에게 핀잔만 듣고 그냥 돌아왔다. 증산 상제님은 노하여 꾸짖었다.

"안동 김씨가 너 하나뿐이라서 내가 너를 찾은 것이더냐? 만일 개가시키면 너희 집안은 쑥대밭이 되어 망하리라."

증산 상제님이 김형렬의 집안을 쑥대밭으로 만들겠다는 뜻이 아니다. 증산 상제님은 일찍이 "나의 일은 추호도 사정私情이 없다."고 말했다. 상제님이 사정을 두고자 해도 상제님을 호위하는 신명들이 그냥 두지 않는다. 수부사명은 그렇게 준엄하기만 하였다. 그러나 당시 성도들은 상제님께서 수부에게 내린 큰 사명을 제대로 이해하지 못했다. 수석성도인 김형렬조차 예외가 아니었다.

증산 상제님이 어천한 뒤에 김형렬은 혼인하지 않겠다고 하는 김수부를 금구 둔산에 사는 최씨에게 개가시켰다. 그가 제대로 수부사명을 이해했더라면 상제님의 명을 어기고 딸을 개가시키지는 않았을 터였다. 김수부를 개가시킨 일을 두고 김형렬은 후일에 "내 생애에 가장 큰 실수를 저질렀다."고 두고두고 후회하게 된다. 아니나 다르겠는가. 김수부는 혼인 후 갑자기 남편이 죽고 자신은 '아랫배가 터질 듯한 병'까지 얻어 친정으로 돌아와서 사경을 헤매고 있었다. 김형렬이 '내 딸이 지금 사경에 임박하였다'고 한 일의 전말은 그러하였다.

김형렬이 거부한다고 해서 쉽사리 물러설 차경석이 아니었다. 경석은 "그럴 수는 없소. 천지공사에서 결정된 일을 좇지 아니하면 화가 있을 것이오. 잘 생각하시오." 하고 항의했다.

"만일 천지공사에서 결정된 일이라면 신도에서 어떤 징조를 나타낼 것이니, 징조가 나타나지 않으면 나는 그대의 말을 믿지 못하겠네."

김형렬이 말했다. 쉽사리 물러서지 않을 것 같은 김형렬의 기세를 보고 차경석은 원평으로 기별을 보냈다. 자초지종을 전해들은 고수부님은 양지에 해와 달을 그려 놓고 두 손 식지로 하늘을 향해 휘둘렀다.

순간, 맑은 하늘에 먹구름이 밀려오고 우르르 쾅 쾅 천둥이 치면서 소나기와 함께 번개가 구릿골 약방으로 들어와 온 집을 둘렀다. 징조를 요구하던 김형렬은 크게 놀랐다. 문득 '망하는 세간살이는 아낌없이 버리고 새 배포를 꾸미라. 만일 아껴서 놓지 않고 붙들고 있으면 몸까지 따라서 망하느니라'고 했던 증산 상제님의 말씀이 떠올랐다.

바로 그때 김수부가 나와서 "아버지, 내어 주시오. 내 주셔도 괜찮습니다." 하고 간청하듯 말했다.

"알았네. 알았으이. 진실로 하늘의 뜻이니 마음대로 가져가게." 김형렬이 말했다.

차경석은 약장과 궤, 철연자, 삭도, 횟대, 부벽시付壁詩, 액자 등 모든 약방기구와 방바닥의 먼지까지 쓸어서 짐꾼에게 지웠다. 마지막으로 도배지를 뜯어냈다. 일찍이 증산 상제님이 "이 종이를 뜯을 날이 속히 이르러야 하리라."고 했던 말씀이 응험되는 순간이었다.

약방을 나오면서 차경석은 김형렬에게 돈 20원을 주었다. "따님의 병이 위중하다 하니 약소하나마 약값에 보태어 쓰시오."

비바람은 계속 몰아쳤다. 차경석 일행이 구릿골 앞 정문旌門 거리에 이르렀을 때 풍우와 뇌성이 그쳤다. 그때였다. 김형렬의 집에서 곡성哭聲이 들려왔다. 잠시 후, 김형렬의 집에서 한 사람이 달려와 "김부인이 돌아가셨다."는 부고를 전했다. 증산 상제님이 김형렬에게 "약장은 곧 안장安葬롱이니라."고 했던 공사가 이루어지는 순간이었다.

차경석이 약장을 지고 원평에 당도하였을 때, 고수부님이 "약장 지고 올 적에 무슨 소리가 난 일이 있더냐?"고 물었다. 차경석이 "예, 곡성이 있었습니다." 하고 김수부의 사망 사실을 전했다. 고수부님은 "불쌍하구나!" 탄식하면서 "장사에 보태어 쓰게 갖다 주어라." 하고 치상비를 후히 주었다. 고수부님의 면모를 읽을 수 있는 한 자료다. 구릿골 약방 기물을 가져왔음에도 불구하고 고수부님은 왠지 주막을 떠나지 않았다.

고수부님이 원평 주막에 머문 지 닷새째 되던 9월 29일 아침에 김형렬이 찾아왔다. 고수부님은 김형렬을 위로한 뒤 비로소 떠날 채비를 하였다. 먼저 태인 도돔실(현재 정읍시 감곡면 화봉리 천곡마을)에 사는 류응화 성도에게 원삼과 족두리를 빌려 오라고 하여 단장했다. (약방 기물을 찾아가기 위해) 이곳으로 올 때 그랬던 것처럼 사인교를 타고 약방기물을 짐꾼에게 지워 앞세운 채 주막을 떠난 고수부님 일행은 대흥리로 향했다. 영락없이 신부가 농바리를 앞세우고 신행길을 가는 행렬이었다. 증산 상제님이 고수부님에게 "약장은 네 농籠바리가 되리라."고 했던 공사가 현실로 이루어지는 장면이었다.

대흥리로 돌아온 고수부님은 약장을 비롯한 모든 약방기물을 침방에 봉안하고 부벽시는 벽에 붙이고 벽에 발랐던 종이는 뭉쳐서 천장 속에 간수했다. 마치 구릿골 약방을 그대로 옮겨 놓은 것처럼 침방을 단장한 뒤 고수부님은 약장 앞에서 치성을 올렸다. 증산 상제님이 "약장은 네 신주독神主櫝이 되리라."고 했던 공사가 이루어졌다. 물샐틈없이 짜여 진 천지공사는 그렇게 하나씩 역사되고 있었다.

그해 10월, 고수부님이 머물고 있는 정읍 대흥리에서 가까이는 비룡산, 조금 멀리는 입암산, 더 멀리는 모악산 능선으로 오색찬연한 단풍의 물결이 파도가 출렁이듯 우우우 밀려오고 있을 무렵, 고수부님은 무엇인가 큰일을 계획하고 있었다. 상제님께서 천지공사로 질정해 놓은 포정소 도수에 따라 도문을 여는 일을 시작한 것이다. 먼저 증산 상제님을 추종했던 성도들을 불러 모았다. 연락을 받은 성도들이 대흥리로 몰려왔다.

그 자리에서 여러 성도들은 고수부님의 신통력을 목격했다. 고수부님은 성도들이 모인 마음을 알고 있다는 듯 그 자리에서 신통력을 보였다. 당시 고수부님이 어떤 신통력을 보였는지 구체적인 내용은 확인되지 않는다. 단지 "성도들이 찾아와 태모님의 신통력을 보고 모두 놀라며 이상히 여기더라."(11:28)는 기록이 전할 뿐이다. 대도통 이후 보여 주었던 고수부님의 (모든 일을 자유자재로 하는) 조화권능의 연장선상에서 이해하면 될 것이다.

일찍이 고수부님이 '수부'로 책봉되었을 때 성도들이 마음속으로부터 '고수부님'을 인정한 것은 아니었다. 증산 상제님이 고수부님에게 도통道統을, 종통을 전수하는 공사를 수차례 보아 왔으면서도 마음으로 인정하지 않았고, 또한 '수부'에 대한 이해의 깊이가 없었으므로 종통대권이 고수부님에게 전수되었다는 사실 자체를 이해하지 못했던 것 같다. 증산 상제님이 없는 마당에, 적어도 표면적으로는 고수부님이 종통을 이어받았다는 것을 모르고 있었던, 알았다고 해도 몰랐던 것으로 하고 싶었던 성도들로서는 한낱 아녀자에 지나지 않은 고수부님을 인정할 수가 없었을 것이다. 앞에서 우리가 논의한 바와 같이 증산 상제님 어천 사실까지도 몇 달이 지나도록 숨겼을 정도로 고수부님은 성도들로부터 외면당했다.

그런데 이날 고수부님의 신통력을 직접 두 눈으로 목격한 성도들의 심정은 어떠했을까? 믿어지지 않는 사실에 놀라움을 감추지 못했다. 그제야 성도들은 이상하게 생각하면서도 모두 승복하였다. 비로소 수부님을 인정하게 된 것이다. 바로 그날 고수부님은 신도로서 포정소 문을 열고 도장道場 개창을 선언하였다.

정읍 대흥리 차경석의 집, 그러니까 고수부님이 머물고 있는 수부소가 그대로 본소가 되었다. 1908년 겨울 증산 상제님이 정읍에 포정소를 정한다는 포정 공사가 실현된 것이요, 같은 시기에 증산 상제님이 천지공사로서 정해 놓은 도운의 '크나큰 세 살림' 가운데 첫째 살림으로서 정읍 대흥리 도장이 막을 올린 것이었다.

제14장
고수부님이 만동묘를 찾아간 까닭

"천하를 통일하는 도道인데 아직은 때가 이르니 선도仙道라고 하라.
후일에 다시 진법眞法이 나오면 알게 되리라."

도장이 개창되었다면 이름이 있어야 할 것이다. 도장을 개창
한 지 며칠 뒤 성도들이 고수부님에게 교 이름[敎名]을 무엇으로
정하겠느냐고 여쭈었다.

"천하를 통일하는 도道인데 아직은 때가 이르니 선도仙道라고
하라. 후일에 다시 진법眞法이 나오면 알게 되리라." 고수부님이
말했다.

고수부님이 자신이 개창한 도장을 선도라고 한 것은 증산 상
제님이 "나의 도道는 사불비불似佛非佛이요, 사선비선似仙非仙이
요, 사유비유似儒非儒니라. 내가 유불선 기운을 쏙 뽑아서 선仙에
붙여 놓았느니라."(4:8)고 했던 천지공사의 연장선상에 있다.
불교와 비슷하지만 불교가 아니고, 선교와 비슷하지만 선교가
아니고, 유교와 비슷하지만 유교가 아닌, 유불선의 진액을 뽑아

서 만든 선도라는 것이다. 여기서 유불선 안의 선도가 아니라 유불선을 포괄하는 선도라는 점에 유의하자. 이 '선仙'은 후천 선경의 그것이다. 증산 상제님의 도는 선천문화의 종교가 아니다. 그랬으므로, 당시 성도들이 같은 질문을 자주 하였기 때문에, 과도기에 그렇게 부르게 한 것이다. 도장 이름은 머지않은 훗날 도운의 성숙시대를 여는 일꾼에 의해 바로잡게 될 것이다. 따라서 고수부님의 말씀에서 나타난 '선도'가 정식 도장 명칭이 아니었다. 고수부님의 대흥리 시절에는 특별한 도장 명칭이 없었다. 외부인들, 당시 고수부님 도장의 활동에 주목했던 언론들에 의해 '선교仙教', '선도교仙道教', '태을교太乙敎' 등으로 불렸을 뿐이다.

도장을 개창한 뒤 고수부님은 신경원辛京元(1863~1924)과 김병욱金秉旭(1874~1938) 성도에게 태인 우시장에서 검은 소[黑牛] 한 마리를 사 오라고 하였다. 이후 고수부님은 그 소를 기르며 도정道政을 집행했다. 고수부님은 왜 굳이 '검은 소'를 기르며 도정을 집행했을까. '교 이름'을 '선도'라고 하라는 것과 연관성이 있어 보인다. '검은 소'는 흔히 신선을 상징한다. 중국 도교의 시조 노자老子가 은거 생활을 하기 위해 타고 갔던 소가 다름 아닌 검은 소였다.

고수부님이 전주 백남신白南信(1858~1920) 성도에게 "상제님께서 맡겨 두신 돈 10만 냥을 들여와서 도장 운영비로 쓰게 하라."고 명을 내린 것은 이즈음이었다.

백남신이 누구인가. 당시 조선 3대 갑부 중의 한 사람이었다. 본명은 낙신樂信, 남신南信은 '남삼도南三道를 믿고 맡길 만하다'고 하여 고종이 하사한 이름이다. 김병욱 성도와 잘 아는 사이였고 서원규徐元奎(1855~1935) 성도와 인척간이었다. 방송작가 이용선의 『거부실록』에 따르면 육군 부령副領(지금의 중령에 해당하는 무관)으로 전라 거부였던 백남신은 해마다 왕궁에 들어가는 부채 3만 자루씩(당시 1만원에 상당)을 수십 마리의 말에 실어 상납하던 전주 토호로서 한말의 한지대왕韓紙大王이었다. 백남신 성도는 증산 상제님이 맡겨 놓은 돈 10만 냥을 들이라는 고수부님의 명을 따를 것인가. 10만 냥이라면 백남신 성도 전 재산의 3분의 1에 해당하는 금액으로서 당시 돈 2만 원에 해당한다. 고수부님이 말한 '증산 상제님께서 백남신에게 맡겨 두신 돈 10만 냥'의 내막은 그러하였다.

1903년 3월 '조선 신명을 서양으로 보내어 천지에 전쟁을 붙이는 일꾼으로 쓰는' 공사를 행하던 증산 상제님은 "이제 재주財主를 얻어 길을 틔워야 할지니 재주를 천거하라."고 하였다.

김병욱 성도가 전주 부호 백남신을 천거했다. 증산 상제님은 백남신에게 "쓸 곳이 있으니 돈 십만 냥을 들이라."고 하였다. 증산 상제님은 말할 나위 없지만, 백남신의 배포 또한 예사롭지 않았다. 그 자리에서 백남신은 어음 십만 냥을 바치겠다는 증서를 써서 올렸다. 그 후 기한이 되어 백남신이 어음 열두 장으로 10만 냥을 바쳤는데 증산 상제님은 "이미 요긴하게 썼다."며 어음을 돌려주었다.

증산 상제님과 백남신 사이에 얽힌 10만 냥 일화는 또 있다. 같은 해 11월 중앙정부로부터 백남신을 불러올리라는 공문이 전주부全州府에 하달됐다. '목이 떨어질 위기'에 봉착한 백남신이 어찌할 바를 몰라 몸을 숨겼다. 그때 김병욱이 남신에게 "지난번에 저의 화란禍亂을 선생님께서 끌러 주셨습니다." 하고 넌지시 말했다. 듣던 중 반가운 말이라 남신은 병욱을 통하여 증산 상제님께 관액을 풀어 주시기를 간청했다. 증산 상제님은 "부자는 돈을 써야 하나니 10만 냥의 증서를 가져오라."고 했다. 남신이 곧 10만 냥의 증서를 올리는데 증산 상제님은 그 자리에서 증서를 불살랐다. 그 뒤로 관액이 풀린 남신은 승진을 거듭하게 되어 이듬해(1904) 7월에는 육군 전주 진위대鎭衛隊 대장이 되고, 석 달 뒤에는 전북 징세 독쇄관督刷官이 되어 큰돈을 모았다.

문제는 고수부님의 입장이다. 도장을 개창하였으므로 자금이 필요하였을 것이다. 그동안 한적한 수부소만 지키고 있었던 고수부님에게 자금이 있을 리 만무하였다. 그만큼 도장 살림은 궁핍하였고 백남신이 고수부님의 명에 따라 10만 냥을 바친다면 도장 운영비로서 유용하게 사용할 수 있었을 것이다. 그러나 백남신은 고수부님의 명을 거절했다.

고수부님으로서는 타격이 아닐 수 없었을 것이다. 증산 상제님이 있었다면 그런 일은 없었을 것이다. 고수부님에게는 하나씩 헤쳐 나아가야 할 난관이었다. 백남신의 입장에서 고수부님의 명을 거역한 것은 그의 불행이었다. 일찍이 증산 상제님은 "남신의 일이 용두사미龍頭蛇尾와 같다."고 탄식했다. 한때 재물로써 천하를 호령했던 백남신은 인생말년에 큰며느리에게 경제권을 모두 빼앗기고 빈털터리가 되어 익산에서 외로이 살다가 최후를 맞이하게 된다.

1912년 7월 3일, 고수부님은 차경석을 대동하고 걸어서 충북 괴산군 청천면 화양리에 있는 만동묘萬東廟로 갔다. 고수부님이 만동묘로 간 까닭은 무엇인가. 설명이 좀 필요하다.

만동묘는 임진왜란 때 구원병을 파견한 명나라 신종神宗과 명나라 마지막 황제 의종毅宗을 제사 지내기 위해 조선 숙종肅宗 29년(1703)에 우암尤庵 송시열宋時烈(1607~1689)의 유지를 받들어

지은 사당이다. '만동'은 만절필동萬折必東의 줄임말로 만 번을 굽이치고 꺾어져도 반드시 동으로 간다는 뜻이다. 증산 상제님이 몇 차례에 걸쳐 천지공사를 집행할 정도로 만동묘는 천지공사의 중요한 재료였다(2:3 ; 5:325 ; 5:402 ; 5:410).

1901년 모악산 대원사 칠성각에서 천지대신문을 활짝 열고 도문을 개창한 증산 상제님은 각국 제왕신帝王神과 24장二十四將을 만동묘에 응집시켜 놓았다. '24장'이란 당태종을 도와 개국에 공로가 컸던 장손무기長孫無忌, 두여회杜如晦, 위징魏徵, 이정李靖, 장량張亮 등 스물네 명의 신하들을 일컫는다. 그러니까 증산 상제님이 만동묘에 응집시켰다는 24장은 '24장신二十四將神'으

만동묘 _ 조선 숙종 29년(1703)에 송시열의 유지로 그 제자들이 지은 사당. 임진왜란 때 구원병을 보낸 명나라 신종神宗과 마지막 황제인 의종毅宗을 제사지내기 위해 지은 것으로, 현재 충북 괴산군 청천면 화양리에 있다.

로 이해된다. 각국 제왕신과 24장신을 만동묘에 응집시켜 놓은 증산 상제님은 성도들에게 "이 신명들을 잘 대접하라."고 하였다.

증산 상제님은 왜 도문을 연 후 각국 제왕신과 24장을 만동 묘에 응집해 놓았을까. 해명은 다음에 진행되는 만동묘 관련 천지공사에서 찾을 수 있을 것 같다.

1908년 10월, 증산 상제님은 고부 와룡리 문공신 성도의 집 에서 '세계일가 통일정권 대공사'를 주재하였다. 이 자리에서 증산 상제님은 "천하의 난국을 당하여 장차 만세의 대도정사大道 政事를 세우려면 황극신皇極神을 옮겨 와야 한다."고 말하면서 '황극신 옮겨오기' 공사를 행하였다(5:325).

신도 차원의 '황극신'에 대한 개념을 구체적으로 애기할 여 유는 없다. 좀 거칠게 일별하면, 황극신이란 우주론적으로는 선 /후천 변화의 실질적인 핵심자리를 가리킨다. 인사적으로는 후 천문명을 여는 지도자 출세와 직결된다. 만동묘에는 1901년 공 사에 의해 각국 제왕신과 24장이 응집되어 있었다. 그럼에도 불구하고 1908년에 '황극신 옮겨오기' 공사를 행하는 이유는 황극신이 '인류사를 움직일 수 있는 위격의 대신명이기 때문이 다. 천하의 난국을 당하여 '만세의 대도 정사'를 세우려면 반드시 황극신이어야 하리라.

여기서 천하의 난국이란 물론 후천 가을개벽을 일컫는다. 이 공사에 의해 황극신이 넘어왔으므로 조선은 '천하의 대중화大中華'가 되고(5:325), 인류사의 대세는 동북아의 조선이 지구촌의 천자국이 되어 가는 방향으로 세계질서가 전개된다.

결론적으로 만동묘는 증산 상제님과 고수부님의 후천개벽사상과 관련하여 그 중요성을 아무리 강조해도 지나치지 않는다.

고수부님이 교단을 개창한 뒤 가장 먼저 만동묘로 간 까닭은 만동묘에 응집되어 있는 각국 제왕신과 24장을 (증산 상제님이 공사로서 정해 놓은 대로) 대접하기 위해서였다.

만동묘에 도착한 고수부님은 그곳에 머물면서 날마다 치성을 드렸다. 한여름 불볕더위 속에서도 고수부님의 치성은 변함이 없었다. 온 정성을 바쳐 치성을 드리던 어느 날, 냇가 바위 위에 앉아 주문을 외우고 있던 차경석 성도가 한눈을 팔아 그만 바위에서 굴러 떨어지고 말았다. 여러 날 동안 의식을 잃고 일어나지 못할 정도로 중태였다. 그것은 고수부님을 화나게 하는 일이었다. 후천개벽을 눈앞에 두고 각국 제왕신과 24장을 대접하는 자리에서 한눈을 팔았다는 것은 용납할 수 없는 일이다. 고수부님은 주먹으로 차경석의 등을 치며 "일을 다 보았는데 너는 어찌 정신을 차리지 못하느냐." 하고 크게 꾸짖었다.

그해 여름이 가고 만동묘 주위에는 가을 기운이 휘휘 불어오고 있었다. 고수부님이 만동묘에서 치성을 드린 지도 벌써 두 달이 지났다. 치성을 끝냈을 때는 여비가 없어 돌아갈 수가 없는 형편이었다. 차경석이 먼저 대흥리로 돌아와 여비를 마련하여 그해 9월 2일에서야 고수부님을 모셔왔다.

제15장

도세道勢 확장

이로부터 우리나라에 태을주 소리가
끊이지 않고 울려 퍼지게 되니라.

고수부님 도장의 도세道勢는 날로 확장되었다. 나라 잃은 백
성들이 봉홧불처럼 환하게 불을 밝힌 고수부님 도장을 보고 구
원의 희망을 갖고 모여드는 것은 당위일 터였다. 무엇보다도
도세 확장의 주된 이유는 지도자인 고수부님 개인에게서 찾을
수 있을 것 같다. 봉건사상이 지배하던 시대 말기, 고리타분한
가부장적 사고의 때가 아직도 켜켜이 껴 있던 시기에 도세가
그렇게 확장되었다는 것은 고수부님의 영도력이 그만큼 탁월
하였다는 얘기가 된다. 다른 이유도 있었다. 고수부님이 대흥리
첫 도장 살림을 열고 포교방법으로 정한 '태을주' 수련의 효력
이 금방 나타났기 때문이었다. '태을주'가 무엇인가. 증산 상제
님과 고수부님 도문에서 '태을주' 만큼 중요한 것이 또 있을까.

태을주太乙呪로 천하 사람을 살리느니라.

태을주는 천지 어머니 젖줄이니 태을주를 읽지 않으면 다 죽으리라.

태을주는 우주 율려律呂니라.(2:140)

증산 상제님은 또한 "오는 잠 적게 자고 '태을주'를 많이 읽으라. 태을천太乙天 상원군上元君은 하늘 으뜸가는 임금이니 오만 년 동안 동리동리 각 학교에서 외우리라. '태을주'에는 율려律呂 도수가 붙어 있느니라. '태을주' 공부는 신선神仙 공부니라." (7:75)라고 했다. 과연 '태을주'를 외우면 광명현상이 나타나고 신력神力을 체험하게 될 뿐만 아니라 온갖 난치의 질병이 치료되었으므로 신도들이 구름같이 모여들게 되었던 것이다.

이로부터(1911년 10월 고수부님의 도장 개창 이후-인용자주) 우리나라에 비로소 상제님 무극대도의 포교 운동이 조직적으로 전개되어 신도들이 구름 일듯이 모여들기 시작하더니 그 후 3년 만에 전라남북도와 충청남도와 경상남도와 서남해의 모든 섬에 태을주 소리가 끊이지 않고 울려 퍼지게 되니라.(11:28)

해가 바뀌었다. 제국주의 일본으로부터 나라를 강점당한 지 3년이 지난 1913년이다. 이해에 앞으로 고수부님이 활동하는 동안 그림자처럼 붙어 다니게 될 한 성도가 입도했다. 익산군 춘포면 용연리 장연마을에 사는 이용기李用己(1899~1980)가 그 사람이다.

이용기는 짧은 명줄을 갖고 태어났다는 소리를 자주 들었다. 액땜을 위해서 열 살 이후에는 전주 우동면 만덕사萬德寺에 들어가 살았다. 절에서 그가 하는 일이란 '칠성경'을 읽는 것이었다. 유일태 성도의 인도로 이용기가 대흥리 도장을 찾아와 신앙을 시작한 것은 이 무렵이었다. 고수부님은 이용기의 사람됨과 신앙심을 보고 퍽 마음에 들었던 것 같다.

그해 어느 날이다. 고수부님은 갑자기 방에 짚을 깔고 출산 준비를 하라고 명하였다. 준비가 끝나자 고수부님은 옷을 다 벗은 채 출산자리에 누워 이용기 성도로 하여금 팔을 베고 누우라고 하였다. 이게 웬일인가. 시간이 좀 흘렀을 때 고수부님은 갑자기 땀을 뻘뻘 흘리며 산통을 겪고 하혈을 시작했다. 이용기는 자기도 모르게 옷을 홀딱 벗은 채 온 몸에 피를 묻히고 고수부님의 하초下焦 밑에서 아기처럼 "응애응애!" 하고 울고 있었다.

고수부님은 여신도에게 "미역국과

이용기 성도

밥을 한 솥 지으라."고 명하였다. 잠시 후, 여신도가 끓여온 미역국을 솥 째로 다 먹은 뒤 고수부님은,

"너는 내 아들이니 내가 하자는 대로 하자." 하고 이용기에게 말했다. 이후부터 고수부님은 당신이 하는 모든 일에 이용기가 시중들게 하였고, 이용기는 어머니를 모시듯 한결같은 마음으로 고수부님을 시봉하였다. 고수부님이 행하는 신도차원의 일을 언어로 묘사하기는 쉽지 않은 일이다. 우리는 일단 이 일화가 고수부님이 이용기를 아들 삼고 명줄을 이어 주는 '공사'(11:32)로 이해하면 될 것이다.

그해 음력 9월 19일, 증산 상제님 성탄치성일이었다. 김형렬, 김자현 성도와 사돈간으로 일찍이 증산 상제님의 신성함을 듣고 감화를 받았던 전남 순천 사람 장기동張基東과, 그의 재종 동생 장기준張基準이 김형렬의 안내로 고수부님을 찾아왔다. 고수부님을 뵙고 인사를 드린 장씨 형제는 신앙심이 절로 발동하였다. 고수부님 도장이 발전하는데 일조를 하고 싶은 마음이 우러난 장기동은 "천하사를 하시는데 본소가 이렇게 협소해서야 얼마나 불편하십니까?" 하고, 차경석을 향해 "도장 건물을 새로 지읍시다. 경비는 내가 부담하지요. 명년 정월 보름 이후에 건축비를 가져오도록 하겠소." 하고 약속했다.

이와 같은 일화는 고수부님의 도력道力이 그만큼 뛰어났다는

것과, 또한 고수부님의 대흥리 도장 도세가 그만큼 번창해가고 있다는 근거가 된다. 오르막이 있으면 내리막도 있는 법이다. 대흥리 도장의 도세가 하루가 다르게 번창해갈 때 내부의 '적'이 꿈틀거리기 시작하였다.

문제의 진원지는 증산 상제님이 생전에 그렇게 우려한 대로 고수부님의 이종사촌 동생 차경석 성도였다. 대흥리 도장은 고수부님을 구심점으로 움직이고 있었으나 도장 안팎의 주도권은 그 출발 때부터 알게 모르게 차경석이 장악하고 있었다. 차경석은 도장의 안팎살림을 총괄하면서 본소에 찾아오는 신도들을 응접하였다. 이와 같은 관리자 역할은 그가 어디까지나 고수부님을 보좌하는 위치라는 자신의 처지를 잊지 않고 충성을 다 바칠 때는 문제가 없겠지만, 조금만 마음을 비뚤게 먹는다면 얼마든지 '위의 한 사람' 고수부님을 속이고 자기 영역을 개척하는 데 유리한 조건이 될 수 있다.

문제는 차경석의 타고난 기국이 컸고 그만큼 야심가였다는 점이다. 겉으로는 고수부님 체제의 도장 운영에는 변함이 없었다. 고수부님은 희대의 여걸이라고 할 정도로 대범한 여장부였으나 한편으로는 여성 특유의 치밀함도 갖고 있었다. '천지의 어머니'로서 우주를 가슴에 품은 넓고 큰 사랑과 함께 사람 한 명 한 명은 물론이요, 풀잎 하나 나뭇잎 하나까지도 사랑하는 모성애를 갖고 있는 분이 당신이었으므로. 그런 성격은 그의 도정 운영에도 나타났다. 고수부님은 차경석과 수뇌급 간부들에게 교리와 도무 진행 방침을 정하여 주고 도덕적 진리와 인도상의 정리正理와 수행할 때 지녀야 할 계율에 대한 조항 등을 일일이 챙겨 주었다. 고수부님의 이와 같은 도정에 차경석은 불만을 가졌던 것 같다. 차경석의 이런 태도는 도장의 실질적인 관리자로서 전횡을 휘두르게 되었고, 그것이 지나쳐 아예 도세를 움켜쥘 욕심을 품게 되었다.

차경석의 전횡은 증산 상제님을 추종했던 다른 성도들과의 사이에 불화를 낳았다. 증산 상제님 재세 시에도 남달리 총애를 받는 차경석에 대해 성도들 사이에는 불만이 많았었다. 그랬는데 고수부님 시대에 와서는 아예 도장 운영의 주도권을 쥐고 전횡을 휘두르는 것이었다. 여기까지는 그래도 불화 정도로 끝낼 수 있었다. 전횡이 지나쳐 아예 도세를 움켜쥐려고 하지 않는가. 차경석의 야심을 간파한 성도들이 모두 분개하지 않을 수 없었다. 속담에 절이 보기 싫으면 중이 떠나야 한다는 말이 있다.

경석의 야심을 간파한 성도들이 모두 분개하여 더러는 도문道門을 하직하고 지방 신도들과 연락하여 따로 문호門戶를 세우기도 하며 일부는 경석을 따돌리고 본소를 다른 곳으로 옮기려는 운동을 벌이기도 하니라.(11:37)

1914년이 밝았다. 증산 상제님이 생전에 집행한 세운 공사 '애기판'(제1차 세계대전)이 일어난 해다. 그해 1월에 호남선 철도가 개통되어 고수부님이 살고 있는 정읍 벌판 위로 기차가 달리면서 검은 연기를 풀풀 내뿜으며 난데없는 기적소리가 울리기 시작하였다.

1월 20일쯤, 장기동이 약속한 대로 대흥리 본소에 나타났다. 고수부님과 차경석을 만나 본소 신축공사비 1천 원을 헌성한 뒤 장기동은 그곳에서 만나기로 한 김형렬을 기다리고 있었다. 김형렬은 나타나지 않았다. 그때 누군가 "무얼 기다리오. 태운太雲(김형렬의 호)은 오지 않을 것이오. 태운의 편지를 월곡月谷(차경석의 호)이 보관하여 두었소." 하고 알려 주었다. 장기동은 차경석을 찾아가 김형렬의 편지를 내놓으라고 하였다.

"아, 그 편지요. 일전에 태운의 편지가 우편으로 와서 보니까 사고가 있어서 본소에 오지 못하겠으니 돌아가는 길에 자기에게 들러 달라는 내용이었소. 편지는 그만 분실하고 말았소이다. 내 생각으로는 태운에게 들리는 것은 불가할 것이오. 바로 순천으로 돌아가시오. 상제님께서 생전에 태운을 불길한 사람이라고 늘 말씀하셨으니 이 뒤로는 직접 사모님(고수부님)께 내왕하고 태운과는 상종을 끊어 버림이 옳을 것이오." 하고 차경석이 말했다.

장기동은 크게 분개하여 남의 사사로운 편지를 뜯어본 일과 그것을 감춘 일, 동문성도同門聖徒를 중상 모략하여 이간질하려는 심사를 들어 차경석을 크게 꾸짖은 뒤 대흥리 본소를 떠났다.

구릿골로 달려간 장기동은 김형렬을 만나 자초지종을 전해 주었다. 김형렬 또한 크게 분개했다. 그러나 차경석은 고수부님의 이종 동생이다. 아예 만나지 않으면 모를 일이로되, 일단 만나게 되면 함부로 대할 위인은 아니었다. 더 이상 차경석의 꼴을 보기 싫은 김형렬은 아예 대흥리 본소와의 인연을 끊어 버렸다.

증산 상제님 도문에서 태산북두와도 같았던 수석성도 김형렬의 절연 사건은 예사로운 일이 아니었다. 엎친 데 덮친 격으로 김형렬이 차경석의 전횡을 여러 성도들에게 공개해 버리자 증산 상제님을 추종했던 성도들의 동반이탈이 시작되었다. 그래도 차경석의 전횡은 멈추지 않았다.

김형렬이 떠나고 성도들의 동반이탈로 이어질 때는 차경석의 전횡이 극에 달했던 것 같다. 나쁘게 표현하면 전횡이었으나 좋게 표현하면 차경석다운 배포였다고 할 수 있다. 다른 말로 표현하면 차경석의 야심이 고개를 빳빳하게 치켜들고 있었다. 이 무렵, 차경석은 아예 드러내 놓고 성도들 위에 군림하려고 했다.

그해(1914) 봄, 대흥리 본소 주위로 개나리가 흐드러지게 만개하던 날, 장기동의 성금으로 신축하였던 성전이 완공되었다. 차경석의 전횡, 김형렬을 비롯하여 증산 상제님을 추종했던 성도들의 동반이탈 등 우여곡절 끝에 본소가 완공되었으므로 고수부님의 감회는 더욱 컸을 것이다. 본소 성전 완공으로 도장이 점차 위용을 갖추어 가면서 도세도 날로 번창하였다.

제16장

고수부님과 도운의 뿌리 분열 시대

자신의 허락 없이는 누구도
태모님께서 거처하시는 방의 출입을 금하니라.

그해 10월 30일, 독실한 신앙인 유일태 성도가 고수부님을 찾아왔다. 등에 큰 혹이 있어 고통을 겪던 전주군 초포면 전당리全堂里 진기陳機마을에 사는 77세 된 이태우李台雨가 유일태에게 혹을 없애 달라고 애걸한다는 것을 아뢰었다.

"네가 가서 청수 모시고 기도한 후에 '시천주주'를 읽으면서 혹을 문질러 풀어 주도록 하라." 고수부님이 말했다.

유일태가 이태우의 집에 가서 고수부님이 일러 준 대로 하였는데 곧바로 혹이 터져 약을 쓰지 않고도 완쾌되었다.

또 한번은 문둥병을 앓아 눈썹이 하나도 없는 한 사람이 대흥리 도장에 찾아왔다. 불쌍히 여긴 고수부님은 그 자리에서 병을 낫게 하였는데(어떤 식으로 병을 낫게 하였는지는 정확한 기록이 없다) 곧바로 눈썹이 다시 생겨났다.

위의 두 치병治病은 '자손줄 태워 주는 공사'와 함께 앞으로 고수부님이 행하게 될 천지공사의 한 특성을 들여다볼 수 있는 바로미터가 될 수 있다. 현재 확인할 수 있는 기록에 따르면 고수부님이 행한 천지공사의 많은 부분은 치병 공사(자손줄 공사도 종종 행하여진다)가 차지한다. 물론 고수부님이 행한 천지공사에 대한 행적이 모두 드러나지 않았으므로 치병 공사가 상대적으로 많아 보일 수는 있다.

고수부님은 증산 상제님과 당신의 공사에 대해 "상제님의 천지공사는 낳는 일이요, 나의 천지공사는 키우는 일이니라."(11:99)라고 말했다. 그러니까 '부생모육父生母育' 정신이 증산 상제님과 고수부님의 천지공사에 그대로 반영되고 있는 것이다. 앞에서 우리는 증산 상제님과 고수부님을 당신들의 말씀을 그대로 인용하여 '만백성의 어버이'요, '천지의 부모'라고 얘기하였다. 천지공사는 아버지와 어머니의 사랑의 정표이다. 특히 고수부님의 자손줄 공사와 치병 공사에는 만백성의 어머니, 천지의 어머니로서 '낳아서 키우는' 어머니의 본성이 바탕에 깔려 있는 것으로 보인다(앞으로 고수부님이 행하는 많은 자손줄 공사와 치병 공사에 대한 얘기는 생략한다.).

1915년이다. 일본제국주의의 강점하에 놓인 지 5년이 지난 그해, 고수부님 도장을 박차고 나간 김형렬은 모악산 금강대에서 1백 일 수련을 마친 뒤 신안神眼이 열려 풍운조화를 짓는 경지에 올랐다. 일부 기록에는 김형렬이 신안이 열렸을 때 '영서靈書'를 받았다고 전한다. 금강대에서 하산한 김형렬은 교단을 개창하고 포교에 전력하였다. 김형렬 교단은 개창 초기에는 교명이 없었다. 금산사 미륵불을 상제님의 영체로 받들었으므로 일반사람들은 금산사 미륵불을 받드는 교단 정도로 알았다. 그 후 불교진흥회(1921)라는 교명을 거쳐 이듬해 9월에 미륵불교(1922)로 바꾸고 본부를 모악산 금산사에 두게 된다.

김형렬 교단의 소식은 고수부님 도장을 이탈한 다른 성도들에게 자극이 됐던 것 같다. 그들 역시 신력神力을 통하고 싶은 욕심이 생겼다. 그들은 정읍군 감곡면 통사동通司洞에 있는 영모재永慕齋에 모여 도통 공부에 들어갔다. 박공우, 김경학, 김광찬, 문공신 등 20여 명이었다. 원래 김광찬 성도는 성품이 호탕하고 급한 성격으로 남과 잘 다투는 편이었다. 그가 공부하는 도중에 돌연 광기가 발동하여 막무가내로 주먹을 휘둘렀다. 이 일을 계기로 성도들은 도통 공부에 회의를 품고 뿔뿔이 흩어져 돌아갔다.

한편, 대흥리 본소에서 각 방면의 포교활동을 감독하고 있던 이치복 성도는 차경석이 전횡을 휘둘러 성도들을 배척하는 것을 현장에서 목격한 장본인 중의 한 사람이었다. 그동안 상제님을 모시고 9년 천지공사에 수종 들며 동고동락했던 성도들이 하루아침에 갈라져 도장을 떠나는 광경을 지켜보던 이치복은 본소 이전 운동을 추진하기로 결심했다. 그해 봄, 이치복은 김형국 성도와 만나 그가 살고 있는 장성 필암筆岩에 집 한 채를 지어 본소를 옮기고 고수부님을 모시자는 데 의기투합했다.

고수부님은 허락하지 않았다. 이때까지만 해도 고수부님은 도장 분열의 진원지인 차경석이 미웠으나 등을 질 수는 없다고 판단했던 것 같다. 고수부님이 허락하지 않았으므로 이치복의 본소 이전 운동은 뜻을 이루지 못했다. 하지만 완전히 포기한 것은 아니었다.

다음해(1916) 가을에 이치복은 다시 움직였다. 채사윤 성도와 함께 경북지역 신도들과 의논하여 본소를 원평으로 옮길 계획을 세웠다. 일은 순조롭게 진행됐다. 원평에 집 한 채를 사 놓고 다시 고수부님을 설득했다. 고수부님 역시 차경석의 전횡을 더 이상 용납할 수 없는 단계에 이르렀다고 판단했다. 고수부님은 본소 이전을 허락하였다. 이, 채의 본소 이전 운동은 탄력을 받았다.

그해 동지 다음 날에 고수부님을 모시고 본소를 원평으로 이사하기로 계획한 이치복은 동지 하루 전날 각 지방 신도 대표들을 차윤경의 집으로 소집했다. 그날 저녁에 김제군 백산면 조종리에 사는 강사성姜四星(1885~1961) 성도가 대흥리 본소에 도착했다. 이치복 들로부터 소집 통지를 받고 오는 길이었다. 아직 차윤경의 집에 모이라는 소식을 전해 듣기 전이었다. 본소는 전에 없이 고요했다.

차경석을 찾아간 강사성은 "중요한 회의가 있다기에 왔는데 한 사람도 오지 않았으니 어찌된 일이오?" 하고 물었다. 강사성은 원래 고집이 세고 남에게 지기 싫어하는 성품이라 무슨 일이든지 한번 하기로 마음을 먹으면 뒤를 돌아보지 않고 밀고 나갈 위인이었다.

이, 채 성도들은 본소 이전 운동을 은밀하게 추진하였으나 차경석도 이미 알고 있었다. 큰 기국을 타고난 차경석은 또한 그만큼 치밀한 인물이었다. 바로 그 두 사람이 만났다. 두 사람은 본소 이전을 막는데 의기투합했다. 차경석은 치밀한 조직력으로 발 빠르게 움직였다. 강사성뿐만 아니라 이윤수李胤洙까지 포섭하여 본소 이전을 막기 위해 안간힘을 썼다. 동짓날, 차경석의 부탁을 받은 이윤수가 먼저 고수부님을 찾아가 본소 이전의 부당함을 얘기했다. 뒤이어 강사성이 나타나 고수부님 앞에서 이치복의 과실을 들어 공격했다.

"본소 이전 일의 가부는 사모님께서 알아서 하실 일이나 이치복이 사모님께 불명예스러운 말을 유포하여 항간에서 소문이 자자합니다. 그런 자를 신임하다가는 뒷날 크게 후회할 일이 있을까 걱정됩니다." 강사성은 이치복이 유포한 말과 증거

들을 들어 낱낱이 지적하였다.

두 성도의 얘기를 듣고 고수부님은 한동안 생각에 잠겼다. 도장의 내분은 어떤 식으로든 용납되지 않는 일이었다. 고수부님은 이치복을 크게 염려하시는 한편 성도들의 분란을 우려하지 않을 수 없었다. 그 자리에서 고수부님은 "본소 이전을 작파하겠다."고 선언하였다.

결국 본소 이전 운동은 실패로 돌아갔다. 이치복과 채사윤은 어쩔 수 없이 도문을 하직하고 물러갔다. 차경석의 전횡을 참을 수 없어 집요하게 본소 이전 운동을 추진했던 이치복은 동지 다음날 혼자 쓸쓸히 원평으로 이사를 갔다. 그 후 그를 따르는 일부 성도들과 함께 따로 교단을 열었다. 훗날 제화교가 그것이다. 어디 이치복 성도뿐이겠는가. 일찍이 증산 상제님은 "도운道運의 개시開始가 초장봉기지세楚將蜂起之勢를 이루리라."고 하였다. 김형렬, 이치복은 물론 차경석에게 불만을 품고 고수부님 도장을 떠난 성도들이 각자 교단을 개창한 것이었다.

각 지방으로 흩어져 돌아간 성도들이 지방 신도들과 연락하여 따로 문호門戶를 세우니 이러하니라. 안내성은 순천 양율順天 良栗에서, 이치복은 원평에서, 박공우는 태인에서 교단을 세우니라. 또 김형렬, 김광찬, 문공신, 김병선金炳善 등이 각기 문호를 여니 이로부터 각 교파가 분립하여 도운의 뿌리 분열

  김형렬의 미륵불교, 이치복의 제화교와 같은 여러 교단이 태동하기는 하였으나 고수부님 도장의 도세는 날이 갈수록 창성했다. 고수부님의 '큰 세 살림' 도수가 현실화되어 가는 과정은 논의를 계속하겠으나 대흥리 첫째 도장 살림은 1916, 17년이 그 절정이었다. 신도 수는 이미 수만 명에 이르렀다. 역설적으로 그만큼 암울한 시절이었고, 또한 그만큼 고수부님이 전하는 '태을주'의 조화기적, 후천개벽과 구원의 소식이 당시 민중들에게 희망의 빛이 되었다는 반증도 될 터였다. 속담에 '가지 많은 나무에 바람 잘 날 없다'는 말이 있다. 도장도 인간의 모임이요, 인간이 하는 일이라 조직의 규모가 커질수록 갈등도 많아지는 것은 당위일 터였다. 그 갈등의 씨앗이 차경석 성도였고, 그의 전횡을 막기 위해 마지막으로 칼을 뽑아 들었던 인물이 이치복 성도였다. 당장에 결판은 차경석 성도의 '판정승'으로 끝났다.

  이치복 성도가 도문을 떠났던 그해 11월 28일 동짓날, 본소 이전 운동을 무력화시킨 차경석은 곧바로 반격의 칼을 뽑아 들었다. 동짓날 치성을 드린 후 차경석은 교체敎體 조직을 발표하였다. 방주方主에 문정삼文正三·채규일蔡奎一·채규철蔡奎喆 등 24

인이 임명되었다.

차경석이 방주 명단을 고수부님과 사전에 협의했는지 정확한 기록은 발견할 수 없다. 분명한 것은 24방주에 임명된 신도들이 하나같이 차경석의 측근 내지는 심복들이라는 점이다. 대반란이었다. 그렇게 차경석의 행동은 빨랐고 또한 주도면밀했다. 순식간에 고수부님 도장의 통교권統敎權을 장악해 버린 것이다.

도체 조직 발표를 기점으로 그동안 물밑에서 실권을 행사하였던 차경석 성도가 마침내 전면에 모습을 드러냈다. 도장 최고 지도자였던 고수부님으로서는 자신도 모르는 사이에 배신을 당한 것이었다. 다름 아닌 이종 동생에게. 증산 상제님이 그토록 우려하고 경계하였던 일이 현실로 드러난 것이었다.

차경석의 다음 수순은 지방도장 조직을 휘하로 끌어들이는 것이었다. 하루아침에 도장을 장악한 차경석은 24방주들을 각 지방으로 파견하여 신도들을 수습하고 자신에게 교권을 집중시켰다. 모든 일들이 차경석의 뜻대로 돌아가는 것 같았다. 그의 마지막 수순은 고수부님 고립작전이었다.

먼저 태모님과 신도들 사이를 이간하여 인맥을 끊게 하고 다음으로 태모님께서 거처하시는 방을 …… '예문禮門'이라 하여 자신의 허락 없이는 누구도 출입을 금한 채 그 아내 이 씨李氏에게만 태모님의 수발을 들게 하니 이는 겉으로는 태모님을 높이는 체하면서 실제로는 신도들이 태모님을 알현謁見하는 길을 막기 위함이더라. 이로 인해 도장에는 신도들의 자취가 끊어지고 오직 경석이 그의 아우들과 더불어 태모님을 모시니라.(11:39)

결국 고수부님은 연금생활과 다름없는 상태에 놓이게 되었다. 이후 대흥리 본소에는 성도들의 자취가 점점 끊어졌다. 고수부님 주위에는 차경석과 그의 아내, 그리고 그의 형제들만이 얼씬거릴 뿐이었다. 고수부님으로서는 인의 장막에 둘러싸인 형국과 다름없었다. 이따금씩 고수부님을 참배하기 위해 각 지방에서 찾아오는 성도들은 차경석을 먼저 만나야 했다. 차경석은 자기에게 순종한 자는 참배를 허락하고 거슬리는 자는 아예 참배를 막았다. 그러한 제한적인 참배도 지속되지 않았다. 결국 참배객 자체의 발길이 끊어져 버렸다. 고수부님이 거처하는 이른바 '예문禮門'에는 적막한 기운이 감도는 가운데 한 겨울 찬바람만이 맹렬한 기세로 기승을 부릴 뿐이었다.

그러나 차경석이 손으로 태양을 가린다고 해서 완전히 가려질 수 있는 것은 아니었다. 고수부님이 누구인가. 고수부님을 얘기할 때 증산 상제님으로부터 직접 종통대권 후계사명을 전해 받은 후계자라는 것을 아무리 강조해도 지나치지 않을 것이다. 그럴 것이, 증산 상제님은 고수부님의 대흥리 도장은 물론 김형렬 교단, 안내성 교단, 이치복 교단 등에서 신앙대상으로 받들고 있는 옥황상제이고, 고수부님은 바로 그 증산 상제님으로부터 종통대권을 받은 까닭이다. 따라서 차경석이 아무리 고수부님 주위에 철옹성을 쌓고 신도들의 접근을 막았다고 해도 도장의 최고 지도자는 예나 지금이나 고수부님이었다. 고수부님이 항성恒星이라면 차경석은 비록 통교권을 장악하긴 했지만 한낱 행성行星에 지나지 않았다. 항성은 천구 위에서 움직이지 않고 별자리를 구성하는, 스스로 빛을 내는 별이다. 행성은 무엇인가. 중심별의 강한 인력의 영향으로 타원 궤도를 그리며 중심별의 주위를 도는 떠돌이 별. 스스로 빛을 내지 못하고 중심별의 빛을 받아 반사할 뿐이다. 중심별을 잃어버린 행성은 결국 빛을 잃어버린 채 혼돈과 암흑 속으로 추락하게 될 것이다. 멀지 않은 훗날 차경석과 그의 교단(보천교)이 바로 그랬다.

징후는 벌써부터 시작되었다. 1917년 6월 전남 무안군 장산도長山島 신도 김경범金敬範이 대구 감옥에 구금되는 사건이 발생하였다. 평소 차경석에게 앙심을 품고 있던 김의 아들이 대흥리 본소에 찾아와 수백 원의 돈을 요구했다. 차경석이 여비 명목으로 10원을 주었다. 그 길로 김의 아들은 일본헌병대 천원 분견소로 찾아갔다. 그는 "아버지가 차경석을 신앙하여 많은 금전과 물품을 사기 당했다. 이 돈은 그중 돌려받은 일부다."라며 차경석을 고소했다. 이 무렵, 헌병대에서는 점점 도세가 커지는 대흥리 본소, 특히 차경석을 요주의 인물로 주목하고 있었던 것 같다. 헌병대에서 곧바로 차경석을 연행했다. 이 사건을 고수부님이 알고 있었는지 여부는 확인할 수 없다. 분명한 것은 최고 지도자에 의한 지휘체계가 무너진 상태에서 흔히 일어날 수 있는 사건이라는 점이다. 차경석은 열흘 후에 석방되긴 하였으나 언제 다시 잡혀 들어갈지 모른다는 불안과 위기감을 씻어낼 수 없었던 것 같다.

그해 음력 9월 19일은 차경석 모친의 회갑 날이었다. 차경석 모친이라면 고수부님에게는 이모가 된다. 그때까지 고수부님의 모친(차경석 모친의 언니)도 대흥리에 살고 있었다. 그 기쁜 날, 두 분 모친은 물론 고수부님과 차경석 형제들도 한 자리에 모였을 것이다. 바로 그날, 차경석은 휘하의 24방주와 그 밖의 교인 대표 1백여 명을 불러 모았다. 이 자리에서 차경석은 지방으로 잠복하겠다고 선언했다. 그리고 방주를 중심으로 연원체계를 조직하라고 지시했다. 같은 자리에서 북도재무北道財務에 김홍규金洪奎, 남도재무南道財務에 채규철을 임명하여 교단의 재정을 담당하도록 하였다. 고수부님의 의지와는 전혀 상관이 없는 조직개편이었다. 이미 '철의 장막' 속에 갇혀 있는 고수부님은 단지 '간판'에 지나지 않았다. 고수부님 고립작전에 관한 한 차경석은 그렇게 철두철미했다.

지방으로 잠적하는 차경석에게 가장 신경 쓰이는 부분은 고수부님이라는 존재였다. 차경석은 교단 간부들에게 모든 '예문(고수부님)' 납객을 금지케 하는 등 교인 단속을 지시했다. 동생 차윤칠에게는 "내가 없는 동안 그 어떠한 신도가 예문을 문후하기 위해 올지라도 모조리 거절하고 각기 연비를 찾아 방주에게 연락하라."고 엄명을 내렸다. 교단의 뒷일, 특히 고수부님 고립작전과 연맥을 중심으로 한 조직 확장에 만전을 기한 뒤 차경석은 대흥리 도장을 떠났다. 이후 차경석은 긴 세월 동안 전국 각 지방을 유리표박流離漂泊하게 된다. 물론 그 사이에도 교단 조직을 배후에서 조종할 것이다.

차경석이 자리를 비웠으므로 고수부님의 처지가 좀 나아졌을까? 그렇게 생각한다면 오산이다. 대흥리 도장 사람들은 차경석이 있을 때보다도 더욱 철저하게 고수부님을 감시했던 것 같다. 주인 없는 집에 머슴이 주인 노릇하듯. 이후 1년여 동안 고수부님은 신도들을 만나지 못하고 '예문'이라는 허울 좋은 모심(?) 아래 연금 상태와 다름없이 지내면서 홀로이 분노와 울분, 허망함을 달래야 했다.

제17장

무오년 옥화

이를 일러 '무오년 옥화' 라 하니라. 이로부터 농사에 마음을 두시고 한가로이 지내실 뿐이더라.

내가 전북 김제시 공덕면 공덕리 송산마을을 찾아간 것은 고수부님 유적지 첫 번째 답사 때였다. 2박 3일의 강행군이 계속되던 날, 답사팀 일행은 징게맹경(김제, 만경) 넓은 평야를 가로질러 숨 가쁘게 달리고 있었다. 포장공사 중인 도로에서는 흙먼지가 풀풀 날렸다. 도로에서 오른쪽으로 꺾어진 차는 키 작은 나무 숲 사이로 난 언덕길을 따라갔다. 포장이 되지 않은 붉은 황톳길이었다. 얼마정도 갔을까. 차가 속도를 늦추는가 싶었는데 차창 밑 건너편 골짜기 아래쪽으로 작달막한 마을이 나타났다.

나는 이미 알고 있었다. 아홉 살 이후로 크고 자랐던 대흥리에서, 당신의 손으로 개창했던 대흥리 도장에서, 그것도 도세가 한창 뻗어 나갈 때 누구보다도 믿었던 이종 동생 차경석과 그의 사람들로부터 배반을 당하면서도 끝까지 그들을 버리지 못했던(그들을 버리려고 했다면 어떤 벌이라도 내렸을 것이다) 고수 부님이 어느 날 갑자기 도장을 떠나 한 달여 동안 머물렀던 곳, 바로 송산마을이다.

차는 송산마을이 한눈에 내려다보이는 언덕에 도착했다. 누가 세우라고 한 것도 아닌데 엎어지면 코 닿을 거리, 훌쩍 뛰어내리면 마을을 덮칠 것 같은 언덕 위에서 차는 약속이나 한 듯 정지했다. 일행은 망연한 눈길로 골짜기 아래 송산마을을 보고 있었다. 그 순간 많은 얘기들은 필요하지 않았다. 각자 침묵 속에서 마을을 보는 것만으로 마음이 통하지 않았을까.

송산마을 _ 영양 천씨 집성촌으로, 울창한 소나무 산이 마을을 둘러싸고 있어 '송산'이란 지명이 생겼다.

송산마을—. 마을 뒤편으로는 소나무 숲이 병풍처럼 둘러쳐
져 있다. 주위에 소나무가 울창하게 들어서 있다고 하여 '송산松
山'이라고 이름 붙여진 이 마을은 원래 천씨千氏 집성촌이었다.
마을 앞으로는 경운기 한 대가 넉넉하게 다닐 수 있는 길이 누
에처럼 길게 뻗어 있고 길 뒤쪽으로 20여 가구가 옹기종기 모여
있는 아담한 마을이다. 잠시 후, 차는 골짜기 아래쪽으로 구르
듯 내려갔다. 마을 초입에 도착하여 차에서 내린 일행은 동네
앞으로 난 길을 걸어갔다.

당시 고수부님이 머물렀다는 천종서千宗瑞(1879~1956) 성도의 집
은 마을 앞길을 끼고 중앙에 위치하고 있다. 작지도 크지도 않
은 마당을 끼고 정면에 아담하게 자리 잡은 집이다.

천종서 성도 집 _ 고수부님께서 대흥리를 떠나와 이곳에서 한 달 동안 머무르다가 조종리로
갔다.

2006년 답사 때 가이드의 설명―. "태모님께서 대흥리 도장에서 온갖 모욕을 받아가며 머무르다가 대흥리를 떠나지 않았습니까. 그날 태모님께서 부용역에 내렸을 때 천종서 성도님이 꿈을 꾸었다고 합니다. 당시 여러 정황으로 보면 태모님께서 부용역에 도착하신 같은 새벽 시간대에 꿈을 꾸었던 것으로 판단됩니다. 천종서 성도는 꿈속에서 추위에 떨고 있는 태모님을 보고 곧바로 부용역으로 가서 업고 집으로 모셔왔다고 합니다."

고수부님은 송산마을을 오랫동안 머물 거처로 생각하지 않았던 것 같다. 이곳에서 도정道政을 보지 않은 것이 근거가 된다. 고수부님은 이곳에서 잠시 쉬었다 가려는 생각이었을 것이다. 아, 나무는 가만히 있는데 자꾸만 바람이 불어오는구나. 한도 많고 원도 많은 인간의, 여성의, 어머니의 삶을 체험하고, 만유생명을 해원하고 있는 고수부님이 가는 길이 그렇게 평탄할 리 만무하였다. 뻐꾸기 둥지처럼 잠시 쉬어가려고 했던 이곳에서도 고수부님은 그렇게 편하지 않았다. 당시 지식인들 사이에 크게 회자되던 사회주의를 신주단지처럼 모시고 있던 천종서의 큰아들에게 고수부님은 눈엣가시 같은 존재였다. 그와 그의 무리들에게 고수부님은 한낱 구닥다리 미신을 퍼뜨리는 무당이거나 그 우두머리쯤으로 보였을 것이다. 그들로부터 행패가 자심했다는 것은 상상하기 어렵지 않다.

송산마을을 답사하고 우리 일행이 찾아간 곳은 송산마을 바로 옆 동네인 김제군 백산면 조종리였다. 송산리에서 남쪽으로 2킬로미터 정도 되는 오솔길을 따라가다가 다시 오른편 내리막 길로 꺾어 내려가면 야트막한 언덕 밑에 수십여 가구가 모여 있는 조종리라는 아담한 마을이 나타난다. 나로서는 1999년과 2006년, 두 번에 걸쳐 답사를 했던 고수부님 유적지이다.

동쪽으로는 공덕면 공덕리, 서쪽은 수록리, 남쪽은 하정리, 북쪽은 제말리와 경계를 이루고 있다. 조종리는 상조上祖, 원조元祖, 중조中祖, 남조南祖, 대산岱山, 당산堂山 등 여러 마을로 이루어졌다. 우리 일행이 찾아가는 곳은 중조마을이다. 원조마을과

김제 조종리, 송산 일대

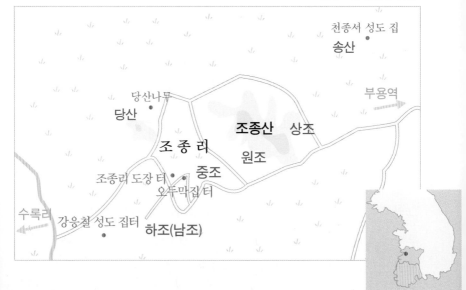

는 논들 하나를 사이에 두고 있는 중조마을은 조종리 가운데 위치하고 있다. 고수부님의 둘째 도장 살림이 차려졌던 곳으로 우리가 통칭 '조종리(조종골)'라고 부르는 마을이다.

송산마을 답사 때 그랬던 것처럼 초입 언덕에서 한동안 마을을 굽어보던 우리 일행은 붉은 황토밭 사이로 경사진 도로를 타고 마을을 향해 진군하듯 천천히 내려갔다. 마을은 우리가 가고 있는 언덕과 작은 골짜기를 이루고 있는 맞은편 언덕에 자리 잡고 있다.

마을 뒤편 언덕 너머가 하조마을이다. 그리고 조종리 중심부에서 북쪽으로 1킬로미터도 안 되는 곳에 해발 52미터밖에 되지 않는 나지막한 야산이 하나 보이는데 이름 하여 조종산祖宗山이다. 조종산, 조종리―. 얼마나 높고 깊게 느껴지는 이름인가. 문자 그대로 풀어보면 '으뜸가는 조상을 모신 산이요 마을'이라는 뜻이겠다. 이곳에 고수부님의 둘째 도장 살림이 차려졌다는 것이 예사롭지가 않다. 저 작은 산을 조종산이라고 하고, 이 작은 마을을 조종리라고 한다면, 아무리 보고 또 보아도 덩치에 어울리지 않게 큰 이름이 쓰였다면 그럴 만한 까닭이 있을 터였다. 무슨 까닭인고?

조종리는 4백여 년을 대대로 이어져 내려온 진주 강씨 집성촌이다. 조종산 밑에 있는 마을이라고 하여 조종리라고 불리게 된 이곳은 마을이 생길 때부터 진주 강씨들과는 불가분의 관계를 맺었다. 아니, 조종산 자체가 진주 강씨들과 연관되어 생긴 이름이다. 진주 강씨들이 역대 선령의 조산祖山을 만들면서 조종산이라는 이름을 붙였기 때문이다.

고수부님 도장의 신도 강휘만 성도의 둘째 아들 강송용姜松容 노인은 조종리의 유래에 대해 또 다른 얘기를 들려주었다. 예로부터 조종리에는 물이 많이 나와 아무리 날이 가물어도 이 동네만큼은 흉년이 드는 해가 없어서 한때 '종자 종種' 자를 썼다고 한다. 가뭄이 들어 다른 곳은 종자까지 없어져도 이 마을은 농사가 잘 되었으므로 조종리의 종자가 김제, 옥구까지 흘러들어가 쓰이곤 했다는 것이다.

우연일까, 필연일까. 증산 상제님, 진주 강씨와 그들의 조산인 조종산, 그리고 고수부님—. 그들 사이에 무슨 깊은 연관이 있는 것은 아닐까. 고수부님이 진주 강씨의 집성촌 조종리로 옮겨오게 되었고, 이곳에서 둘째 도장 살림을 차린 것이 과연 우연이었을까. 비록 증산 상제님이 짜 놓은 도수에 의한 당연한 결과라고 해도, 인간적인 측면에서 믿었던 이종사촌 동생 차경석으로부터 배신당하고 대흥리 첫째 도장 살림을 뿌리치고 나온 진주 강씨 증산 상제님의 반려자인 고수부님이 찾아온 곳이 바로 진주 강씨 집성촌이었다면—. 고수부님은 조종리로 옮기기로 결정한 뒤 "다른 것은 없고 다만 성씨 하나 보고 간다."(11:46)고 말했다. 수부 도수란 그런가. 고수부님은 증산 상제님 어천 전이나 후에도 늘 함께 있었고, 함께 있어야만 했다. 그것이 당신의 운명이요, 도수일 터.

중조마을은 마치 표주박 같은 형국이다. 언덕길을 내려와 논바닥을 가로질러 표주박 손잡이 같은 마을 초입 길을 따라 들어가면 양쪽으로 길이 갈라진다. 고수부님이 이곳에 와서 본격적으로 도정을 펼치기 전 한 달여 동안 강휘원姜彙元 소유의 오두막에 머물렀다. 마땅히 기거할 곳이 없었기 때문이었다. 방 한 칸에 부엌 한 칸이 전부였던 초가집이었다. 가이드는 마을 초입 삼거리에서 오른쪽으로 조금 들어가 왼쪽 편 채마밭을 가리켰다. 바로 고수부님이 머물렀던 오두막집 터였다. 그 후 다시 찾

조종리 중조마을 _ 고수부님께서 도운의 둘째 살림 도장을 열었던 곳으로, 이곳에서 10년 천지공사의 시작을 선포하고 많은 공사를 집행하였다..

앉을 때 오두막집 터는 마을회관으로 바뀌어 있었다.

고수부님이 둘째 살림을 열었던 도장 건물은 '채마밭 오두막 터' 바로 위에 자리 잡고 있다. 대여섯 평쯤 되어 보이는 오두막 터를 왼쪽으로 끼고 약간 경사진 황톳길을 조금 올라가면 소나무와 대숲으로 둘러싸인 막다른 집이 나타난다. 제법 넓은 터라는 것을 제외하면 여느 농가와 다를 바 없다. 대문(구조물이 따로 있는 것은 아니다)에서 정면으로는 마당이다. 오른편 깊숙한 곳에 콘크리트 건물이 보이고 난간 쪽으로 비닐하우스 한 동이 서 있다. 1999년 답사 전에 보았던 사진자료에서 슬레이트 지붕(고수부님이 계실 때에는 초가였다)이었던 옛 도장 건물은 없어지고 대신 그 옆에 신축한 콘크리트 집이 있는데, 도장 건물을 헐

조종리 도장 터 _ 고수부님의 생활터전이면서 천지공사 무대 역할을 한 곳이다. 지금은 빈 터만 남아 있다.

고 4년 전에 새로 지었다고 한다.

고수부님의 둘째 살림이 차려졌던 조종리 도장이요, 본격적인 고수부님의 10년 천지공사가 진행되었던 유적지—.

당시 마을 사람들에게 '도집'으로 불렸다는 도장 터에는 고수부님의 어떤 자취도 남아 있지 않았다. 나는 황토 흙이 질척이는 마당가에 서서 이마 위로 흐르는 땀을 닦았다. 현재의 집 주인은 당시 고수부님 도장에서 신앙생활을 했던 강휘만 성도의 장손자라고 가이드가 귀띔해 주었다. 집 주인을 찾았으나 보이지 않았다. 바쁜 농사일로 잠시 집을 비웠을 것이다.

도장 터를 나온 일행은 마을 앞길로 내려와 오른편으로 돌아갔다. 마을 어귀쯤에 반쯤 열린 대문을 열고 들어갔다. 가이드가 주인을 찾았다. 잠시 후, 방안에서 한 시골 노인이 나타났다. 강휘만 성도의 둘째 아들 강송용 노인이었다. 마루에 나란히 걸터앉은 나는 곧 인터뷰에 들어갔다. 고수부님의 인상에 대해 물었다. 강 노인은 "당시는 보기 드물 정도로 키가 훌쩍 크고, 지금 세상에도 보기 드물 정도로 미인이었다."라는 말로 인터뷰 서두를 장식했다. 『도전』에는 고수부님의 용모에 대해 다음과 같이 기록하고 있다.

　　　태모님께서는 이목구비가 반듯하시고 용모가 아름다우시

며 키가 크시고 서 계신 모습이 바르고 꼿꼿하시니라. 또 말씀은 점잖게 잘 하시고 목소리는 보통 여자와 달리 우렁차시어 호령하시면 주위가 우렁우렁 울리니 동네 사람들이 태모님의 모습을 뵙고 싶어 일부러 찾아오기도 하니라. 태모님께서는 주로 비단으로 만든 한복을 입으시고 여름에는 모시옷을 입으시는데 항상 흰 저고리에 붉은 고름을 길게 달아 입으시며 치마는 푸른색이나 치자 물을 들인 노르스름한 색깔의 옷을 길게 늘어뜨려 입으시니라. 태모님께서 도장에 계실 때 날씨가 춥지 않으면 항상 방문을 열어 놓고 계시고 하루 종일 아무 말씀 없이 지내실 때가 많으시며 대문 밖에 잘 나오지 않으시거늘 종종 문 앞에 서서 먼 곳을 바라보시며 담배를 피우시면 그 모습이 마치 한 폭의 그림과 같더라.(11:65)

유일태 성도

1918년 새해가 시작되었다. 도장 '예문'에 갇혀 있다시피 한 고수부님은 벌써 여러 달 동안 신도들을 상대하지 못하고 답답한 심정으로 세월을 보내고 있었다.

그해 1월 9일, 유일태劉一太(1878~1954) 성도가 대흥리 차경석의 집에서 하룻밤을 지내고 이튿날 고수부님을 찾아왔다. 고수부님은 반갑게 맞이하면서

"간밤 꿈에 일이 없었느냐?" 하고 물었다.

"상제님께서 새우젓 세 단지를 주시며 한 단지는 천종서를 주고, 한 단지는 강사성을 주어라고 하셨습니다."

유일태의 대답을 듣고 있던 고수부님은 "그러하냐. 새우젓과 같이 오장이 곯도록 썩어야 하느니라." 하고 말했다. 증산 상제님과 고수부님의 말씀일진대 어찌 쉽사리 지나칠 수 있겠는가. 증산 상제님이 유일태의 꿈에 나타나 새우젓 두 단지를 천종서와 강사성한테 보내라고 한 이유는, 그리고 '새우젓과 같이 오장이 곯도록 썩어야 한다'는 고수부님의 말씀의 뜻은 곧 밝혀질 것이다. 아니, 후자는 이미 고수부님이 온 몸으로 보여 주고 있는 것이었다. 고수부님은 그렇게 안타까운 마음을 곰삭이면서 때를 기다리고 있었다.

적막하고 쓸쓸한 나날을 보내는 고수부님에게는 기쁜 일도 없지 않았다. 그해 6월 20일 딸 태종이 정읍군 우순면 초강리 연지평蓮池坪마을 박노일朴魯一과 혼인을 한 것이었다.

고수부님과 딸 태종——. 어머니와 딸 사이지만 참으로 모진 인연이었다. 고수부님이 그랬듯이 태종 역시 어린 나이에 친아버지를 잃어 고수부님이 홀로 키웠다. 증산 상제님을 만나 천지 대업을 이루는 일을 맡은 몸이었으므로 뭇 어머니와 같은 따뜻한 정인들 제대로 주었을까. 그런 딸이 장성하여 혼인을 하였다. 아무리 '천지의 어머니' 된 고수부님이라 해도 아니, 오히려 그런 큰 어머니였으므로 감회가 없을 수 없을 터였다.

그렇게 태종은 출가를 하였다. 유일한 혈육인 태종이 시집간 후 고수부님은 다시 텅 빈 '예문'에서 외로운 나날을 보내고 있었다. 담장 옆에 서 있는 벽오동나무의 넓은 잎이 하나둘 떨어질 무렵인 9월 19일, 증산 상제님 성탄일이다. 이날 성탄치성을 정성스럽게 봉행한 고수부님은 평소와 같이 침착한 가운데 바쁘게 움직였다. 예사로운 움직임이 아니었으나 주위에서 눈치 채는 사람은 없었다.

고수부님에게 마침내 그날이 왔다. 성탄치성을 지낸 이틀 뒤 새벽, 고수부님은 담뱃대 하나만 달랑 들고 대흥리 도장을 빠져나왔다. 감회가 없을 수 없을 터였다. 아홉 살 때 어머니 치맛자락에 묻혀 온 이후 온갖 애환과 영욕으로 얼룩진 대흥리가 아니던가. 이곳에서 혼인을 하였고 딸을 낳고, 남편과 사별한 지 다섯 달 만에 증산 상제님을 만나 수부가 되고 종통대권을 전수받았으며, 증산 상제님 어천 후에는 도장을 개창하여 도운의 첫 장을 장식하였다. 누가 알까, 바로 이곳 대흥리를 떠나는 고수부님의 마음을! 과연 발길인들 제대로 떨어졌을까.

대흥리를 벗어난 고수부님의 발길은 어디로 가는지도 모른 채 북쪽을 향해 마냥 걸어갈 뿐이었다. 자기 손으로 만든 도장에서 다른 사람도 아닌 친 동생과도 같은 차경석의 배척을 받고 떠나는 길이었다. 그만큼 굳은 결심이었고, 그만큼 몸도 마음도 무거웠을 터였다. 인간적으로는 그랬다. 그러나 천지공사의 관점에서는 달랐다. 고수부님의 대흥리 교단과의 작별은 곧 증산 상제님이 짜 놓은 '크나큰 세 살림' 도수 가운데 첫 살림을 마치고 둘째 살림을 향해 나아가는 시작이요, 고수부님 자신이 짜 놓은 자신의 '낙종 도수'와 차경석에게 붙였던 '이종 도수'의 현실화에 다름 아니었다. 절망이지만 천지공사로 정해진 섭리의 길……. 고수부님의 대흥리 이별은 그렇게 예정된 길이었다.

고수부님이 당도한 곳은 정읍역이었다. 그곳에는 앞을 가로막는 자들이 있었다. 차경석 일파인 채규일蔡奎壹, 채규철蔡奎喆, 채경대蔡京大 들이었다. 그날 아침 대흥리 도장에서 고수부님이 없어진 것을 알고 뒤쫓아 온 것이었다. 그들은 고수부님의 조종리 행을 간절히 만류하였다. 고수부님은 그들을 뿌리치고 부웅-, 기적소리 울리는 기차에 몸을 실었다. 닭 쫓던 개 지붕 쳐다보듯, 떠나는 고수부님을 바라보던 채규철, 채경대가 허겁지겁 기차에 올랐다. 고수부님은 정읍역에서 한참을 달려 김제 백구면 부용역芙蓉驛에 내렸다. 채규철과 채경대는 더 이상 만류하지 못하고 그곳에서 돌아갔다.

바로 그날 새벽, 김제군 공덕면 송산리에 사는 천종서 성도가 꿈을 꾸었는데 고수부님이 부용역에 있는 것이 생생하게 보였다. 꿈을 깬 천종서는 즉시 일어나 부용역으로 달려갔다. 아, 어머니! 과연 그곳에는 고수부님이 음력 9월 하순의 찬 새벽 공기를 마시며 홀로 떨고 있었다. 천종서는 얼른 고수부님을 업고 집으로 돌아왔다.

천종서는 고수부님을 자신의 집에 모시고 각처 성도들에게 통지하였다. 연락을 받은 신도들이 하나둘씩 모여들었다. 대흥리 도장 시절 차경석에게 따돌림을 당했거나 그의 전횡이 싫어서 도장을 떠났던 성도들의 내왕이 잦아지면서 고수부님 주위는 다시 활기를 띠기 시작하였다. 그러나 고수부님은 쉽사리 몸을 움직이지 않았다. 때가 되면 치성만 올릴 뿐, 오랜만에 조금이나마 한가로운 시간을 보내고 있었다.

그러나 송산마을도 오래 머물 곳은 못 되었다. 때는 급변하는 근대 전환기였다. 당시 '근대'는 곧 제국주의 서양 문물에 다름 아니었다. 서구의 것은 새로운 것이요, 새로운 것은 좋은 것이고, 우리 것은 낡고 병든 구시대의 것으로 치부되던 시기였다. 우리 문학사에서 최초의 근대장편소설로 꼽히게 될 이광수의 장편소설 『무정』이 매일신보에 연재되어 망국의 청춘남녀들로 하여금 눈물을 짓게 만들었던 것도 이 무렵이었다(1917). 『무정』의 주인공 이형식이 그토록 애타게 부르짖었던 것은 무엇인가. 문명개화요, 구질서 타파였다. 1910년대 현재적 상황에서 신학문을 배운 젊은이들 중 대부분은 이형식이 외치는 '문명개화, 구질서 타파' 세례를 받고 있었다. 사회주의도 그중의 하나였다. 천종서의 장남 병원柄元도 사회주의자였다. 그에게 고수부님은 타파되어야 할 구질서의 주장자쯤으로 보였다. 천병원은 걸핏하면 "미신을 타파해야 될 판국에……."라며 고수부님을 배척했다. 전근대/근대를 통틀어 모든 시대를 통섭하는, 그러면서도 모든 시대를 초월하는 초超종교 지도자 고수부님이 그런 대접을 받다니! 한 집에 사는 철없는 젊은이로부터 그런 배척을 받아야 하는 고수부님의 심정이 오죽했겠는가.

고수부님이 천종서의 집에 한 달여 동안 머물고 있었던 그해 10월 중순께, 이웃 마을 조종리에 사는 강응칠姜應七(1871~1941), 강사성, 강운서姜雲瑞, 강원섭姜元聶 등 조종리 강씨 신도들이 고수부님을 찾아왔다. 일찍이 조종리 강씨 신도들은,

"상제님께서는 저희들과 동종同宗간이며 수부님께서는 저희들의 사모님이시니 저희들이 모시겠습니다." 하고 여러 차례 청해 오던 터였다.

그날도 마찬가지였다. 고수부님도 이제 서서히 움직여야 할 때가 왔다. 고수부님은 "그러면 종서하고 상의해 보라."고 하였다. 강씨 신도들이 천종서와 상의하여 고수부님의 거처를 옮기

기로 합의했다. 이웃 마을에 살고 있는 천종서와 조종리 강씨들과는 친분이 있었으므로 얘기는 잘 통했다. 상의 결과를 들은 고수부님은 "다른 것은 없고 다만 성씨 하나 보고 간다."고 하며 허락하였다. 마침내 고수부님의 '두 번째 살림'이 될 조종리 행이 결정된 것이었다.

며칠 뒤, 고수부님은 송산마을 천종서의 집을 떠나 조종리로 거처를 옮겼다. 천종서를 비롯하여 강응칠, 강사성, 강원섭 성도 등 일곱 명이 고수부님을 모시고 갔다. 유일태의 꿈에 나타난 증산 상제님이 새우젓 세 단지를 주며 '한 단지는 천종서를 주고, 한 단지는 강사성을 주라'고 한 말씀이 현실화되고 있는 것이라고 할까. 그러나 고수부님의 '두 번째 살림' 도장이 열리려면 아직도 많은 시련이 필요했다.

당시 조종리 강씨들이 고수부님을 모시기는 했으나 사전에 계획된 일은 아니었던 것 같다. 조종리에 온 이후에도 고수부님이 몇 번씩이나 거처를 옮긴 것이 반증이다. 당장에 고수부님이 옮겨간 곳은 조종리 중조마을 초입에 위치한 방 한 칸 부엌 한 칸짜리의 작은 오두막집이었다. 그곳에서 한 달여 동안 머문 뒤 하조마을 강응칠 성도의 집으로 다시 옮겼다.

강응칠을 주목한다. 강사성 성도와 함께 고수부님을 조종리로 모시는데 주도적 역할을 한 강응칠은 고수부님의 대흥리 첫째 살림 도장 때부터 신앙했다. 조종리 진주 강씨의 종손으로 한때 한약방을 경영하기도 했는데 2백 석지기의 부농이었다. 고수부님의 조종리 시절 초기에 실질적인 교무를 맡아서 처리한 핵심 인물이다. 그는 고수부님의 조종리 둘째 살림 기간 동안 제2의 차경석이 될 인물이라는 점에서 주목된다.

고수부님은 강응칠의 집에서 9개월 동안 머물렀다. 그동안 고수부님이 하는 일이라고는 한 달에 두 번씩 소와 돼지를 잡아 치성을 올리는 것이었다. 조종리 강씨들이 그런 고수부님을 이해할 수 없었다. 당초 그들이 고수부님을 모신 것은 차경석과 그의 무리에게 배반당한 고수부님을 지킨다는 순수한 마음도 없지 않았을 것이다. 결과론이기는 하지만 다른 계산도 있었다. 차경석이 그랬던 것처럼 조종리를 포교의 중심지로 삼고 도장의 실질적인 권력을 잡기 위한 것이었다. 따라서 강씨들은 조종리에 온 이후 고수부님의 거동이 한편으로는 불만족스러웠고 다른 한편으로는 죄송한 마음도 없지 않았을 것이다. 고수부님이 활동할 수 있는 공간조차 마련되지 못한 형편 아닌가.

고수부님이 조종리에 온 뒤 오두막과 강응칠의 집으로 옮겨 다니는 동안 강응칠, 강사성, 강운서, 강원섭, 양문경, 김재윤, 김봉우, 백용기, 천종서, 박종화, 서문백, 이용기 등 열두 명이 뜻을 모아 성전을 짓기로 결정하였다. 각자 성의껏 성금을 내어 7백 원을 모았다. 그해 11월 11일부터 성전 건축을 시작하였다. 당시 조종리 강씨들의 마음은 여러 가지로 복잡하고 또한 급했던 모양이다. 11월 15일에 주춧돌을 놓았고, 다음날 상량을 올렸다. 한편으로 성전을 지으면서 다른 한편으로는 고수부님의 활동을 간청했다. 강사성과 강응칠 등이 고수부님을 찾아와 면담한 것은 이 무렵이었다.

"이제 사모님께서 본소를 옮기셨으니 새로 포교 운동을 크게 일으킴이 옳을까 합니다." 두 강씨 신도가 말했다. 당시 고수부님에 대한 호칭은 다양했다. 신도들은 '사모님' 혹은 '어머니', 동네 사람들은 '정읍 새댁' 내지는 '정읍 아씨'라고 불렀다.

"모든 일에는 정해진 도수가 있느니라. 농자農者는 천하지대본天下之大本이니 마땅히 농업에 힘쓸 것이요 포교 운동은 오직 천명을 좇아 시기가 이르기를 기다릴 것이며 오는 자는 오고 가는 자는 가게 하여 그들의 뜻에 맡김이 옳으니라."

고수부님의 말씀인즉 포교는 뒤로 미루고 때를 기다리자는 것이었다. 실제로 이 무렵 고수부님은 무엇인가 때를 기다리는 듯했다. 그러나 당장에 고수부님이 기다리는 '때'는 조종리 강씨들이 원하는 포교운동을 전개할 수 있는 '때'가 아니었다.

그해 겨울이다. 고수부님이 대흥리를 떠난 지 두 달이 지난 그해 동짓달 22일, 성도들을 본소로 오라고 한 고수부님은,

"너희들은 어떤 일이 닥치더라도 나를 믿고 따르겠느냐?" 갑작스런 질문을 하며 다짐을 받았다. 성도들로서는 영문을 알 수 없는 다짐이었을 것이다. 고수부님이 기다리고 있는 '때'와 관련되어 있음을 그들이 어찌 알겠는가.

조종리 도장 성전 건축이 시작된 지 아흐레밖에 지나지 않은 그해 동짓달 25일이다. 그날 새벽에 치성을 올릴 때, 잔을 올리던 고수부님이 "제상祭床에 술 방울이 몇 점이나 떨어졌느냐?" 하고 물었다.

성도들이 "스물두 점입니다." 하고 대답했는데 고수부님은 들은 척도 않고 다시 물었다.

"스물 석 점입니다."

성도들이 대답했으나 고수부님은 또 같은 질문을 했다. 성도들이 자세히 세어 보니까 스물넉 점이었다. 그제야 고수부님은 "그러하리라." 하고 더 이상 묻지 않았다.

그날 정오께였다. 조종리에 난데없이 순사들이 들이닥쳤다. 강사성이 응대하였다. 순사들은 고수부님의 행방을 물었다. 때가 때인지라 조용하던 시골에 순사들이 예고도 없이 들이닥친 것은 예사로운 일이 아니었다. 더구나 순사들은 고수부님을 찾고 있지 않은가. 강응칠이 고수부님에게 달려가 자초지종을 알렸다.

"…… 일이 이 지경에 이르렀으니, 반드시 화가 있을 듯합니다. 잠깐 피하십시오."

"내가 이미 알고 있노라. 그러나 이번에 내가 순하게 받아야 뒷일이 없을지니 피하는 것이 불가하다."

고수부님은 이미 알고 있었다는 듯 전혀 동요하는 기색이 없었다. (증산 상제님이 남긴 『현무경』에 나오는) '소멸음해부消滅陰害符'에 '해마주解魔呪'를 적어 불사른 뒤에 방안에 그대로 앉아 있었다. 마치 순사들을 기다리기라도 하는 듯이. 잠시 후, 순사들이 강응칠의 집으로 들이닥쳤다. 고수부님은 순사들을 불러오라고 하였다. 순사들이 달려왔다. 고수부님은 순사들과 몇 마디 얘기를 나눈 뒤 그 자리에서 강응칠과 함께 정읍경찰서로 연행되었다. 내막은 그러하였다.

차경석이 지방으로 잠복한 뒤 대흥리 교단은 잇달아 불미스러운 사건이 터졌다. 관할 경찰서 순사들이 밤낮으로 차경석 교단을 감시했다. 엎친 데 덮친 격으로 고수부님이 대흥리 교단을 떠나 버렸다. 하루아침에 항성을 잃어버린 대흥리 차경석 교단이 빛을 잃고 어둠의 구렁텅이로 빠져 들어가는 것은 당위일 터였다.

고수부님이 대흥리 교단을 떠난 직후인 그해 동짓달, 제주도 신도 문인택文仁宅이 성금 10만여 원을 포대 속에 감추어 배를 타고 나오다가 목포에서 발각됐다. 일본경찰은 그 돈을 독립운동 자금이라고 몰아세워 사건은 본소로까지 크게 확대되었다. 교주인 차경석이 없는 대신 차윤칠을 비롯한 방주 18명이 줄줄이 체포되어 목포경찰서에 수감됐고 이후 혹독한 고문을 당했다. 대흥리 교단에서는 사건 해결의 담당자를 파견하였다. 사건이 좀처럼 쉽게 해결될 기미가 보이지 않는 가운데 담당자는 모든 책임을 (사건이 발생했을 당시 이미 대흥리 교단을 떠난) 고수부님에게 떠넘겼다.

그 후 차경석 교단에 대한 대대적인 검거선풍이 불어 전국적으로 확대되었다. 경찰 당국에서 차경석 교단을 추적하는 가운데 '교주 고판례'라는 이름이 거듭 튀어 나왔고 마침내 조종리까지 수색을 나와 고수부님을 검거한 것이었다.

정읍경찰서에서 하룻밤을 지낸 고수부님과 강응칠은 다음날 목포경찰서로 이송되었다. 취조는 가혹했다. 혐의점을 찾을 수 없는 경찰당국은 12월 12일 강응칠을 먼저 풀어 주었다. 고수부님은 계속 차디 찬 경찰서 유치장에 갇혀 있었다. 물론 취조는 계속되었을 것이다.

해가 바뀌었다. 조선인의 기개가 전 세계에 울려 퍼진 거족적인 3 · 1운동이 일어난 1919년 새해가 밝아왔다. 그해 음력 1월 3일, 그러니까 3 · 1운동이 일어나기 직전에 고수부님은 가까스로 풀려날 수 있었다.

……세인들은 이를 일러 '무오년 옥화獄禍'라 하니라. 이로
부터 태모님께서 농사에 마음을 두시고 몇 년 동안 한가로이
지내실 뿐이더라.(11:49)

38일 동안 옥고를 치른 것이었다. '인간'들의 배신은 그렇게
끝이 없었다. 모성애란 그런가. 어머니—. '만백성의 어머니'
되는 고수부님은 그럼에도 불구하고 끝까지 자애로움을 잊지
않았다. 당초 순사들이 조종리에 들이닥쳤을 때 고수부님이 피
할 의지만 있었다면 충분히 피할 수도 있었다. 고수부님이 스
스로 옥화를 자초한 데는 많은 이유가 있었을 터였다. 그중의
하나는 당신을 배반한 '인간'들을 버릴 수 없는 까닭이었다. 당
신이 나서지 않으면 당신을 배반한 '인간'들이 더욱 혹독한 고
통을 받을 것이기 때문에.

고수부님의 육신은 망가질 대로 망가져 있었다. 당시 목포역
에서 기차를 타고 왔을 고수부님이 내린 중간 기착지가 김제역
인지 부용역인지 확인할 수는 없다. 부용역에서 조종리까지는
10리 길, 김제역에서 조종리까지는 20리 길이다. 고수부님이
조종리 도장에 머무는 동안 출타할 때는 주로 부용역을 이용-
태모님께서 조종리에 계실 때 출행하시는 일이 많지 않으나 혹 대흥리

나 먼 곳으로 행차하실 때는 사인교를 타고 부용역까지 가시어 기차를 타시니라(11:107)-했다는 점에 유의한다면, 아마도 부용역에 내렸을 가능성이 크다. 목포에서 김제역 혹은 부용역을 거쳐 조종리로 향하는 고수부님은 몸도 몸이지만 마음이 더욱 무거웠을 것이다. 차경석을 비롯한 '인간'들의 배신은 어디까지 계속될 것인가. 고수부님은 언제까지 그들을 사랑으로 감싸 안아줄 것인가.

제18장

소작답 스물네 마지기

"세상이 바뀔 때에는 대두목이 나오리라.
그래야 우리 일이 되느니라."

산산 골골 3·1운동의 함성이 메아리쳤던 1919년, 그해 윤7
월 18일에 조종리 본소 도장이 완공되었다. 지난 해 11월부터
도장을 짓기 시작하였으니까 열 달이 걸린 셈이었다. 고수부님
은 도장으로 거처를 옮겼다. 동네 사람들이 '도집'이라고 부르
는 이 도장은 마을에서 그중 높은 곳에 자리 잡았다. 도장 뒤에
는 듬성듬성 서 있는 소나무 사이사이로 대나무 숲이 울창하였
다. 한옥으로는 큰 집이었다. 앞에서 보면 세 칸인데 겹집으로
되어 있어서 총 여섯 칸 겹집 전퇴였다.

고수부님은 도장에서 신도 20여 명과 함께 거주했다. 그러나
당장에는 치성을 올리는 것 외에는 다른 신정神政을 행하지 않
았다. 소작답 스물네 마지기를 붙여 농사나 감독하며 한 달에
한 번씩 치성을 올릴 뿐이었다. 소작답은 전주 부호 백남신 성

도의 아들 인기가 설립한 화성농장 김제관리소에서 마름으로 일하고 있는 강사성 성도가 주선한 것이었다. 인류가 진멸지경이 될 후천 가을개벽이 저기 저만큼 성큼성큼 달려오고 있는데 '천지의 어머니' 된 고수부님이 한가한 듯 세월을 보내고 있는 것이 궁금하다. 무오년 옥화 때문일까. 그럴 법도 하지만, 뭐라고 단정 짓기는 어렵다. 분명한 것은 당시 고수부님이 일체 바깥일을 하지 않은 채 수행만 할 뿐이라는 것이다. 항상 새벽닭이 울고 난 뒤에 주문을 읽었는데 그 소리가 낭랑하면서도 어찌나 쩌렁쩌렁했던지 건넛마을 원조까지 들릴 정도였다.

그러나 고수부님이 아무리 한가한 시간을 보내고자 했어도 당신의 명성을 받들고 찾아오는 신도들의 발길을 끊을 수는 없었다. 오히려 조종리 도장을 찾아오는 신도들은 점점 늘어갔다. 당시 조종리 사람들의 증언에 기대면 고수부님을 한번 대면하려고 해도 웬만큼 신앙해서는 접근할 수조차 없었다. 그럼에도 불구하고 도장 안팎은 거의 매일같이 북적거렸다. 고수부님의 일거수일투족이 특히 신도들한테는 곧 전범이 되는 것은 당위일 터였다. 당신이 주로 수행을 하고 있었으므로 도장을 찾아온 신도들도 대부분 수행에 임하였다. 방마다 앉아서 주문을 외는 등 수행공부를 하는 모습이 장관이 아닐 수 없었다.

기록이 없으므로 당시 얼마나 많은 신도들이 찾아와 수행을 했는지는 확인할 수 없지만, 추측할 수 있는 정황 근거는 있다.

그때 조종리 도장에는 부엌일 하는 여자 신도 두어 명이 있었
는데 부엌에서 칼질하는 소리가 조종리 바깥까지 끊이지 않았
다. 신도들의 수행공부 행렬이 계속 이어지고 있었음에도 불구
하고 고수부님은 여전히 움직이지 않았다.

당시 고수부님은 항상 큰 방에 앉아서 날이 따뜻하면 문을
활짝 열어 놓고 지냈다. 2006년 고수부님 유적지 답사 가이드
는 "천지신명들이 태모님의 하명을 받기 위해 장문將門을 형성
하므로 문을 열어 놓고 계신 것이다."라고 설명하였다.

그해 8월, 전북 옥구에 괴질(콜레라)이 발생하여 많은 인명을
앗아갔다. 괴질 공포가 확산되는 가운데 고수부님을 찾아와 의
지하는 신도들이 더욱 많아졌다. '만백성의 어머니' 수부로서

고민환 성도

어찌 모른 체하고 뿌리칠 수 있겠는
가. 고수부님은 그들을 따뜻하게 맞았
다. 옥구 사람 고민환高旻煥(1887~1966)과
이근우李根宇(1890~1967)가 조종리 본소를
찾아와 입도한 것은 이 무렵이었다.

고민환─. 본관은 제주, 호는 성포聖
圃(고수부님이 내려 준 도호)다. 500석지기 부
호의 아들로서 일찍이 구도에 뜻을 두

고 정진하였던 인물이다. 한때 군산 은적사로 출가하여 승려생활을 한 경험도 있었다. 얼마 동안 승려생활을 했는지는 확인할 수 없다. 현재 전하고 있는 승복을 입은 그의 초상화로 볼 때 꽤 오랜 기간 동안 불교에 몸담았던 것 같다. 고민환은 불교는 물론이지만 유학과 신학문에도 조예가 깊은 지식인이었다. 문밖 출입을 할 때는 항상 말을 타고 다녔으며 성품이 온순한 학자로서 사욕이 없고 남과 시비하는 것을 싫어하는 인물이었다. 그는 훗날 증산 상제님과 고수부님의 행적을 수집하여 『선정원경仙政圓經』을 집필하게 된다.

고민환과 이근우가 조종리 본소에 첫발을 들여놓았을 때 고수부님이 고민환을 향해 "어디에 사느냐?"고 물었다.

"옥구군 성산면 성덕리에 삽니다."

"좋은 곳에 사는구나. 앞으로 그곳을 떠나지 마라." 고수부님은 '그곳을 떠나지 말라'고 세 번씩이나 거듭 다짐을 받은 뒤 또 물었다. "그곳에 오성산이 있느냐?"

"예. 있나이다."

"그러하냐. 그곳에 수천 칸이라도 지을 만한 집터가 있느냐?" 고수부님의 갑작스런 질문에 고민환은 "수만 칸이라도 지을 수 있나이다." 하고 대답했다. 고수부님은 기다렸다는 듯이 "좋구나. 그러면 좋은 곳이니라." 하고 말했다. 당장의 고민환으로서는 고수부님이 왜 그런 질문을, 그런 말씀을 하는지 이해할 수 없었을 것이다. 고수부님은 은연중에 오성산으로 갈 뜻을 드러낸 것이었다.

증산 상제님은 재세 시에 오성산에서 몇 번에 걸쳐 공사를 집행했다. 그중에서도 고수부님과 관련된 공사를 행하였다는 점이 주목된다. 1905년에 오성산에 가서 "세상이 칭찬할 만한 곳이라."(6:20)고 하였던 '고수부님의 오성산 은둔과 관련한 공사', 1908년 겨울에 '임옥에서 땅 빠진다'(10:9)고 말한 공사 등이 그것이다. 지금 고수부님의 말씀은 증산 상제님의 공사와도 관련이 있음은 물론이다.

고민환은 증산 상제님을 추종했던 성도들 가운데 김형렬 수석성도와 비교되는 인물이다. 고수부님은 첫 대면부터 고민환이 썩 마음에 들었던 것 같다. 인품도 그렇지만 그가 오성산 아래 옥구 성덕리에 살고 있다는 것도 더욱 호의적이었던 것 같다. 첫 대면 얼마 후부터 고민환은 조종리 본소에 머물면서 고수부님의 수종을 들었다.

조종리 도장을 찾는 신도들은 날이 갈수록 많아졌다. 임피·옥구는 물론 각 지방에서도 고수부님을 찾아 조종리로, 조종리로 밀물같이 밀려왔다. 고수부님이 도장 개창을 선포한 이래 단

한 번도 거르지 않는 행사 중의 하나는 치성봉행이었다. 정기적인 큰 치성의 경우 음력 1월 3일의 정삼㷡三치성, 6월 24일 증산 상제님 어천치성, 9월 19일 증산 상제님 성탄치성, 그리고 양력 12월 22일경의 동지치성이 있다. 이밖에도 4월 초파일 치성(후에 치성에서 제외시켰다), 24절후 치성 들이 거행되었다.

증산 상제님과 고수부님의 가르침에 따르면 신도神道로 역사하는 모든 일에는 신이 개입함으로써 이루어지는 것이다. 이 경우 치성은 곧 신명을 받들고 신도와 교류하는 성스러운 제의적 행위라고 할 수 있다. 따라서 치성에 온 정성을 다 바치는 것은 당위였다. 정성에는 물질적인 것도 포함될 터. 신도 수가 늘어나자 치성 때마다 많은 경비가 소요됐다. 성도들은 지역별로 구획을 정하여 치성 경비를 분담하기로 하였다.

"내가 농사를 지어서 여유가 있으니 그 돈으로 치성 때 자금으로 쓰라. 가난한 신도들에게 부담을 줄 수 없으니 그리 알라." 고수부님은 허락하지 않았다.

하루는 고수부님이 말했다. "지금 사람이 적고 그로 인해 도무道務진행이 어려움을 한탄하지 말라. 판밖에서 성도成道하여 들일 때에는 사람바다를 이루는 가운데 너희들의 노고라 크리라."

고수부님의 말씀 가운데 '사람바다를 이루게 된다'는 시기가 언제인지는 정확하게 확인할 수 없다. 다만 '판밖에서 성도하여 들일 때'라고 했으므로 도운사 전체를 통시적으로 볼 때 후천 가을개벽 직전의 도운을 가리키는 것으로 이해된다.

이 무렵의 조종리 도장 상황을 추정하면 그랬다. 신도들은 일을 하고 싶어서 죽겠는데 도대체 고수부님이 허락을 하지 않는 것이었다. 고수부님이라고 언제까지 일을 하지 않고 농사만 짓고 있겠는가. 때를 기다리고 있는 것이었다. 당신의 의중을 알 수 없는 성도들은 답답했을 것이다.

하루는 성도들이 고수부님께 여쭈었다.

"어머니, 우리 도판이 언제나 발전해서 사람도 많이 생기고 재력도 풍족하게 되는지요?"

성도들은 '사람도 많고 재력도 풍족'한 대흥리 교단을 염두에 두었을 것이다. 당시 조종리 성도들은 차경석이 이끄는 대흥리 교단을 퍽 부러워했던 것 같다.

"걱정하지 마라. 내 일은 셋, 둘, 하나면 되나니, 한 사람만 있으면 다 따라 하느니라. 세상이 바뀔 때에는 대두목이 나오리라. 그래야 우리 일이 되느니라."

이 말씀은 고수부님이 대도통을 하던 날 차경석 성도에게 '추수할 사람은 다시 있다.'고 선언한 공사 말씀의 연장선상에 있다. 그리고 지금 '추수할 사람'이 대두목이라고 밝혀 주고 있다. 이 말씀에서 '세상이 바뀐다'는 것은 곧 후천 가을개벽을 가리킨다. 그때 대두목이 출세하게 되고, 그가 나타나면 모든 사람들이 추종하게 될 것이며, 그때 모든 일이 이루어진다는 내용이다.

그해 가을 어느 날, 옥구군 임피면 읍내리 안흥마을에 사는 고찬홍高贊弘(1875~1951)이 조종리 본소를 찾아왔다. 대흥리 도장 때부터 신앙한 고찬홍은 인품과 풍채가 좋고 총명한 인물이었다. 특히 말을 잘하기로 유명했다. 천석꾼 부호로 항상 세루 두루마기 차림을 하고 다닐 정도로 깔끔하고 엄격한 면도 있었다. 고수부님에게 문안을 드린 고찬홍은 포교운동을 크게 일으킬 것을 청했다.

고수부님이 대답했다. "장차 너희들에게 찾아오는 자만 거두어 가르치기도 바쁘리라. 이제 새로 포교할 바가 아니요, 먼저 몸 닦음을 근본으로 삼아 부모를 잘 섬기고, 형제간에 우애하며, 남에게 척짓지 말고, 농사에 힘써 때를 기다리라." 1년 전, 강응칠과 강사성에게도 이와 비슷한 대답을 했었다. "포교 운동은 오직 천명을 좇아 시기라 이르기를 기다릴 것이며, 오는 자는 오고 가는 자는 가게 하여 그들의 뜻에 맡김이 옳으니라." 하고.

3·1운동 실패 이후 일본제국주의의 저 교활한 문화통치 아래 더 이상 앞이 보이지 않았던 조선 민중들이 구원의 빛을 따라 찾아올 곳은 오직 고수부님의 도장일 터. 고수부님은 지금

도약의 때를 기다리고 있는 중이었다. 고수부님은 자신감에 차 있었다.

"포덕천하布德天下 광제창생廣濟蒼生 하자니까 전하지, 알고 보면 전하기가 아까우니라. 앞으로 좋은 세상 나오리니 너희들은 좋은 때를 타고났느니라."

들리는가. 당시 암울한 시대를 살아가는 신도들에게 무한한 희망과 용기를 주는 말씀이다. 우리가 주목하는 것은 고수부님의 말씀이 당대에만 한정되지 않는다는 점이다. 1919년 그때 그 시절은 물론이요, 오늘을 살고 있는 바로 우리한테 쩡쩡한 종소리처럼 들려주는 말씀에 다름 아니다.

제19장

평천하平天下 치천하治天下

"잘못된 그날에 제 복장 제가 찢고 죽을 적에
앞거리 돌멩이가 모자라리라."

1921년. 증산 상제님의 성탄치성일이 다가오고 있었다. 이 무렵, 전준엽田俊燁(1891~1945) 성도가 조종리 본소로 찾아오는 신도들을 수습하여 도장 유지의 원칙을 정할 것을 고수부님에게 청하여 허락을 받았다.

전준엽은 고찬홍, 이근목 성도와 더불어 의논한 끝에 지역대표회의를 소집하기로 하였다. 본소에 있는 간부 성도들이 직접 나섰다. 전준엽과 이근목은 충청남도 일대를, 고찬홍은 임피 · 옥구를 돌아 회의소집을 통지했다.

9월 초닷샛날, 조종리 도장에서 지역대표회의가 열렸다. 회의 결과는 그랬

전준엽 성도

다. 각 지방을 열다섯 구역으로 나눈다. 1년에 열네 번씩 올리는 치성은 각 구역이 나누어 맡는다. 치성 경비는 대치성에는 120원, 소치성에는 80원씩 각 구역이 순차적으로 담당한다. 이렇게 회의에서 결정된 사항은 그해 증산 상제님 성탄절부터 시행하기로 하였다. 보고를 받은 고수부님도 허락했다.

증산 상제님 성탄치성일―. 그날 성탄치성에 참석한 신도는 1백여 명이 넘었다. 때는 여전히 폭압의 시절이었다. 때가 때인만큼 1백여 명이 치성에 참석한다는 것은 엄두조차 내지 못할일이었다. 그러나 치성이 한창 진행될 때 고수부님은 왠지 조급하게 서두르는 모습이었다. 부랴부랴 치성을 마친 뒤에는 신도들에게 "…… 가라, 가라, 속히 돌아들 가라."고 재촉하였다. 고수부님의 명이 빗발쳤으므로 신도들은 영문도 모른 채 서둘러발길을 돌렸다. 치성 날 신도들을 쫓아내듯 보낼 수밖에 없었던고수부님의 심사도 편치만은 않았을 것이다.

다음날 새벽이다. 별안간 도장 바깥이 왁자지껄하였다. 김제경찰서에서 나온 순사들이 굶주린 이리떼같이 달려들어 도장안팎을 샅샅이 수색했다. 아. 고수부님은 바로 이런 불상사가있을 줄 알고 미리 대비한 것이었다. 흠 잡힐 만한 증거물이 나올 리 만무하였다. 수색을 마친 순사들은 할 일이 없다는 듯 터덜터덜 돌아갔다.

이때는 조선총독부에서 증산계甑山系 교단을 '음모결사陰謀
結社'라고 지목하여 크게 탄압하는 중인지라 많은 신도가 모
여 있으면 검속檢束을 면치 못할 것이므로 태모님께서 그 기미
를 아시고 미리 해산하게 하심이더라. 10월 보름날 밤에 치성
을 올릴 때 참석한 신도가 300여 명이라 또 당국의 주목을 받
게 되거늘 태모님께서 천지를 안개로 덮어서 지척을 분별치
못하게 하시니 신도들이 모두 무사히 돌아가느라.(11:60)

얼마 후, 옥구군 구읍면 수산리에 사는 전선필田先必(1892~1973)
성도가 조종리 본소에 찾아왔다. 문후 인사를 받은 고수부님은
대뜸 "너 오다가 사람 봤느냐?" 하고 물었다.

"무슨 사람 말씀입니까?"

"야, 이놈아! 사람 말이다."

하고 호통을 쳤다. 같은 문답이
잠시 이어진 뒤에야 전선필이 알아
듣고 웃음으로 대답을 대신하였다.
고수부님은 "사람, 사람, 사람 없
다! 눈을 씻고 찾아봐도 참으로 사
람이 없구나." 하며 크게 탄식했다.

무슨 뜻일까. 『도전』은 천지대업
을 개척하는 데 제대로 된 일꾼이

전선필 성도

없다는 한탄어린 얘기라고 풀이한다. 그저 개벽 타령이나 하고 도통이나 꿈꾸며 장마철 개구리처럼 입으로만 주문을 읽어대는 유치한 신앙을 후려친 것이라는. 그랬다. 고수부님이 지금까지 소작답이나 부치면서 시간을 보낸 것은 참된 일꾼을 기다려온 것이었다. 때의 무르익음과 함께. 그러나 고수부님이 기다리는 참일꾼은 아직 나타나지 않았다. 고수부님은 지금 그런 일꾼이 없음을 탄식하는 것이었다.

1922년이 밝았다. 일본제국주의의 식민통치는 해가 바뀔수록 더욱 확고해져 가고 있었다. 일제에 저항하던 조선인의 불타는 기개도 점차 수그러 들어갔다. 그 정도로 일제의 간교한 문화통치가 성공을 거두었고 그만큼 탄압이 심했다고 할 수 있다. 그해 정월 초하룻날 고수부님은 조종리 동네 아이들의 세배를 받았다. '큰 어머니'의 사랑이란 그런 것인가. 고수부님은 아이들을 무척 좋아했고 아이들도 고수부님을 잘 따랐다. 아이들을 부를 때는 "야, 칠성아!", "칠성동자야!" 하고 불렀는데, 물론 기운을 붙이려는 의도였다. 또한 아이들의 부모에게는 "저 동자들을 잘 가꾸라." 하고 타이르기도 했다. 치성을 마치면 성도들에게 "야, 과일은 칠성 아이들 차지다. 너희들은 먹지 마라." 하며 아이들에게 먼저 내려 주기도 하였다.

당시 조종리에 살았던 강용씨의 증언—. 내가 여섯 살 먹어서부터 세배를 다녔는데 열두 살까지 뵈었다. 내가 학생모자 쓰고 세배를 가면 "이놈, 개떡모자 썼구나." 하시고 "개떡모자 벗어라." 하신다. 그런데 안 벗고 있으면 손수 벗기시고 머리를 쓰다듬어 주시며 "장난을 좀 치게 생겼구나." 하셨다.

한번은 일곱, 여덟 살 경에 세배를 갔는데 그곳에는 항상 방 앞에 비서가 있었다. "들어와라." 하시자 비서가 들여보내 주어 들어가 보니 그분은 방석에 앉아 계시다가 "세배 왔어?" 하시고 "해야지." 하시며 세배를 받고난 후 사람을 부르셨다. "이놈들을 잘 먹여야겠는데 뭘 좀 내오너라." 하시고, 가져온 것이 시원찮으면 직접 나가셔서 먹을 것을 챙겨들고 오셔서 "먹어라. 천천히 잘 먹어라." 하시며 머리부터 전부 쓰다듬어 주시고 "잘 커서 훌륭한 사람이 되어라." 하셨다. 더군다나 우리 집은 도를 반대하는 집안인데도 그렇게 잘해 주셨다. 지금까지 그렇게 훌륭하시고 따뜻한 분을 뵌 적이 없다. 그렇게 훌륭한 분이다. 그런데 열두 살 넘어서는 그분을 못 뵈었다. 조종리에 안 계셨기 때문이다.

1923년이다. 이 무렵, 고수부님은 틈만 나면 성도들에게 심법 공부를 가르쳤다. 어느 날 고수부님은 강사성 성도에게 "'마음 심' 자를 써 놓으라."고 하였다. 지필묵을 챙겨온 강사성이 붓에 먹을 꾹 찍어 큼지막하게 '심' 자를 썼다. 옆에서 가만히 지켜보고 있던 고수부님은 "아느냐? 이 '심' 자가 천하만사의 원줄기니라. 누구든지 이 글자의 생김새에 대해 깊이 생각하여 말해 보라." 하면서 앞에 앉아 있는 성도들을 천천히 둘러보았다. 성도 모두들 꿀 먹은 벙어리였다.

고수부님이 말했다. "마음 심 자의 아래 모양은 땅의 형상이요, 위의 점 세 개는 불선유佛仙儒라. 온갖 부귀영달富貴榮達과 생사生死의 있고 없음도 이 마음 심 자에 있느니라."

　　올바른 줄 하나 치켜들면 다 오느니라. 평천하平天下는 너희
　　아버지(증산 상제님을 일컬음―인용자주)와 내가 하리니 너희들
　　은 치천하治天下 줄이나 꼭 잡고 있으라. …… 자리다툼하지
　　말고 잘 닦으라. 제 오장五臟 제 난리에 제 신세를 망쳐 내니,
　　보고 배운 것 없이 쓸데없는 오장난리, 쓸데없는 거짓지기,
　　쓸데없는 허망치기로다. 잘못된 그날에 제 복장 제가 찧고 죽
　　을 적에 앞거리 돌멩이가 모자라리라.(11:70)

이 말씀에서 '올바른 줄 하나'란 증산 상제님과 고수부님이 집행한 천지공사를 인사로 실행하여 선천 난법시대를 문 닫고 후천 진법시대를 개벽하게 될 대사부를 가리킨다. 그러니까 이 말씀은 최근에 고수부님이 전개한 일련의 심법공부 공사에 대한 결론에 다름 아니다.

그해 음력 7월 20일, 전북 옥구군 미면米面에 사는 전대윤田大潤(1861~1933) 성도가 아들 김수응金壽應(1889~1936)과 함께 조종리 본소를 찾아왔다. 전대윤과 김수응, 그리고 그의 동생 수남壽南(1900~1932) 일가는 예전에도 그랬고 앞으로도 마찬가지로 고수부님 도장의 독실한 성도들이었다. 특히 대흥리 첫째 살림 도장 시절부터 신앙을 시작한 전대윤은 고수부님보다 19살 연상이었으나 용화동 셋째 살림 도장에서는 고수부님의 내수內豎 시종을 들 정도로 헌신적인 신앙인이었다.

고수부님은 전대윤, 김수응 모자를 보고 "그동안 편하게 지내지 못했구나." 하고, 이어 수응을 향해 "네 동생 수남이는 지금 어디에 있느냐?" 하고 물었다. "5년 전에 일본에 간 뒤 지금까지 소식이 없습니다." "그러하냐!" 고수부님은 술을 들다가 갑자기 마루로 나갔다. 그리고 동쪽을 향하여 큰 소리로 "수남아, 수남아, 수남아!" 하고 세 번을 부른 뒤 방으로 들어왔다.

김수남이 도일한 것은 1919년 가을이었다. 도쿄에서 은행원으로 취직하여 일본여자와 결혼까지 했다. 인간의 마음이란 그런가. 낯선 이국생활도 점차 안정이 되어 가면서 처음 정착할 때와 같지 않았다. 고향집에 편지 연락도 뜸해지다가 아예 끊어버렸다. 귀국할 생각도 없어졌다. 바로 그날, 그러니까 고수부님이 조종리 본소 마루에서 동쪽을 향해 수남을 불렀던 바로 그날―. 은행에서 한창 사무를 보던 수남은 어디선가 자기를 부르는 소리가 들리는 것 같았다. 귀에 익은 고수부님의 음성이었다. 깜짝 놀란 수남은 밖으로 뛰어 나가 은행 주변을 둘러보았으나 고수부님은 보이지 않았다. 문득 이상한 생각이 들면서 귀국하고 싶은 마음이 간절해졌다. 그 즉시 고국에서 어머니가 아프다는 전보가 왔다는 핑계를 대고 2주일 동안 근친휴가를 얻었다.

열차는 도쿄발 오후 6시 15분이다. 이튿날 저녁 시모노세키역[下關驛]에서 내렸다. 신문을 샀다. 그날 낮에 일어난 간토대지진[關東大地震]에 대한 기사가 대문짝만하게 실려 있었다. 김수남은 눈앞이 캄캄해졌다. 바로 그의 집과 근무처 일대가 대지진의 피해를 크게 당한 지역이었다. 수남은 부관연락선[釜關連絡船]에 몸을 실었다.

간토대지진은 1923년 양력 9월 1일 오전 11시 58분에 일어났다. 56만여 가구가 파괴되고 16만 명에 이르는 인명피해가 난 천재지변이었다. 문제는 대지진 이후부터였다. 갑작스런 재앙으로 일본사회가 혼란스러워지자 일본정부는 "조선인이 폭동을 일으켜 일본인을 죽이고 있다."는 등 각종 유언비어를 날조했다. 격분한 일본인 자경단[自警團]과 군대, 경찰에 의해 6천여 명의 조선인과 일본 사회주의자들이 학살되는 참상이 일어났다.

김수남은 무사히 고향에 돌아왔다. 집에 돌아와 어머니와 형의 말을 듣고 보니까 은행에서 고수부님의 음성을 들었던 때가 바로 고수부님이 동쪽을 향하여 자기를 불렀던 바로 그 시각이었다. 수남은 고수부님에게 재생의 은혜에 감사드리기 위해 모친과 함께 조종리 본소를 찾았다. 고수부님을 뵙고 인사를 드렸다. 고수부님은 빙그레 웃으며 다만, "응, 수남이 왔냐!"라고 할 뿐 아무 말도 하지 않았다. 그 후 김수남은 일본으로 돌아가지 않고 고수부님을 추종하였다.

제20장

천지공사

"천지가 다 알게 내치는 도수인 고로 천지공사를 시행하겠노라."

1924, 25년이 가고 26년이 왔다. 일제강점기가 고착화되어 가는 가운데 각종 주의와 단체가 판을 치던 때였다. 저 악명 높은 치안유지법이 공포된 것도 같은 시기(1925. 5)였다. 조선 청년들의 기개를 만국에 떨치게 될 6·10만세운동 사건이 잉태되고 있던 그해(1926) 3월 5일, 고수부님은 갑자기 성도들을 도장에 불러 모았다.

"이제부터는 천지가 다 알게 내치는 도수인 고로 천지공사를 시행하겠노라. 신도행정神道行政에 있어 하는 수 없다."

본격적인 천지공사를 시행하겠다는 선언이다. 그러니까 고수부님은 지금 긴 침묵을 깨고 본격적으로 천지공사의 닻을 올린 것이었다.

고수부님의 말씀 가운데 '천지가 다 알게 내치는 도수'가 무엇인가. 침묵 속에서 보이지 않게 진행하는 천지공사가 아닌,

만천하에 드러내 놓고 천지공사를 집행할 때가 되었다는 것이요, 그렇게 하겠다는 단호한 의지를 밝힌 것이다.

고수부님이 천지공사를 시행하겠다고 선언한 바로 그날, 신도 대여섯 명이 모인 가운데 강휘만姜彙萬(1889~1970) 성도를 불렀다.

"금년에는 이종移種 때 쓸 물이 부족할 것이다. 그러므로 너에게 신농씨 도수를 붙여 비를 빌겠노라."

고수부님은 강휘만의 머리 위에 수건을 얹었다. 바로 그 순간 신도가 내린 강휘만이 「농부가」를 큰 소리로 부르며 농부가 모내기 하는 흉내를 내면서 덩실덩실 춤을 추었다.

그때였다. 방금까지만 해도 화창하던 하늘에 먹구름이 밀려오고 금방이라도 비가 쏟아질 듯 천지가 어두컴컴해지기 시작하였다. 그날 해질 무렵부터 큰비가 퍼부었는데 이튿날까지 계속되었다. 이 공사로 인해 그해에는 이종할 물이 풍족하게 되어 큰 풍년이 들었다.

고수부님의 천지공사는 그야말로 순풍에 돛단 듯 순항하고 있었다. 3월 9일, 고수부님은 고찬홍과 전준엽 등 여러 성도들을 불러 모았다.

강휘만 성도 부부

"세상 사람이 죄 없는 자가 없어 모두 제가 지은 죄에 제가 죽게 되었으니 내가 이제 천하 사람의 죄를 대신하여 건지리라."

청수 한 그릇을 떠 놓고 그 앞에 바둑판을 놓은 뒤에 고수부님은 담뱃대로 바둑판을 치며 성도들에게 '태을주'를 읽게 하였다. 성도들이 외는 '태을주' 소리가 울려 퍼지는 가운데 고수부님이 별안간 정신을 잃고 쓰러졌다. 고수부님은 한나절 동안이나 기절하였다가 가까스로 깨어났다.

고수부님이 말했다. "죄가 없어도 있는 것같이 좀 빌어라, 이 놈들아! 천지에 죄를 빌려면 빌 곳이 워낙 멀어서 힘이 드니 가까이 있는 나에게 빌어라."

이 공사에는 억조창생을 향한 고수부님의 사랑과 대속代贖의 정신이 잘 나타나 있다. 고수부님이 정신을 잃고 한나절 동안이나 기절하였다가 깨어난 것은 천하 사람의 죄를 대속했기 때문이다.

3월 24일, 고수부님은 전준엽 성도에게 "이제 조왕竈王 일을 보아야 할 터인데 네가 아니면 감당치 못하리라."고 말하며 그의 무릎을 베고 갑자기 펑펑 소리 내어 울었다. 조왕은 부엌을 맡고 있는 신을 일컫는다. 조왕은 가신家神 신앙에서 처음부터 부녀자들의 전유물이었다. 전준엽은 난감했을 것이다. 부녀자들과 관련이 있는 조왕 공사를 보는데 공사 주인으로 남자인 전준엽이 지목된 것도 그렇지만, 공사 진행과정에서 고수부님이 자기 무릎을 베고 울기까지 하는 것이었다. 고수부님은 울음을 쉽게 그치지 않았다. 두어 시간이 지난 뒤에야 고수부님은 울음을 그치고 일어났다. 고수부님은 전준엽의 몸을 검사한 뒤 부엌으로 데리고 갔다. 큰 솥 앞에 선 고수부님은,

"조왕의 솥을 말리지 말고 물을 훌훌 둘러 두어라."고 말하면서 솥에 물을 가득 채우라고 하였다. 그리고 전준엽을 앞에 세운 뒤 담뱃대 두 개를 준엽의 머리 위에 '열 십十' 자로 이게 하고 다른 성도들로 하여금 마당에 늘어서서 「농부가」를 부르게 하였다. 고수부님은 "이렇게 하여야 먹고 사느니라."하고 말했다.

그날부터 전준엽은 조종리 도장의 재정을 총괄하였다. 포교에 타의 추종을 불허할 정도로 열성적인 전준엽이 재정을 총괄한 이후 조종리 도장에는 여성 신도들이 크게 늘어났고 성금이 많이 들어오면서 재정이 넉넉해졌다.

특히 여성 신도들이 늘어났기 때문일까. 이 무렵, 고수부님의 공사에는 '여성'이 소재가 된 경우가 많아졌다. 며칠 후, 고수부님은 '여성'을 재료로 하여 공사를 진행하고 있었다. 참석자들은 주로 남자 신도들이었다. 공사가 시작되었을 때 고수부님은,

"이놈들아, 아느냐? ······ 천지가 생긴 이래로 네 어미 밑구녕이 제일 거니라."

하고 맞은편 조종산이 울릴 정도로 큰 소리로 말했다. 남자 신도들로서는 좀 민망하였을 터였다. 증산 상제님도 그랬지만 고수부님의 천지공사라는 것이 모두가 하나같이 처음 있는 일이요, 그랬으므로 파격적인 것이야 당위일 터였다. 아무리 그러하기로 '네 어미 밑구녕이 제일 걸다'는 것은 무슨 말씀인가. 문자 그대로 이해한다면 '어미 밑구녕'은 어머니의 음부를 가리킨다. '걸다'는 말씀은 푸지다, 기름지다는 정도의 의미로 풀이된다.

"부인들은 천지의 보지 단지니 너희들은 보지가 무엇인지 아느냐? 보배 보寶 자, 땅 지地 자니라. 밥 지어 바쳐 주니 좋고, 의복 지어 바쳐 주니 좋고, 아들딸 낳아 선령 봉제사奉祭祀 하여 주고 대代 이어 주어 좋으니 그러므로 보지寶地 앞에 절해 주어야 하거늘 너희들이 어찌 보지를 괄시하느냐, 이놈들아!"

꾸짖듯이 말하고 고수부님은 담뱃대로 앞에 늘어선 남자 신도들의 머리를 딱딱 때렸다. 그리고 결론을 내리듯이 "가도家道를 바로잡으려면 부인에게 공손공대恭遜恭待하며 잘해 주어야 하느니라." 하고 말했다.

4월이다. 4월이면 초파일 치성이 있다. 그동안 치성 때만 되면 고수부님은 늘 "사람이 없어서…… 사람이 없어서……." 하고 말하곤 하였다. 성도들은 '어머니께서 신도들 수가 적어서 저러시나 보다'라고 생각했다. 만약 그랬다면 당시 성도들의 생각에는 당장에 차경석의 보천교가 떠올랐을 것이다. 성도들은 한 자리에 모여 의논했다. 결론은 쉽게 났다. "이번 치성에는 사람들을 많이 동원하여 어머니 마음을 흡족하게 해드리자."

성도들은 여러 가지로 정성껏 치성을 준비했다. 누구보다도 치성을 잘 챙기는 고수부님이 "이번 치성에는 소 한 마리를 잡았으면 좋겠다."고 말했다. 말씀이 끝나기가 무섭게 평소 성품이 조용하고 말이 없는 김수열金壽烈(1897~1975) 성도가 1백여 리가 넘는 옥구군 미면 미룡리 고향으로 달려갔다. 미룡리에서 둘째가는 부자인 김수열은 대흥리 도장 시절부터 한결같이 신앙해 온 열성 신도였다.

김수열 성도

때는 귀신도 깨어 일어나 일손을 돕는다는 모내기철이다. 김수열은 집에도 들르지 않은 채 머슴이 논을 가느라 한참 부리고 있는 검은 황소를 끌고 왔다. 조종리 본소에 도착한 김수열은 "이 소를 잡아서 치성에 쓰십시오." 하고 황소를 헌성하였다. 고수부님은 김수열의 성경신誠敬信을 크게 치하했다.

4월 초파일 치성 하루 전날이다. 과연 성도들이 정성을 쏟은 결과가 있어서 도장에 모인 신도가 8백여 명이나 되었다. 이 정도라면 좁은 골짜기에 자리 잡은 조종리 중조마을을 뒤덮고도 남았을 것이다. 마치 중조마을에 온통 하얀 배꽃이 떨어져 뒤덮은 것처럼. 참례자들은 전국 각지에서 온 신도들이었다.

"치성 때면 소를 몇 마리씩 잡고 돼지는 수십 마리씩 잡았다. 경상도에서부터 여기까지 소발에 짚신을 신겨서 끌고 모이는 것을 직접 봤다. 치성하는 날에는 동네 뒤로 변소를 수십 개씩 지었다. 그중에서도 똑똑한 사람은 도집(도장) 안으로 들어가고 다른 사람들은 사랑채 같은 데 있고 그 안에 들어가질 못했다. 아이들은 개구멍으로 들락날락하고……."(강용씨 증언)

참례자들이 이 정도 모였으므로 치성을 준비하던 성도들은 '이번만은 어머님께서 낙담치 않으시리라.' 하고 자신했다. 치성석에 나온 고수부님은 참례한 신도들을 한번 휘 둘러보고 혀를 끌끌 찼다.

"야아~ 우리 집에 검불 참 많이 모아다 놨구나! 아무리 눈 씻고 찾아봐도 흰데기 하나 없구나!" 고수부님은 한탄하였다. "박혀 있는 놈이나 온 놈이나 흰데기 하나 가릴 수 없구나. 너희들 중에서는 종자 하나 건지기 힘들것다."

'흰데기'란 가을 추수철에 나락을 한번 훑어내고 두 번째 훑을 때 나오는 알곡을 말한다. 여기서 흰데기 하나 없다는 것은 당시 신도들 중에 가을개벽을 넘어 후천에서 거듭 살아남을 만한 정신을 가진 자가 하나도 없다는 말씀이다. 결국 당시 성도들을 일꾼으로 인정하지 않은 것인데, 그때 이 말씀의 뜻을 제대로 이해하는 신도들은 거의 없었다. 대부분의 신도들은 개벽의 때나 기다리고 신앙의 목적을 도통이나 『주역』 풀이, 『현무경』 부적 풀이 따위에 두고 있었다.

고수부님은 무엇보다도 그런 신앙 태도를 경계했다.

신도들로서는 기운이 쑥 빠져 달아났을 것이다. 고수부님은 그런 성도들을 향해 "야, 이놈들아! 마음 보따리를 고쳐야 한다. 너희들 마음 보따리를 내놓아라. 이 길을 가는 사람은 심보재기부터 뜯어고쳐야 하느니." 하고 호통을 쳤다. 고수부님의 답답한 심정을 누가 알겠는가. 말없이 듣기만 하는 성도들을 보고 고수부님은 "잣대 잡을 놈이 있어야 쓰지, 잣대 잡을 놈이 없구나." 하며 탄식했다.

이날 저녁에 고수부님은 공사를 집행하였다. 도장 앞마당 중앙에 단을 쌓고 청수를 한 동이 길어다 놓게 하였다. 중앙과 사방에는 각 방위에 해당하는 오색 깃발을 세웠다. 고수부님은 물 한 그릇을 떠 오게 하여 입에 머금어 훅 뿜어냈다. 그리고 담배를 피워 연기 몇 모금을 허공을 향해 불었는데 안개가 뿌옇게 끼어 지척을 분간하기 어려웠다. 이어 안개비가 내려 고수부님과 성도들의 옷이 모두 축축이 젖었다.

참례자들의 흰 두루마기가 얼룩덜룩해져 여간 볼썽사나운 것이 아니었다. 원래 갓 위에 옻칠을 하는데 당시 민중들은 생활에 여유가 없었으므로 십중팔구는 갓 위에 먹물을 칠하고 그 위에 기름을 먹인 유건儒巾을 쓰고 다녔다. 안개비가 내려 갓에 칠한 먹물이 뚝뚝 떨어져 흰옷이 먹물로 얼룩진 것이었다. 참례자들은 자기의 흰 옷에 먹물이 드는데도 신경을 쓸 여유가 없었다. 고수부님이 담뱃대를 휘휘 저으며 공사를 지휘하는데 순식간에 눈앞에서 풍운조화가 일어났다. 참례자들은 도취되어 안개비가 오고 먹물이 떨어지는 것도 모르고 넋을 잃은 채 그저 바라보기만 할 뿐이었다.

그때였다. 고수부님이 두루마기를 입고 점잖게 서 있는 고찬홍 성도에게 손짓을 하며 "찬홍아, 찬홍아!" 하고 불렀다. 고찬홍이 대령하였다. 고수부님이 "찬홍아, 내 옷 좀 갈아입혀라." 하고 말했다.

고수부님이 많은 신도들 가운데 굳이 고찬홍 성도를 불러 자기의 옷을 벗기라고 하는 데는 그럴 만한 뜻이 숨겨져 있을 터였다. 고찬홍은 고수부님보다 5년 연상이었다. 뿐만 아니라 천석꾼의 부호로서 늘 점잖게 정장을 하고 다니는 양반의 한 전

형이었다. 아니나 다르겠는가. 고찬홍은 '양반' 체면에 어쩔 줄을 모르겠다는 듯 당황하는 기색이 역력하였다.

"야, 이놈아! 네 에미 옷 좀 벗기라는데 그렇게도 걱정이냐."

고수부님이 꾸짖으며 고찬홍이 쓰고 있는 갓을 확 잡아당겼다. 하필이면 갓이 고수부님의 하초下焦에 부딪혀 바싹 구겨지면서 고찬홍의 머리가 고수부님의 양다리 사이에 끼었다. 고수부님은 고찬홍의 머리를 두 다리로 낀 채 조종산 일대가 떠나갈 듯 큰 소리로 말했다.

"야~ 이놈들아! 너희 놈들이 전부 내 보지 속에서 나왔느니라."

남성 신도들은 꿀 먹은 벙어리 모양으로 입을 꾹 다문 채 멍하니 서 있을 뿐이었다. 무슨 말씀인가. 그 자리에 누가 있어 웃거나 울 수 있단 말인가. 신도들로서는 고수부님의 그 말씀이 선천의 묵은 천지를 문 닫고 새 천지를 연 상제님을 대행하여 후천 선경세계로 가는 구원의 길을 열어 주는 '인류의 어머니' 자리에서 정신을 깨는 이른바 '육두문자' 식 말씀이라는 것을 쉬이 깨달을 수는 없었다.

문제는 그 다음이었다. 고찬홍이 옷을 벗기는데 뜻밖에 고수부님이 월경 중이었다. 고수부님의 고쟁이에는 월경수가 묻어 옷이 빨갛게 젖어 있었다. 민망해진 고찬홍이 옷을 벗기다 말고 몸 둘 바를 몰라 허둥거리면서 고개를 돌려 버렸다. 그때였다. 고수부님은 그럴 줄 알았다는 듯 고찬홍의 갓을 잡아 고개를 똑바로 돌려놓고 따귀를 철썩 때렸다.

"아이고, 못난 자식! 이놈아, 네가 나온 구멍이 무엇이 그렇게도 쑥스럽냐. 뭐가 그렇게 싫단 말이더냐."

고수부님이 꾸짖는데 고찬홍이 '점잖은 사람이 도道도 좋지만 이렇게 여자 거시기로 잡아당겨졌으니 이런 쑥스러울 데가 어디 있는가' 하며 무안함을 감추지 못하는 본새였다. 엎친 데 덮친 격이었다. 그의 심중을 훤히 꿰뚫고 있다는 듯 고수부님은 "수건으로 다 닦으라." 하고 말했다. 고수부님은 알몸을 드러낸 채 대중을 향해 큰 소리로 부르짖듯 말했다.

"야~ 이놈들아! 너희가 다 내 밑구녕에서 나왔다. 천하가 다 내 밑구녕에서 나왔다, 이놈들아! 너희들이 땅에서 나온 것 아니면 어떻게 먹고사느냐. 네 어미 보지 속에서 나왔으니까 다 먹고살지. 이놈들아―."

천하를 호령하는 듯 외치는 고수부님의 목소리는 조종산 너머 멀리 징게맹경 드넓은 평야 위로 메아리쳐 갔다. 참관한 수많은 갓 쓴 신도들은 양반이요 남자 체면에 감히 볼 수가 없다는 듯 전부 고개를 돌린 채 망연한 자세로 서 있을 뿐이었다. 천하가 다 고수부님의 '밑구녕'에서 나왔다면 어떻게 되는가. 고수부님이 온 인류의 어머니가 되는 것이다.

그날 저녁 공사를 마친 후에 치성을 준비하는데, 고수부님은 전에 없이 서두르는 모습이었다. 치성은 문자 그대로 정성을 드리는 의식이다. 행동 하나하나에 온 정성을 다 바치는 일인데 서두르는 것은 금물이다. 고수부님은 누구보다도 그것을 실천하는 전범이었다. 그날은 달랐다. 치성은 그날 밤중에 서둘러 마쳤다. 고수부님은 참례자들의 이름이 적힌 방명록을 가져오게 하여 모두 찢어 버렸다.

"뭣들 하느냐. 어서 서둘러라. 농사철이니 어서 이 밤길로 나서서 돌아가라." 고수부님은 쫓아내듯 신도들을 돌려보냈다.

신도들은 영문도 모르고 엉겁결에 도장 밖으로 나왔다. 칠흑같이 캄캄한 밤중에 안개까지 짙게 낀 데다 수백 명이 한꺼번에 몰려나오니 난장판이 따로 없었다. 때는 4월이라 마침 모내기를 하려고 논에 물을 한창 가두어 놓은 터라 일부는 짚신 발이 논에 빠져 질척거리며 가고, 일부는 논길로 가로질러 각기 서둘러 돌아가는데 얼마나 많은 사람들이 한꺼번에 움직였던지 길이 아주 새로 났을 지경이었다.

바로 그날, 김제경찰서에 귀가 번쩍 뜨이는 첩보가 접수되었다. 4월 초파일을 맞아 조종리 도장에서 1천 명이나 되는 인원이 운집했다는 것이었다. 때가 어느 때인데 1천 명이 모인단 말인가. 그들이 일제 식민통치에 반기라도 드는 날에는……. 경찰서에서는 비상이 걸렸다. 이튿날 아침에 일본인 경찰서장이 직접 말을 타고 기마대 여덟 명을 진두지휘하여 도장에 들이닥쳤다. 그러나 조종리 본소에는 한 치 앞을 분간할 수 없을 정도로 짙은 안개에 덮여 있는 가운데 사람이라고는 불과 몇 명밖에 보이지 않았다. 경찰서장 이하 순사들은 마치 귀신한테 홀렸다는 듯 허탈한 표정을 감추지 못했다.

본소에서 고수부님을 모시던 20여 명의 간부 성도들이 도장에서 나왔다. 서장이 "너희 두목을 만나야겠다." 하고 윽박지르며 부하들을 시켜 도장 안팎을 수색하라고 지시하였다. 도장에는 전날 잡은 소가죽과 미처 치우지 못한 그릇과 음식들이 그대로 널려 있어 들통 나기가 십상이었다. 성도들이 '이제는 꼼짝없이 잡혀가게 되었구나' 하고 마음을 졸였다. 그런데 이상한 일이었다. 어찌 된 영문인지 순사들이 도장 건물 뒤꼍에 널려 있는 소가죽을 밟고 다니면서도 그냥 지나쳤다.

순사들이 도장 안팎을 수색하고 있을 때, 고민환 성도가 서장을 만나 몇 마디 얘기를 나눈 뒤 고수부님이 머물고 있는 곳으로 안내했다. 고수부님은 밖의 일에는 아랑곳하지 않고 방문을 열어 놓은 채 태연한 모습으로 앉아 있었다. 고수부님으로부터 출입을 허락받은 서장이 군화를 신은 채 덜컥 마루에 올라섰다. 그리고 고수부님을 한 번 쓱 쳐다보는 순간 그만 그 자리에 엎어져 마치 학질에 걸린 사람처럼 벌벌 떨 뿐이었다.

고수부님은 성도들을 향해 "야들아, 쟈가 와 저런다냐?" 하고 말한 뒤, 서장에게 "왜 그러느냐? 초악이 붙기라도 했느냐? 못난 놈!" 짐짓 꾸짖으며 "네가 나를 찾았다 하니 무슨 용무인 가?" 하고 물었다. 서장은 입을 열지 못했다. 잠시 후에 고수부 님은 "네가 대답하지 않는 걸 보니 용무가 없는 거 아니더냐. 이제 그만 돌아가도록 하라." 하고 말했다.

일본인 서장은 그제야 살았다는 듯 뒷걸음질로 기다시피 하 여 물러 나왔다. 토방 위로 내려선 서장은 마치 저승에나 갔다 가 살아난 듯 창백한 얼굴로 부하들에게 "가자! 아무것도 없 다." 하며 철수명령을 내렸다. 문밖으로 나가면서 서장은 성도 들을 향해 "당신네들은 저렇게 무서운 사람하고 어떻게 같이 사느냐!" 하고 혀를 내둘렀다.

일본순사대가 물러간 뒤 고수부님은 본소에 상주하는 성도 들을 모두 불렀다. "농번기가 되었으니 너희들도 각자 집으로 돌아가서 농업에 힘쓰라. 농자는 천하지대본이니라. …… 이후 에 일이 있으면 다시 부르리라." 고수부님의 명령이 떨어졌으 므로 성도들도 어쩔 수 없는 노릇이었다. 성도들이 귀가할 때 고민환 성도 역시 여장을 꾸려 출발하려고 하는데 강대용이 "고민환은 돌아갈 생각을 말라. 이곳에 일이 있다."며 고수부님 의 말씀을 대신 전했다. 성도들이 모두 떠난 뒤 조종리 도장에 는 다시 정적이 밀려왔다.

제21장

천지 보은

"천지는 억조창생의 부모요, 부모는 자녀의 천지니라."

1926년 4월 10일, 고수부님은 가마에 오른 뒤 강원섭, 강사성, 서인권, 서화임, 이근목 성도 등을 데리고 예고도 없이 조종리 본소를 떠났다. 정읍 연지평에 있는 딸 태종의 집에서 하루를 쉰 다음날 다시 출발했다. 목적지는 대흥리 보천교 본부였다. 대흥리에 도착한 고수부님은 차경석의 집 옆 버드나무 아래에 가마를 멈추라고 했다. 고수부님은 가마에 그대로 앉아서 "윤경아, 윤경아!" 하고 차윤경을 불렀다. 잠시 후, 차윤경이 달려 나왔다. 고수부님이 "가마 안으로 들어오라." 하였으나 차윤경이 듣지 않았다.

고수부님은 같은 마을 신대원申大元의 집에 처소를 정하였다. 다음날 고수부님은 남자 옷차림으로 가마를 타고 차경석의 집으로 갔다. 문은 굳게 닫혀 있고 누구도 열어 주지 않았다. 잠시 후, 대문이 열렸는데 보천교 여방주 이달영李達榮이 나와서 손을 들어 고수부님을 치려고 했다. 말없이 이달영의 거동을 지켜보기만 하던 고수부님이 노한 얼굴로 "1년도 살지 못할 년이 감히 이렇듯 무례하냐." 하고 꾸짖었다(이듬해 정월, 이달영은 음독자살을 하게 된다).

조종리로 돌아온 얼마 후, 고수부님은 고민환을 수석성도로 세워 '칠성용정 공사七星用政公事'를 보았다. 칠성용정 공사는 선천을 마무리 짓고 후천을 열어갈 인사 도수를 실현하는 도운의 절정에서 추수일꾼을 내는 대공사. 따라서 공사 진행 하나하나가 엄하기만 하였다. 공사에 들어가기 직전에 고수부님은 강응칠 성도에게 "네 갓과 도포를 가지고 오라."고 하여 남장을 하고, 다시 고민환 성도에게 "네가 입는 의관을 가져오라." 하여 갈아입었다. 그리고 고민환에게 고수부님 자신의 의복을 입혀 내실에 있게 하였다. 잠시 후, 밖으로 나온 고수부님은 "내가 증산이니라." 하고 말했다.

"고민환의 나이 마흔에 일곱을 더하면 내 나이 마흔일곱이 되고 내 나이 마흔일곱에서 일곱을 빼면 고민환의 나이 마흔이 되니 이로부터 고민환이 곧 나의 대리요, 증산의 대리도 되느니라."

공사는 계속 진행되었다. 청년 일곱 사람을 뽑아 '칠성 도수七星度數'를 정하는 공사가 그것이다. 고수부님은 일곱 명의 청년들에게 의복을 새로 지어 입히고 공사에 수종 들게 하였다. 굳이 청년 일곱 명을 불러 공사를 본 것은 앞으로 젊은 일꾼들이 나서서 증산 상제님과 고수부님의 도판을 짊어지고 나갈 것을 미리 내다보고 천지공사로서 집행한 것이다. 바꾸어 말하면 도체道體 조직에 있어서 가장 기본이 되는 육임六任에 대한 공사이다. 이와 같은 공사는 몇 차례에 걸쳐 이루어진다.

그날 칠성 공사를 마치면서 고수부님은 "신인합일神人合一이라야 모든 조화와 기틀을 정하느니라. …… 앞으로 모든 일을 고민환에게 맡긴다."고 선언했다. 이 공사로써 고수부님은 고민환 성도를 자신의 대행자로 삼았다. 이로부터 조종리 교단의 제반 운영권을 고민환에게 위임하였다.

> 그 후로 태모님께서 모든 도정을 민환과 상의하여 처리하시매 성도들은 민환을 태모님의 정통 후계자로 인식하더니…….(11:98)

그해 음력 5월 17일이다. 고수부님은 갑자기 외출을 하였다. 고수부님 자신은 가마를 타고 박종오, 고민환, 김수열, 김수응, 고찬홍, 이용기, 김재윤, 강원섭, 강사성, 전준엽, 서인권, 김종기金鍾基, 주종한朱鍾翰, 문인원文仁元, 백종수白宗洙, 송사일宋士日, 박남규朴南奎, 진희만陳喜萬, 이석봉李碩奉 등 열아홉 사람을 따르도록 하였다. 고수부님의 행차는 가히 장관이었다.

태모님께서 조종리에 계실 때 출행하시는 일이 많지 않으나 혹 대흥리나 먼 곳으로 행차하실 때는 사인교를 타고 부용역까지 가시어 기차를 타시거늘 가마의 앞쪽을 마루에 올려 놓으면 태모님께서 방에서 나오시어 버선발로 가마에 오르시고 성도들이 가마 안에 신발을 넣어 드리니라. 가마는 네 사람이 메고 항상 교대할 가마꾼들 네 명이 그 뒤를 따르니 태모님께서 돌아오실 때는 가마꾼들이 미리 부용역에 나가 대기하다가 모시고 오는데 조종리에 당도하시면 당산堂山마을에 있는 당산나무를 한 바퀴 돌고 도장으로 들어가시니라. 이렇듯 항상 수십 명의 성도들이 태모님을 모시고 길게 뒤를 따르니 그 모습을 구경하러 나온 인파와 함께 온 마을을 하얗게 덮으매 마치 신관 사또의 부임 행차 같더라.(11:107)

정읍 구미동龜尾洞(현재 정읍시 수성동 구미마을)에 당도하였을 때 고수부님은 김수남의 집으로 가서 공사를 행하였다. 정확한 공사 내용은 확인할 수 없으나 공사 과정은 대충 이러하였다. 고수부님이 가마솥에 물을 가득 채우게 한 뒤에 전준엽을 그 앞에 세우고 "누구도 감당치 못하고 준엽이나 감당하리라."고 하며 무엇인가 써서 불살랐다. 이어 대야에 물을 떠 오게 하여 시래기 하나를 담갔다가 꺼내어 위로 올렸는데 갑자기 소나기가 쏟아졌다.

    공사를 마친 뒤에 고수부님은 고민환, 주종한, 백종수, 김종기, 김수응, 문인원, 김재윤 등 일곱 성도들은 김수남의 집에 머물러 있게 하고 나머지 열두 성도들을 데리고 김수남의 집을 나섰다. 고수부님이 도착한 곳은 대흥리였다. 한 달 만에 다시 찾아온 것이었다. 신대원의 집에 처소를 정한 뒤 공사를 행하였다. 공사는 며칠 동안 계속되었다(상세한 내용은 11:108~110을 참조할 것). 그리고 20일 오후에 고수부님은 차경석의 집으로 갔다.

    그날 차경석은 휘하의 여방주를 시켜 쫓아냈던 한 달 전과는 달리 태도가 완전히 달라져 있었다. 집 안으로 고수부님을 맞아들인 차경석은 교자상을 차려 올렸다. 교자상을 앞에 놓고 앉았던 고수부님은 갑자기 "경석아~" 하고 큰 소리로 불렀다. 차경석은 무슨 소리냐는 듯 빤히 보았다. 과거의 그가 아니었다. 비록 보천교가 내분을 겪고 있었으나 적어도 숫자적으로는 6백만 신도를 거느린 증산 상제님 계열 최대 교파인 보천교 교주요, 조선 팔도의 인구에 회자되고 있는 천자 등극설의 주인공이다. 차경석의 입장으로서는 고수부님의 하대가 민망스러웠을 것이다.

    "내가 전날의 경석이 아니요, 이제는 만인의 두목이니 전날과 같이 경홀한 말을 버리시지요."

"뭐라고 했냐?" 고수부님은 똑바로 차경석을 쳐다보았다. "네가 천자라 하나 헛천자[虛天子]니라." 고수부님은 교자상에 놓인 큰 배를 들어 차경석의 목덜미를 쳤다. 놀란 차경석은 황급히 몸을 피하여 문밖으로 나가고 여방주들이 우르르 달려들어 고수부님을 끌어냈다. 보천교 본소를 나온 고수부님은 성도들과 함께 조종리로 향했다.

고수부님이 출행 중에 조종리 본소로 돌아올 때의 일화—. 고수부님이 먼 길을 행차할 때는 사인교를 타고 부용역까지 가서 기차를 이용하였고 돌아올 때도 마찬가지였다는 것은 이미 얘기하였다. 그날 행차도 마찬가지였으나 부용역 이후부터는 좀 달랐다. 부용역 앞 식당에서 점심식사를 마치고 나온 고수부님은,

"내 머리를 땋고 댕기를 달아라."고 말했다. 시종하는 여신도가 얼른 붉은 댕기를 땋아 놓았는데 47세의 장년인 고수부님은 영락없이 시집 안 간 노처녀였다.

부용역 앞 1백 미터 전방에는 김제군 백구면·공덕면·용지면의 합동 주재소가 있었다. 노처녀로 변장한 고수부님은 신도들을 이끌고 맨 앞에 서서 담뱃대를 휘휘 저으며 큰 소리로 "시천주 조화정 영세불망 만사지……." '시천주주'를 외우며 걸어갔다. 원래 주문을 욀 때는 자신도 모르게 엄숙해지는 것이 보통이었으나 그날 고수부님의 행동은 매우 희화적이었다. '시천주

주'를 마치 노래하듯 욀 뿐만 아니라 '갈 지ㅗ' 자 걸음으로 신작로 좌우를 왔다 갔다 하면서 주재소 쪽을 향해 다가가는 것이었다.

주재소 앞에서 근무를 서고 있던 일본순사들이 앞을 막고 "뭐이가, 너희들?" 하면서 검문을 하였다. 고수부님이 어디 해볼 테면 해보라는 듯 그 자리에 털썩 주저 않았다. 잠시 후, 일본순사대장이 다가와 고수부님을 건드리려고 손을 내밀었다. 태산같이 요지부동한 자세로 앉아 있던 고수부님이 담뱃대로 순사대장의 손을 딱 치면서 벌떡 일어섰다. 그리고 더욱 큰 소리로 "신천지 가가장세 일월일월 만사지."를 읽었다.

잠시 당황하여 뒤로 물러서던 일본순사들이 고수부님을 향해 손가락질하며 "아노~ 기찌가이! 기찌가이!あの~ きちがい! きちがい!(저~ 미치광이! 미치광이!)." 하고 놀렸다. 그리고 성도들을 향해 "저런 미친년을 따라다니다니, 저 놈들도 참으로 한심한 놈들이로군." 하고 비아냥거릴 뿐 더 이상 검문을 하지 않았다. 주재소를 무사히 통과하여 김제군 공덕면 황산리에 이르렀을 때 고수부님은 "가마를 대령하라."고 하여 언제 그랬냐는 듯 근엄한 모습으로 돌아왔다.

대흥리 보천교 본소에 다녀온 닷새 뒤인 5월 25일, 고수부님이 행한 공사는 의미심장하다. 고수부님은 항상 "천지를 믿고 따라야 너희가 살 수 있으니 천지 알기를 너희 부모 알듯이 하라."(11:114)고 말했다. 물론 이와 같은 공사는 증산 상제님의 공사와 연장선상에 있다. 증산 상제님 역시 "천지는 억조창생의 부모요, 부모는 자녀의 천지니라."(2:26)고 했다. 천지에 중심을 둘 때는 천지가 곧 억조창생의 부모가 되지만 증산 상제님과 고수부님의 공사는 결국 인사적인 문제에 가 있음에 유의해야 한다.

그날 공사는 준비과정부터 장엄하였다. 도장 마당 동서남북에 각각 단을 쌓고 푸른 기와 흰 기, 붉은 기, 검은 기들을 각 방위에 세우고 중앙에는 삼층 단을 쌓고 푸른 용과 누런 용을 그린 큰 황색 기를 세웠다. 동서남북 각 깃발마다 성도 열다섯 명으로 하여금 지키게 하였다. 모두 1백15명의 신도들이 참가한 대규모 공사였다. 중앙 단 위에 큰 등과 작은 등 열네 개를, 네 방위에는 각기 작은 등 열다섯 개씩을 달았다. 마지막으로 중앙과 네 방위에 각기 제물을 진설한 뒤에 비로소 본격적인 공사가 진행되었다. 고수부님은 뭇 신도들을 지휘하여 중앙과 사방에 돌아가며 절하게 한 뒤 '시천주주'를 외우라고 명하였다. 그리고 고수부님 자신은 제단으로 나와 '천하 만민의 죄업을 풀어 줄 것과 온 세계에 새로운 행복을 내려 줄 것'을 증산 상제님께 기도하였다.

고수부님이 한창 기도를 올릴 때였다. 바람 한 점 없이 청명한 날씨인 터라 네 방위의 깃발은 조금도 흔들리지 않는데 중앙의 황기가 별안간 사방으로 펄럭였다. 그리고 깃발이 펄럭일 때마다 누런 물이 마치 비를 흩뿌리는 듯 사방으로 뿌려져 신도들의 옷이 모두 누렇게 젖었다.

제22장

인존人尊

"인생이 없으면 천지가 전혀 열매 맺지 못하느니라."

천지공사는 계속되었다. '인류 구원과 행복을 기도'(11:114)하는 공사를 행한 이틀 뒤인 5월 27일, 고수부님은 성도들에게 "금산사에 일이 있어 가려 하니 준비하라."고 명하였다. 그리고 고찬홍, 고민환, 박종오, 강사성 등 열다섯 명의 성도들과 함께 금산사로 갔다.

금산사 초입의 금산동문金山洞門을 지날 때였다. 길옆 돌부처 앞에 다가선 고수부님은 "귀신도 안 붙은 것을 여기다 무엇 하러 세워 놓았냐."고 하며 담뱃대로 머리를 딱 때렸다. 돌부처의 머리가 뚝 떨어져 나갔다. 이 돌부처는 현재 금산사 입구 금산교金山橋를 건너기 전 왼쪽 숲 속에 있다. 고수부님 공사 후 머리가 떨어져 나간 것을 지금은 시멘트 풀로 붙여 놓았다.

돌무지개문을 지나 금산사 도량에 도착한 고수부님은 곧장 미륵전으로 갔다. 증산 도문에서 금산사 미륵전이 무엇인가. 증산 상제님이 인간으로 오기 전에 30년 동안 임어해 있었고, 그때 고수부님이 증산 상제님을 모시고 있었던 (상제님과 고수부님 도문에서) 성지 중의 성지가 아닌가. 고수부님에게는 지상에서 영혼의 고향과 같은 곳이다. 미륵전에서 치성을 올린 뒤 고수부님은 "이는 미륵이 갱생함이라."고 말했다. 미륵이 다시 태어난다는 말씀이겠다. 여기서 우리는 증산 도문에서 미륵이 곧 증산 상제님을 가리킨다는 것을 기억하자.

'미륵전 공사'를 마치고 나온 고수부님은 대적광전大寂光殿으로 갔다. 불단 위에 '제물'을 진설한 뒤 고수부님은 공사를 보

금산사 _ 백제 법왕 원년(599)에 지명법사가 창건. 신라 경덕왕 21년(762)에 진표율사가 미륵전을 세움으로써 미륵신앙의 근본 도량이 되었다. 이곳은 상제님과 수부님의 천지공사의 자취가 곳곳에 어려 있는 주요 성지 중의 하나이다.

앉다. 한창 공사를 행하던 고수부님은 중앙에 봉안되어 있는 비로자나불을 가리켰다.

"이 부처는 혼이 나갔으니 밥을 주지 못하리라."

그리고 담뱃대로 불단에 금을 그어 동서로 가른 후에 동쪽 부처 앞에 있던 제물을 서쪽 부처 앞으로 옮기라고 하였다. 성도들이 다시 제물을 진설하였다. 고수부님은 담뱃대를 들어 천장을 가리키며 "법전法殿이 퇴락하였으니 중수하여야 하리라." 하고 말했다.

천지공사란 그렇게 인간의 상식을 초월한다. 과연 고수부님이 아니라면 누가 있어 법당 안에서 담뱃대를 휘두를 것이며, 누가 있어 이와 같은 소리를 외칠 것인가. 공사 내용도 궁금하다. '대적광전'이란 불가에서 비로자나불을 모시는 법당이다. 비로자나불은 석가의 진신眞身을 높여 부르는 칭호. 불지佛智의 광대무변함을 상징하는 화엄종의 본존불이다. 『대일경大日經』에 의하면 무량겁해無量劫海에 공덕을 쌓아 정각正覺을 성취하고 연화장蓮華藏세계에 살면서 대광명을 발하여 법계를 두루 비추는 부처이다.

고수부님은 왜 비로자나불에게 혼이 나갔으니 밥을 주지 못한다고 했을까. 어떤 원리적인 이유가 있을 것 같지만, 이를 해석하는 것은 우리의 한계를 넘어서 있다. 현실적으로는 대적광전을 중수하여야 한다는 공사 내용과 관련이 있다. 고수부님이 공사를 행한 며칠 뒤에 금산사 대적광전 대들보가 부러져 지붕이 무너졌고 비로자나불이 부서진 것이다. 법당도, 부처도 부서졌으므로 밥을 주지 못하는 것이야 당위일 터였다.

그해 6월 어느 날 고수부님은 성도들을 데리고 공사를 보고 있었다. 한창 공사가 진행 중일 때 고수부님은 "억조창생이 '인생의 근본원리'를 모르고 있도다."라고 말하며 고민환 성도를 불렀다.

"내가 설법說法하는 공사 내용을 적어라. …… 그 이치를 상세히 기술하여 온 인류에게 알리도록 하라."

인생을 위해 천지가 원시 개벽하고
인생을 위해 일월이 순환 광명하고
인생을 위해 음양이 생성되고
인생을 위해 사시四時 질서가 조정調定되고
인생을 위해 만물이 화생化生하고
창생을 제도濟度하기 위해 성현이 탄생하느니라.
인생이 없으면 천지가 전혀 열매 맺지 못하나니,
천지에서 사람과 만물을 고르게 내느니라. (11:118)

인존人尊사상이 바탕에 깔려 있는 이 공사에는 온 인류의 어머니로서 고수부님의 마음이 절절이 스며들어 있다. 증산 상제님은 일찍이 "천존天尊과 지존地尊보다 인존人尊이 크니 이제는 인존시대人尊時代니라. 이제 인존시대를 당하여 사람이 천지대세를 바로잡느니라."(2:22) 하고 '우주사의 인존시대'를 선언했다. 그러니까 '인존'이란 인간이 주체가 되어 천지 공덕의 열매를 맺고 우주의 주인자리에 서는 것을 일컫는다.

증산 상제님은 또 말했다.

> 形^형於^어天^천地^지하여 生^생人^인하나니
> 萬^만物^물之^지中^중에 唯^유人^인이 最^최貴^귀也^야니라
>
> 하늘과 땅을 형상하여 사람이 생겨났나니
>
> 만물 가운데 오직 사람이 가장 존귀하니라.(2:23)

> 天^천地^지生^생人^인하여 用^용人^인하나니
> 以^이人^인生^생으로 不^불參^참於^어天^천地^지用^용人^인之^지時^시면 何^하可^가曰^왈人^인生^생乎^호아
>
> 천지가 사람을 낳아 사람을 쓰나니
>
> 사람으로 태어나 천지에서 사람을 쓰는 이 때에 참예하지
>
> 못하면 어찌 그것을 인생이라 할 수 있겠느냐.(8:100)

두 공사를 비교하면 증산 상제님과 고수부님의 천지공사가 어떻게 상호보완작용을 하고 있는지 확인할 수 있다. 고수부님은 증산 상제님과 자신의 공사에 대해 "상제님의 천지공사는 낳는 일이요, 나의 천지공사는 키우는 일이니라."(11:99)고 말했

다. 『시경』에 "아버지께서 날 낳으시고(父兮生我), 어머니께서 날 기르셨도다(母兮育我)."라는 시구가 있다. 『명심보감明心寶鑑』에도 같은 말이 나온다(父親生子女, 母親撫養子女). 그러니까 '부생모육 父生母育'이란 전통적인 가족 담론이었다. 이미 지적했다시피 천지의 부모인 증산 상제님과 고수부님의 천지공사에도 부생모육의 원리가 그대로 반영되고 있음은 물론이다. 천지공사는 바로 온 인류의 부모가 자식들에게 주는 사랑의 정표이기에!

공사가 끝날 무렵, 고수부님은 고민환에게 "기록한 공사의 설법 내용을 낭독하라."고 하였다. 고민환의 낭독이 끝난 뒤 고수부님은 그 글을 받아 불사르며 하늘에 고한 다음 동쪽을 향하여 단정히 앉아 기도했다.

이날 고수부님의 공사를 처음부터 끝까지 지켜본 한 사람이 있었다. 옥구군 성산면장 강필문姜弼文(1893~?)이 그 사람이다. 고민환 성도와 절친한 그는 이날 친구를 찾아왔다가 고수부님 공사를 참관하게 된 것이었다. 공사가 끝난 뒤 강필문은 "이 분은 진실로 여자 성인이로다!" 하고 놀라움을 감추지 못한 채 돌아갔다. 이후로 마음속으로 항상 고수부님을 존경하는 한 사람이 됐다.

6월 17일이다. 고수부님이 고민환에게 "너의 집 근처에 오성산이 있느냐?" 하고 물었다. 7년 전에도 했던 같은 질문이었다.

고민환은 "있나이다." 하고 대답했다.

"그러하냐. 거미가 집을 지을 때는 이십사방二十四方으로 줄을 늘여서 짓고, 다 지은 뒤에는 남이 알지 못하게 한편 구석에 숨어 있는 법이니라. 너는 그곳을 떠나지 말라."

증산 상제님은 일찍이 "나는 동정어묵動靜語默 하나라도 천지공사가 아님이 없고 잠시도 한가한 겨를이 없이 바쁜 줄을 세상 사람들은 모르느니라."(3:18)라고 하였다. 이 말씀은 천지공사 시행을 선언한 1926년 3월 5일 이후 고수부님에게도 그대로 적용된다고 할 수 있다. 이 공사에서 '거미'는 고수부님을 상징한다. 그러니까 고수부님 자신이 장차 오성산에 은둔할 것을 암시하는 공사를 진행하고 있는 것이었다. 『도전』에 따르면 고수부님의 오성산 은둔 공사에 대해서는 증산 상제님도 이미 집행한 바 있다.

이튿날 고수부님은 성도들을 데리고 오성산으로 향했다. 그때 성도들이 하늘을 보았는데 흰 구름 한 줄기가 조종리 도장 상공으로부터 오성산을 향하여 길처럼 뻗쳐 있고 그 위에 구름 무더기가 사인교 모양을 이루어 고수부님의 행차를 따랐다. 돌아올 때에도 가마 모양을 이룬 구름이 공중에 떠서 따랐다.

제23장

천지일심

태모님께서 보시고 "겁부적 많구나!" 하시며 추리고
남은 짚을 움켜잡고 말씀하시기를 "이것이 진짜니라." 하시니라.

그해 6월 그믐날. 그날도 고수부님은 천지공사로 바쁜 시간
을 보내고 있었다. 고수부님은 박종오, 고찬홍, 이근목, 전준엽,
강응칠, 강사성, 강원섭, 이석봉 성도 들을 벌여 앉힌 뒤에 고
민환 성도를 앞에 앉으라고 하였다.

이날 공사에 참여한 면면을 보면 왠지 심상치 않다. 가장 먼
저 눈에 띄는 인물들은 조종리 강씨 신도들이다. 물론 '조종리
강씨들'이 모두 고수부님 도장에서 신앙한 것은 아니었다. 조
종리 강씨들의 좌장이라고 할 수 있는 강응칠과 그의 아들, 강
사성, 강원섭, 그밖에 몇 명 강씨들이 신앙했는데 십중팔구 4촌
아니면 6촌간이었다. 이밖에 조종리 본소의 재정을 총괄하던
전준엽이 전대윤과 사돈이요, 김수남과 매제·처남사이, 그리
고 몇 달 전 강응칠이 딸을 전준엽의 집으로 시집보내 사돈간

이 되었다. 그러니까 공사에 참여한 신도들이라고 해도 대부분 조종리 강씨들과 그들의 일가친척들이었다. 강사성의 자부인 전복추田福秋 노인에 따르면, 당시 신앙인들은 도道를 해야 살고 안 하면 죽는다는 신앙관을 가지고 있어서 신도들끼리 서로 사돈을 맺는 일이 많았다.

공사는 계속되었다. 단 위에 올라가 앉은 고수부님은 뜻밖에도 남자 의관을 갖추어 입었다. 잠시 후, 고수부님은 고찬홍 성도를 향해 "나는 강증산이요, 고민환은 나니라. 절을 하라."고 명을 내렸다. '나(고수부님)는 강증산, 고민환은 나(고수부님)'라는 말씀 중에 후자는 주목되는 대목이다.

그러나 고찬홍 성도는 전자에 주목했던 것 같다. 고찬홍은 "저는 상제님께서 육신으로 출세하시기를 원할 뿐이요, 성령으로 출세하시기를 바라지 않습니다." 하고 절을 하지 않았다. 고수부님은 거듭 동의하기를 명하였으나 고찬홍은 끝내 고집을 꺾지 않았다. 크게 노한 고수부님은 담뱃대로 고찬홍을 마구 때렸다. 고수부님이 공사 중에 담뱃대로 참석자를 내려치고 추상같이 꾸짖는 것은 흔히 있는 일이었다. 조종리 도장 시절, 공사 현장을 목격했던 전복추 노인은 '어느 날 저녁에는 수부님께서 신도들에게 벌을 주시는데 모두 꿇어앉히시고 추상같이 호령하셨다. 그리고 기다란 담뱃대로 내려치셨는데 그럴 때마다 신도들은 어구구 하고 매 맞는 소리를 지르며 사죄했다.'고

회고했다.

　고수부님이 아무리 때려도 고찬홍은 꼼짝달싹하지 않았다. 고수부님은 지팡이를 들고 다시 때렸다. 온몸에 멍이 들고 피가 낭자하여 몸을 수습할 수가 없게 되었으나 고찬홍은 바위같이 틀어 앉아 끝까지 굴복하지 않을 본새였다. 고찬홍이 거의 실신하여 쓰러질 지경에 이르렀을 때 고수부님은 지팡이를 놓고 성도들을 천천히 둘러보았다. 언제 그랬느냐는 듯 얼굴에는 노여움이 사라졌다.

　"보았느냐. 너희들의 믿음이 이러하여야 상제님께서 출세하시리라." 고수부님이 조용한 어조로 말했다.

　이 공사에 대한 『도전』의 해석은 이렇다. 고찬홍 성도와 같이 잘못된 환상을 품고 신앙하는 사람들이 있다. 증산 상제님은 새 천지의 기본 틀을 다 짜고 하늘 보좌로 돌아가 오직 상제님의 심법을 그대로 집행하는 일꾼들이 나와 대업을 이루기만을 지켜보고 있다. 그러니까 고수부님은 고찬홍 성도의 생각은 잘못되었으나 그의 고집 하나만은 전범이 될 만한 신앙의 지조로서 인정해 준 것이다. 육신이 산산조각으로 찢겨지는 고난이 닥친다고 해도 태산처럼 틀고 앉아 꿈쩍도 하지 않을 옹고집이 있어야 생애를 바칠 수 있는 개척자의 신앙을 할 수 있다.

　무더위가 기승을 부리는 한여름에도 고수부님의 천지공사는 계속 진행되고 있었다. 그해 7월 25일 고수부님은 자동차를 타고 도장을 떠났다. 고찬홍, 박종오, 강원섭, 강사성, 전준엽, 이근목, 서인권, 고권필, 김재윤 성도 들이 뒤를 따랐다. 정읍 대흥리에 당도하여 신대원의 집에 거처를 정했다. 그리고 날마다 성도들로 하여금 "나무아미타불, 나무아미타불……."을 외우게 하며 공사를 집행하였다.

28일 저녁이다. 고수부님은 강원섭과 더불어 누런 수건을 한 끝씩 잡고 하늘을 향하여 "영세불망永世不忘"을 외운 뒤에 길을 떠났다. 성도들이 "영세불망, 영세불망……."을 외우면서 뒤를 따랐다. 일행이 도착한 곳은 증산 상제님의 묘각이었다. 고수부님은 큰 소리로 증산 상제님을 세 번 부른 뒤, "왜 이다지도 깊이 주무시나이까." 하고 통곡했다. 갑자기 비가 내렸다. 이튿날 조종리로 돌아오는 길에 자동차 안에서 강사성에게 '상제님 명정銘旌'을 읽게 한 뒤에 증산 상제님의 보호신장인 '만수萬修'를 크게 불렀다.

이 공사는 왠지 예사롭지 않다. 증산 상제님의 묘각까지 찾아가 공사를 행한 데에는 그만한 까닭이 있을 터이지만, 추측성 해석은 우리의 영역을 벗어난다. 우리가 할 수 있는 고수부님 '읽기'는 이어지는 공사와 입체적으로 읽어야 한다는 것이다.

얼마 후, 고수부님은 치성을 봉행했다. 치성이 끝난 뒤 고수부님은 "육임六任 도수를 보리라."고 말하며 도체道體 조직 공사를 행하였다. 공사에 참석한 신도들은 수백 명에 이르렀다. 당시 참석자 가운데 1백10여 명의 명단이 『도전』에 기록되어 있다.

공사 준비는 고수부님이 직접 지휘하였다. 먼저 동서남북 네 방위에 인원을 정하여 동서남북 사방에 청색, 백색, 적색, 흑색의 큰 깃발을 세웠다. 깃대 앞에는 책임자를 정해 세웠고 중앙에는 황룡기를 세운 뒤에 그 앞에 층으로 단을 높게 설치하였다. 단에는 윷판을 그려 놓고 그 위에 고수부님이 정좌했다.

"사방 60리 지령 기운地靈氣運이라. 지령 기운이 다 돌면 사람 추린다. 선자善者는 사지師之하고 악자惡子는 개지改之하라(선한 것은 본받고 악한 것은 잘 고치라)." 고수부님이 엄한 목소리로 말했다.

무슨 내용인가. 지령 기운 다 돌면 사람을 추리게 되므로 내 마음에 선한 것이 있으면 그것을 본받아 스승으로 삼고 마음에 악한 것이 있다면 즉각 고치라는 뜻으로 이해된다.

이어 성도 50명을 뽑아서 사정방四正方을 임명하였다. 그리고 육임六任, 팔봉八奉, 십이임十二任, 이십사임二十四任을 선정하여 동쪽 기에 육임, 서쪽 기에 팔봉, 남쪽 기에 십이임, 북쪽 기에 이십사임을 일렬로 세웠다. 나머지 인원도 배정하였다. 육임 아래에 6명씩 배정하여 모두 36명, 팔봉 아래에 여덟 명씩 배정하여 64명, 십이임 아래에 열두 명씩 배정하여 144명, 이십사임

아래에 스물네 명씩 배정하여 576명이다. 마지막으로 고민환과 강원섭 성도가 고수부님을 모시고 중앙에 섰다.

고수부님이 말했다. "이 다음에 수백만의 인원이면, 그 본줄기 되는 인원만 일정한 규칙을 정하여 나아갈진대 세계 민족을 포섭하리라."

이 공사를 집행한 이후부터 사정방의 육임, 팔봉, 십이임, 이십사임과 그 하단 조직으로 포교 운동을 일으켰다. 도세는 크게 일어났다.

9월이다. 음력 9월이면 가을 기운이 깃들면서 만산에 단풍이 물들기 시작한다. 조종리 도장의 9월에는 증산 상제님 성탄치성이라는 큰 행사가 있다. 고수부님은 물론 신도들도 맡은 바 각 분야에서 바쁘게 움직였다. 장연마을 신도 강봉삼, 김재윤, 이용기, 김봉우, 김형대, 박준달, 강성중, 박일중, 양문경, 전영숙 등 열 사람은 자금을 모아 황소 한 마리를 사서 도장에 헌성했다.

9월 18일, 조종리 도장에서는 장연마을 성도들이 올린 황소 한 마리와 여러 가지 제수를 갖추어 증산 상제님 성탄치성을 성대히 준비했다. 원래 조종리 도장에 큰 치성이 있으면 경상도, 전라도, 충청도 등 전국 각지에서 많은 신도들이 구름같이 모여 들어 장관을 이루었다. 건넛마을 원조에서 보면 흰 도포에 큰 갓을 쓰고 길을 따라 일렬로 걸어오는 신도들의 모습이 마치 빨랫줄에 흰 빨래를 나란히 걸어 놓은 듯하였다 한다. 도장 안팎은 치성 며칠 전부터 북새통을 이루었다. 치성에 참석한 신도가 많을 때는 임시 화장실을 수십 개씩 지어야 했다. 신도들은 도장 뒷산에 가마니를 깔고 앉아 치성을 기다리는데 조종리 일대를 하얗게 덮을 정도였다.

사람뿐만 아니었다. 치성에 바칠 소들의 행렬도 장관이었다. 주로 경상도에서 오는 신도들이 황소를 몰고 왔는데 쇠짚신을 신긴 소가 먼 길을 걸어서 오느라 다리를 절뚝거리면서 조종리 도장을 향하여 걸어오곤 하였다. 소가 들어오면 도장 뒷산의 소나무에 매어 두었다가 잡아서 제수로 쓰는데 어느 때는 이것도 모자라 조종리 근방에서 개, 닭, 돼지도 수십 마리씩 사들여야 했다.

치성을 준비할 때는 대문 입구에 금줄부터 쳤다. 마당에는 차일을 치고 자리를 깔아 그 위에 제단을 쌓고 병풍을 세워 신위를 모셨다. 대문 양쪽에는 등 두 개를 달고 장정 두 사람이 대문을 지키며 출입을 금하니 아무나 함부로 출입하지 못하고 오직 고민환 성도만이 자유롭게 출입하면서 고수부님의 명을 받들어 치성 준비를 감독했다.

모든 준비가 끝나고 치성이 시작되면 시종 엄숙한 가운데 진행되었다. 치성이 시작되기 전부터 '시천주주'와 '태을주'를 비롯하여 여러 주문을 읽는데, 고수부님은 신도가 내려 주송을 하되 묵송을 하였다. 각지의 신도들이 치성을 마치고 돌아갈 때는 마당에 깔아 놓은 멍석에서 지역별로 수십 명씩 모여 한꺼번에 고수부님한테 절을 하고 물러갔다. 그때마다 고수부님은 신도들의 노고를 치하하시며 손을 들어 답례하는데 그 자체만으로도 신도들에게는 큰 영광이 아닐 수 없었다.

조종리 도장에서 치성을 모실 때 신도들의 광경이 이러할진대, 고수부님은 더 말할 나위가 없었다. 고수부님이 치성을 모실 때는 베를 떠다 옷을 새로 해 입고 주요 간부들도 새 옷을 해 입도록 했다. 또 치성 음식은 사람을 따로 정하여 준비케 하는데 "침 들어간다." 하며 입을 천으로 가리고 말도 함부로 못하게 했다. 준비 과정이 어찌나 엄격했던지 보는 사람마다 "그 정성이 기가 막히다." 하고 혀를 내둘렀다.

이튿날 19일에 성탄치성을 봉행한 후에 고수부님은 "12방위의 열두 동물을 모두 구하여 오라." 하고 명하였다. 성도들이 구해 온 동물을 각 방위에 세우는데 동물을 구하지 못한 인진사오신寅辰巳午申 방위에는 백지에 그림을 그려 대신하도록 했다.

고수부님이 별안간 "서양 신명들은 어떻게 먹는다냐?" 하고 성도들에게 물었다. "밥은 먹지 않고 닭과 계란을 잘 먹는다고 합니다." "그러하냐. 그러면 너희들이 알아서 준비하라." 고수부님의 말씀을 들은 성도들은 동쪽으로 10리 되는 부용 시장으로, 남쪽으로 20리 되는 김제 시장으로, 북쪽으로 30리 되는 익산 시장으로 나가 닭과 계란을 사서 올렸다.

동서남북과 중앙에 오색기를 세워 놓고 고수부님이 공사를 진행했다. 고수부님은 12방위를 맡은 열두 동물에게 "너희들도 알지 않느냐?" 하고 갑자기 담뱃대를 흔들며 춤을 추었다.

> …… 그 동물들이 다 각기 소리를 내는 가운데 바람이 일어나 사방에서 중앙으로 불어오매 중앙 기가 나부끼며 태모님의 전신을 둘러 감더라. (11:129)

고수부님은 기다렸다는 듯 성도들에게 '시천주주'를 읽게 한 뒤 동방 청색과 중앙 황색의 기폭旗幅을 잡고 덩실덩실 춤을 추었다. 춤을 추면서 고수부님이 말했다.

"너희들 잘 들어라. 모두 일심一心들이냐?"

"예!"

"그러면 짚 한 다발 들여라."

고수부님의 말씀을 듣고 한 성도가 짚을 한 단 갖다 놓았다. 고수부님이 짚을 추려내라고 했다. 그 성도가 짚을 추려내는데 고수부님이 계속 "더 추려내어라."고 말했다. 영문을 알 턱이 없는 성도가 "어머니, 어쩌려고 자꾸 이렇게 추려내십니까?" 하고 여쭈었다. 고수부님은 "더 추려내어라." 하며 호통을 쳤다. 몇 번을 반복하여 짚을 추려냈으므로 손에는 한 움큼 가량밖에 남지 않았다.

그때 고수부님이 지켜보다가 "검부적 많구나!" 하며 추리고 남은 짚을 움켜잡고 "이것이 진짜니라." 하고 말했다. 『도전』에 따르면 증산 상제님의 천지대업을 이루는 가장 큰 관건은 일꾼들의 천지일심에 있다는 말씀이다.

제24장

상제님이 오셨네

"고해에 빠진 창생 질병에서 구제하러 오셨네.
온갖 죄업 용서하러 오셨네."

고수부님이 도문을 개창한 뒤 천지공사로 가장 바쁜 한 해를 보냈던 1926년이 가고 1927년 새해가 밝았다. 고수부님의 나이 48세가 되는 해였다. 정월 초열흘이다. 조종리 도장에 이상한 급보가 날아들었다. 이른바 '보천교 혁신파' 이달호, 임경호, 채기두, 채규일, 임치삼 들이 장정 10여 명을 거느리고 자동차 두 대로 대흥리 본소 앞에 내려 정문을 깨뜨리고 돌입을 시도하다가 보천교 신도 수백 명한테 구타를 당하여 중상을 입은 사건이 벌어졌다는 소식이었다.

고수부님은 이미 이런 날이 올 것을 알고 있었다는 듯 자리를 털고 일어났다. 고민환, 고찬홍, 전준엽, 강사성, 문영희, 김수응, 이근목 등 성도들이 뒤를 따랐다. 정읍에 도착한 고수부님은 병원으로 가서 '보천교 혁신파' 간부들을 문병하고 치료

비를 주는 등 위로했다. 고수부님이 증산계 교단의 일에 직접 찾아간 것은 전례가 없던 일이었다. 고수부님 자신이 씨앗을 뿌린 교단과 신도들의 일이라 관심을 거둘 수 없었을 것이다.

그해 2월 3일, 경칩절 치성을 올리는 날이다. 그날 치성에 참석한 성도들은 4, 50여 명 정도였다. 증산계 난법 교단이 (증산 상제님이 도수를 붙여 놓은 대로) '초장봉기지세'의 말기 현상을 보이는 마당에 고수부님으로서는 생각나는 이 가신 님 증산 상제님이요, 만백성의 어머니로서 안타까운 것은 후천개벽을 앞두고 죽어가는 천하 창생들의 운명이었다. 후자를 구원하기 위해 필요한 것은 참일꾼들이었다.

이날 치성 때 고수부님은 신도들에게 "일심으로 신봉하라. 너희들 신세를 그르치지는 않으리라. 증산 상제님과 내가 합덕하여 여는 일이니 너희들은 팔 짚고 헤엄치기니라." 하고 격려했다.

하루는 (고수부님께서-인용자주) 말씀하시기를 "천지공사와 후천 도수는 너희들의 아버지께서 말[斗] 짜듯 물샐틈없이 짜 놓았으니 부귀영달富貴榮達과 복록수명福祿壽命이 다 믿음에 있는 고로 일심만 가지면 안 될 일이 없느니라." 하시니라. 또 말씀하시기를 "우리 일은 후천 오만년 도수니라." 하시니라.(11:139)

증산 상제님이 고수부님에게 "그대와 나의 합덕으로 삼계를 개조하느니라."(6:42) 하며 행하였던 공사의 재확인이다. 고수부님의 이 공사 내용을 당시의 조종리 도장 신도들에게 한정하여 이해한다면 오독이 될 것이다. 시공을 초월하여 진법 도장에서 신앙하는 모든 참일꾼들에게 들려주는 천지 어머니의 끝없는 사랑의 목소리다.

> 태모님께서 항상 말씀하시기를 "척隻이 없어야 한다. 척을 풀어야 하느니라." 하시더니 성도들을 거두어 쓰실 때 반드시 먼저 그 액厄을 제거하시고 몸에 붙어 있는 척신隻神을 물리쳐 주시며 혹 몸에 병이 있으면 그 병을 낫게 하시고 또 앞길의 모든 장애를 없애어 새롭게 하신 뒤에 비로소 따르게 하시니 성도들이 태모님의 은혜에 황공하여 몸 둘 바를 모르더라.(11:140)

1927년 이후부터 고수부님은 질병 치유에 대한 공사를 많이 행하였다. 자식을 생각하는 어머니의 마음은 그러하듯 고수부님의 치유 공사에는 조선이고 일본이고 국적을 가리지 않았다. 그해 3월 장연마을에 사는 일본인 쿠라오까[倉岡]가 몸이 아파 병원에 갔는데 체증이라 하여 약을 썼으나 아무 효과가 없었다. 이용기 성도를 통해 자초지종을 전해들은 고수부님은 "그

병은 체증이 아니라 주달酒疸이라." 하며 약을 처방해 주었다. 쿠라오까는 다음날에 완치되었다.

이 무렵, 고수부님은 직접 노래를 지어 부르기도 하였다.

> 오셨네, 오셨네, 상제上帝님이 오셨네.
> 주조主祖님이 오셨네, 열석 자로 오셨네.
> 고해에 빠진 창생 질병에서 구제하러 오셨네.
> 천길 만길 가로막힌 장벽 허물러 오셨네.
> 세상의 온갖 죄업 용서하러 오셨네.
> 지극한 평화와 기나긴 영락으로 인도하러 오셨네.(11:146)

이 공사에서 '열석 자로 오셨다'는 것은 문자 그대로 천주를 모시는 주문 '시천주주'의 열석 자(시천주조화정 영세불망만사지)의 신앙대상인 천주를 가리킨다. 그러니까 노래로 부르는 이 공사는 증산 상제님을 기리는, 증산 상제님이 인간으로 온 이유를 재확인해 주는 공사라고 할 수 있다. 고수부님을 직접 모시는 성도들은 물론 온 인류에게 전하는 메시지임은 물론이다.

고수부님은 치성 때가 돌아오면 많은 신도들이 보는 가운데 인마人馬를 타고 다니곤 하였다. 여러 성도들이 번갈아가며 인마를 지었으나 주로 강원섭 성도가 맡았다. 강원섭의 호는 백호白虎. 고수부님이 인마를 타려고 할 때는 큰 소리로 "백호야! 백호야!" 하고 원조마을을 향해 불렀다. 중조마을에서 수백 미터 떨어진 원조마을에서 강원섭이 그 소리를 알아듣고 달려오면 고수부님이 "인마를 지어라."고 명하였다.

강원섭이 무릎을 꿇고 앉았다. 등을 타고 오른 고수부님은 손으로 강원섭의 허리께를 말채찍 휘두르듯 철썩철썩 때리며 큰 소리로 "백호야! 달려라. 이랴! 어서 가자." 하고 도장 마당을 돌았다. 어떤 때는 강응칠 성도의 아들 대용에게 인마를 짓게 하고 강원섭을 마부로 정하여 인마를 끌게도 하였다. 종종 인마를 타고 중조 왼편에 위치한 당산마을 앞 당산나무 주위를 강강술래 하듯 빙빙 돌았는데 그때마다 성도들은 공사를 마칠 때까지 계속하여 주문을 읽었다.

우리가 주목하는 것은 이 인마 공사의 의미다. '온 인류의 어머니' 되는 고수부님이 역시 마흔 살이 넘은 남자 신도 강원섭을 인마로 하여 이와 같은 공사를 행하였다는 것은 왠지 예사롭지 않다. 그럴 만한 까닭이 있을 것이다. 고수부님의 천지공사 문법을 이해하는 지름길은 우선 키워드key word를 찾아내 그 의미를 알아내는 일이다. 이 공사의 키워드는 두 말할 나위 없이 '인마'일 것이다. 증산 상제님은 "나는 옥황상제니라. …… 나는 마상馬上에서 득천하得天下하느니라."(6:7)고 하였고, 또 "난리 치나 안치나 말[馬]이 들어야 성사하느니라. 말에게 이기고 지는 것이 있다."(5:108)고 하였다. 증산 상제님이 천하를 얻을 수 있는, 천지대업을 이룰 수 있는, 천지대업의 성패 여부가 달려 있는 '열쇠'가 '말[馬]에 있다'고 할 때, 그 중요성을 아무리 강조해도 지나치지 않을 것이다. 증산 상제님의 이와 같은 공사 말씀을 좀 더 구체적으로 보여 준 공사가 고수부님의 인마 공사다.

여기서 한 가지 물음이 제기된다. 당시 조종리 도장의 재정 규모로 보아서 말 한 필을 구하는 것이야 어렵지 않았을 터인데 왜 굳이 인마인가? 우리의 해명은 이렇다. 증산 상제님과 고수부님의 천지대업을 이룰 수 있는 것은 '말과 관련이 있는 사람'이어야 한다는 것이다. 이 공사에서 '인마'로 표현되는 '바로 그 사람'은 증산 상제님과 고수부님을 인마 태우고 천지대업을 이루게 될 것이다.

'도운' 공사는 계속되었다. 고수부님이 항상 "내 새끼들 중에서는 안 되고 판밖에서 성도하여 들어올 것이다."라고 하였다는 것은 이미 논의하였다. 그때마다 성도들은 표현은 하지 않았으나 못내 서운함을 감추지 못했을 터였다. 그날도 고수부님은 같은 얘기를 반복하였다. 증산 상제님을 추종했던 성도들도 마찬가지였으나 당시 성도들이 고수부님 도장에 와서 신앙하는 개인적인 이유 중의 하나는 살아생전에 큰 환란기인 후천 가을개벽이 오고, 그 개벽에서 살아남아 후천 선경세계에 거듭나는 희망 때문이었다. 물론 증산 상제님과 고수부님의 가르침에 더욱 충실한다면 개벽기에 죽어가게 될 인명을 단 하나라도 더 많이 살리는 것이 신앙인들의 사명이 돼야 할 것이었다. 그것이 곧 천지대업이 아니겠는가.

문제는 고수부님의 그런 얘기가 그들이 당신을 신앙하고자 하는 이유를 뿌리째 흔들어 놓을 수 있다는 점이다. 그래서 수석성도 고민환이 용기를 내어 "늘 그와 같이 말씀하시는데 오늘은 왜 판밖에서 성도하여 들어오는지 그 이유를 가르쳐 주십시오." 하고 말했다. 고수부님은 당장 아무 대답도 하지 않았다. 공사장에 잠시 정적이 흘렀다. 성도들의 눈길이 고수부님을 향해 빗발같이 몰아쳤다. 고수부님은 "흥!" 하고 고개를 돌려 버렸다. 성도들은 몰랐다. 도운이란 지난한 고생과 많은 시간을 들여서 개척해야 하는 것이지 단지 '감나무' 밑에 누워 입만 쩍 벌린 채 누워 있다고 해서 잘 익은 홍시가 떨어져 입으로 쏙 들어가지 않는다는 것을.

고수부님의 말없는 가르침을 깨닫지 못한 성도들은 '개인적인 욕망'을 버리지 않았다. 며칠 뒤 성도들이 고수부님에게 간절히 청하였다. "어머니, 하루 속히 개벽이 되어 좋은 세상이 이루어지게 하옵소서."

"너희들 검은머리가 흰 파뿌리 되도록 기다려도 어림없다. 이놈들아." 고수부님이 단호하게 말했다. 진리 앞에서 고수부님은 냉정했다. 고수부님은 "기다리지 마라." 하고 한마디로 잘라서 말했다.

"천지에는 정해진 도수가 있나니 때 오기를 걱정하지 말고 너희 마음 심心 자나 고쳐 놓아라." 고수부님은 또 "너희들이 앞으로 한 지경을 넘어야 하리니 나는 그것을 걱정하노라." 하고 말했다. 고수부님의 가르침이 당초 성도들이 신앙할 때의 '개인적인 욕망'과는 달랐으므로 도장 안에서 균열의 조짐이 보이는 것은 조직의 생리상 어쩔 수 없는 일이었다.

이 무렵, 임피 · 옥구 신도들 중에 몇몇 사람이 주동이 되어 친목계를 조직했다. 그들은 각처로 돌아다니며 신도들을 포섭하여 계원으로 끌어들이려고 했다. 몇몇 성도들이 고수부님을 찾아와 이 사실을 고했다.

"언제는 너희들이 돈을 모아 묶어 놓고 했느냐?" 고수부님은 성도들을 타일렀다. "연전의 일을 잊었느냐? 생각하면 기가 막히는 일이다. 너희들은 잘 된 일로 아느냐? 어서 가서 일을 꾸미는 놈들에게 내 마음이 편치 못하니 계를 그만두는 것이 좋겠다고 하여라."

성도들이 주동자들을 만나 고수부님의 얘기를 그대로 전했다. 그들은 듣지 않고 오히려 고민환을 시켜 고수부님을 설득하려고 했다. 고민환이 고수부님을 찾아왔다.

고수부님은 대뜸 "네가 계의 내용을 아느냐?"라고 묻고는

"너 죽을 줄 모르고 그러느냐." 하고 꾸짖었다.

고민환이 돌아가 주동자들을 만나 "나는 다시 말을 않겠네." 하고 말했다. 주동자들은 "민환과 상의하는 우리들이 그르다." 하며 아예 결별을 선언했다.

일은 점점 커져갔다. 주동자들은 평소 고수부님과 고민환에게 불만을 품고 있던 조종리 강씨 신도들과 의기투합했다. 그들은 "민환이 본소에 오면 생사를 가리지 않겠다."고 다짐하며 잔뜩 벼르고 있었다. 여러 성도들이 조종리 강씨 신도들과 주동자들을 만나 간곡히 만류했다. 그들은 막무가내였다. 심지어 고수부님한테 욕설을 퍼붓기도 했다. 이로부터 조종리 도장에는 '임옥조종파臨沃祖宗派'가 생겨 임옥 신도들끼리도 갈라지게 되었다.

조직의 분열상을 보고 있는 고수부님은 마음이 아팠을 것이다. 무엇보다도 임옥 신도들이 분열한 것이 그랬다. 고수부님의 임옥 신도들에 대한 애정은 각별했다. 고수부님 도장에서 임옥 신도들만큼 성경신誠敬信을 다 바치는 신도들은 드물었다. 조종리 시절뿐만 아니라 이후에도 그랬다. 임옥 신도들은 고수부님의 신도세계를 잘 이해할 뿐 아니라 치성 때면 대소사를 전담하고 공사에 잘 수종하며 뒷일을 도맡아 처리했다. 고수부님이 항상 "임옥 신도가 내 자손이니, 보리밥일 지경이라도 임옥 자손을 데리고 모든 일을 처리하리라."고 말했다. 그랬는데, 바로 그 임옥 신도들이 분열을 했으니 고수부님의 마음이 오죽했겠는가.

제25장

너희가 도통을 원하느냐

"도통道通이 두통頭痛이다, 이놈들아! 어른거려서 못 사느니라."
"제 오장육부 통제 공부로 제 몸 하나 새롭게 할 줄 알아야 하느니라."

이 무렵, 고수부님이 심법 공사에 치중하는 것도 도장 안의
분열상과 전혀 무관하지는 않았을 것이다. 신앙인으로서 '개인
적인 욕망'을 갖고 있는 것은 수석성도 고민환이라고 해서 예
외가 아니었다. 고민환의 '개인적인 욕망'은 좀 다르긴 하였다.
그것은 '개인적인 욕망'이라기보다 신앙인의 열망이라고 하는
것이 더 옳다. 예나 지금이나 신앙인이라면 십중팔구 열망 하
나씩을 갖고 있을 터. 도통에 대한 열망이 그것이다. 고민환도
누구보다 도통에 대한 열망이 컸다. 열망이 너무나도 간절했던
고민환은 고수부님에게 심고할 때마다 항상 "어머니, 저에게
도통을 좀 주십시오." 하고 기도했다. 고수부님도 고민환의 열
망을 모르지 않았다.

어느 날 고수부님은 이용기 성도에게 "야, 민환이가 도통 달

란다.” 하고 말했다. 그리고 나서 고민환을 보고 “야, 이놈아! 도통이 어디 있다냐. 하늘에서 별 따기보다 어려운 것이 도통이다.” 하고 꾸짖었다.

그러나 고민환은 쉽게 도통에 대한 열망을 떨쳐 버릴 수 없었다. 하루는 집에 돌아와 있는데 문득 도통해 볼 생각이 크게 일어났다. 아예 산에 들어가서 공부하려고 돈을 챙겨들고 길을 나섰다. 막상 입산하려고 하니까 고수부님이 눈앞을 가렸다. 고민환은 고수부님을 찾아가 인사를 드렸다.

“너 지금 어디 가느냐?” 고민환의 속내를 모르지 않는 고수부님이 말했다. “너희 아버지가 도통문을 닫아서 통通이 없으니 너는 내 곁을 떠나지 말고 가만히 앉아서 네 공부만 해라. 마음 닦는 공부보다 더 큰 공부가 없나니 때가 되면 같이 통케 되느니라. 너는 집만 잘 보면 되느니.”

고민환을 도장에 주저앉혔으나 고수부님의 마음이 편할 리 만무하였다. 조종리 도장의 수석성도 고민환의 마음이 그러할진대 다른 성도들이야 오죽하겠는가. 인간의 욕망이란 그랬다. 아무리 가르쳐도 듣지 않는 성도들을 보고 고수부님은 답답하고 야속했을 것이다. 그렇다고 포기할 수 있는 일이 아니었다. 고수부님은 더욱 더 강하게 성도들의 마음단속을 하였다.

“도통道通이 두통頭痛이다, 이놈들아! 어른거려서 못 사느니라.” 고수부님은 호통을 쳤다. “내 일은 판밖에서 성도成道해 가지고 들어오나니 너희들은 잘 닦으라."

고수부님이 아무리 깨우쳐 주어도 성도들은 도통 욕심을 버리지 않았다. 이후 성도들이 "도통" 소리만 하면 고수부님은 "아나, 도통 여기 있다!" 하고 담뱃대로 사정없이 때리곤 했다.

그해 9월 21일, 고수부님은 고찬홍, 전준엽, 이근목 성도 등 10여 명과 함께 금산사로 행차하였다. 금산사 미륵전에서 치성을 올린 후 고수부님은 선언하였다. "상제님의 성령이 이제 미륵전을 떠나셨느니라."

이어 성도들에게 "요강을 가져 오너라." 하고 명하였다. 옆에서 이 광경을 지켜보던 금산사 대중들이 혼비백산하여 말렸으나 고수부님은 당장 물러가라고 호통을 쳤다. 금산사 대중들은 꼼짝을 못하고 뒤로 엉거주춤 물러섰다. 고수부님은 많은 사람들이 지켜보는 가운데 요강에 걸터앉아 소변을 보고 옆에 있는 이근목 성도에게 주었다.

"저 미륵에게 끼얹어라. 헛것이니라."

누가 감히 이와 같은 명령을 망설임 없이 따를 수 있겠는가. 이근목이 감히 행동으로 옮기지 못하는데 고수부님이 불호령을 내렸다. 이근목이 할 수 없이 요강을 들고 미륵불상 앞으로 다가가다가 짐짓 넘어지는 체하며 미륵전 마룻바닥에 오줌을 엎질러 버렸다.

"앞으로 너희는 여기다 절도 하지 말고 오지도 마라. 허상이니라." 고수부님이 말했다.

미륵전을 나온 고수부님은 다시 대적광전으로 갔다. 불단 앞으로 다가선 고수부님은 마치 살아있는 사람을 향해 꾸짖듯 말하면서 담뱃대로 석가모니 불상의 머리를 탕탕 때렸다. "너는 어찌 여지껏 있느냐. 빨리 가거라."

좀 희화적이고, 보는 이에 따라서는 간담이 서늘하기조차 하는 이 공사를 어떻게 이해할 것인가. 정녕 전에도 없었고 앞으로도 없을 일을 고수부님은 지금 천지공사로서 집행하고 있는 것이었다. 증산 상제님과 고수부님의 신도 차원이 아니라면 접근하기조차 난해한 일이 아닐 수 없다.

증산 상제님과 고수부님 도문은 금산사 미륵전과 불가분의 관계를 맺고 있다. 증산 상제님은 인간으로 오기 전에 금산사 미륵불상에 30년 동안 임어해 있었고 그때 고수부님이 안내하고 모셨었다는 것은 이미 논의하였다. 어천 직전에 증산 상제님은 "내가 미륵이니라. …… 내가 금산사로 들어가리니 나를 보고 싶거든 금산 미륵불을 보라."라는 유언을 남기기도 했다. 고수부님이 이따금씩 금산사 미륵전을 찾아와 치성을 드린 이유도 물론 거기에 있었다. 불가의 금산사 미륵전 미륵불상이 아니라 미륵불인 증산 상제님에게 치성을 올린 것이다.

문제는 이 공사에서 고수부님이 '증산 상제님의 성령이 이제 미륵전을 떠났다'고 선언한 점이다. 고수부님은 자신의 선언을 확인하듯 요강에 오줌을 누어 미륵불에게 끼얹었고 '헛것'이라고 했다. 내막은 그러하였다.

증산 상제님은 '나를 보고 싶거든 금산 미륵불을 보라'고 유언한 직후 "내가 8월 1일에 환궁하리라."고 말했다. 1909년 6월 24일 어천한 이후 금산사 미륵전에 머물다가 8월 1일 천상의 호천금궐로 돌아가겠다는 얘기다.

증산 상제님의 장례식을 치른 뒤 뿔뿔이 흩어졌던 김형렬, 차경석, 김광찬 성도 들은 같은 해 7월 그믐날 '나를 보고 싶거든 금산 미륵불을 보라'고 한 증산 상제님의 유언을 되새기며 금산사 미륵전으로 와서 '옥황상제지위'라는 종이 위패를 미륵불상에 붙이고 치성을 드렸다. 김형렬은 바로 그날이 증산 상제님이 환궁하겠다고 한 8월 1일인 것을 깨달았다. 그러니까 이 일화에 따르면 증산 상제님의 성령이 금산사 미륵전에 머물렀던 것은 1909년 음력 6월 24일부터 같은 해 음력 8월 1일까지였다.

그해 동짓날, 고수부님은 동지치성을 봉행한 뒤 신도 120여 명을 소집하여 대공사를 행하였다. 24방위에 각기 다섯 사람씩

세우고 중앙에는 단을 높이 설치한 다음 고수부님이 단 위에 앉았다. 고수부님은 "이 공사는 후천 오만년 선불유仙佛儒 삼도합일의 운도運度를 다시 살펴 새롭게 하는 공사다."라고 결론부터 말했다.

'후천 오만년 선불유 삼도합일의 운도'는 무엇인가. 이해를 위해서 증산도 우주론에 대한 사전지식이 필요하다. 우리가 살고 있는 오늘날, 때는 우주의 가을이 문턱에 와 있는 후천 가을 개벽기—.

증산 상제님은 말했다.

> 지금은 온 천하가 가을 운수의 시작으로 들어서고 있느니라. 내가 하늘과 땅을 뜯어고쳐 후천을 개벽하고 천하의 선악善惡을 심판하여 후천선경의 무량대운無量大運을 열려 하나니 너희들은 오직 정의正義와 일심一心에 힘써 만세의 큰 복을 구하라. 이때는 천지성공시대天地成功時代니라. 천지신명이 나의 명을 받들어 가을 운의 대의大義로써 불의를 숙청하고 의로운 사람을 은밀히 도와주나니 악한 자는 가을에 지는 낙엽같이 떨어져 멸망할 것이요, 참된 자는 온갖 과실이 가을에 결실함과 같으리라. 그러므로 이제 만물의 생명이 다 새로워지고 만복萬福이 다시 시작되느니라.(2:43)

삼척동자도 다 알다시피 가을은 추수의 계절이요, 또한 낙엽이 떨어지는 계절이다. '봄에 씨 뿌리고 여름에 길러진' 저 들판에 무르익어 가는 가을의 곡식들도, 나뭇가지마다 주렁주렁 매달려 있는 온갖 과일들도 농사꾼에 의해서 가을걷이의 대상이 되지 못한다면 결국 '가을에 지는 낙엽같이 떨어져' 부패할 것이다. 알곡이 되느냐, 낙엽이 되어 떨어지느냐, 여기에는 그 어느 것도 예외가 될 수 없다. '만물의 영장'이라고 일컫는 인간까지도.

도의 세계도 마찬가지다. 지난 '여름철'까지 가장 화려하게 꽃을 피웠던 유불선과 기독교도 예외가 아니다. '삼도합일의 운도'를 맞이한 것이다.

> 본래 유儒·불佛·선仙·기독교[西仙]는 모두 신교神敎에 연원을 두고 각기 지역과 문명에 따라 그 갈래가 나뉘었더니 이제 성숙과 통일의 가을시대를 맞아 상제님께서 간방 땅 조선에 강세하시매 이로써 일찍이 이들 성자들이 전한 천주 강세의 복음이 이루어지니라.(1:6)

> 예수를 믿는 사람은 예수의 재림을 기다리고 불교도는 미륵의 출세를 기다리고 동학 신도는 최수운의 갱생을 기다리나니 '누구든지 한 사람만 오면 각기 저의 스승이라.' 하여 따르리라. '예수가 재림한다.' 하나 곧 나를 두고 한 말이니라. 공자, 석가, 예수는 내가 쓰기 위해 내려 보냈느니라.(2:40)

증산도 우주론, 상제관에 기대면 증산 상제님이 인간으로 온 것도 우주의 가을개벽기에 '삼도합일의 운도'를 맞이하였기 때문이다. 인간으로 온 증산 상제님은 "이제 온 천하가 대개벽기를 맞이하였느니라. 내가 혼란키 짝이 없는 말대末代의 천지를 뜯어고쳐 새 세상을 열고 비겁否劫에 빠진 인간과 신명을 널리 건져 각기 안정을 누리게 하리니 이것이 곧 천지개벽이라." (2:42)고 하여, 개벽을 통한 새 역사의 시작을 온 우주에 선포하였다.

여기서 우리가 주목하는 것은 고수부님이 '삼도합일의 운도를 다시 살펴 새롭게 하는 공사'를 집행했다는 것이다.

단 위에 우뚝 올라앉은 고수부님은 고민환에게 『현무경』을 처음부터 끝까지 읽으라고 하였다. 그리고 담뱃대를 좌우로 휘두르는데 갑자기 서기 어린 노을이 일어나 도장 건물을 환하게 둘러쌌다. 이어 고수부님이 창을 했다. "선지조화仙之造化요, 불지양생佛之養生이요, 유지범절儒之凡節이라(선도는 조화를 주장하고 불도는 양생을 주장하고 유도는 범절을 주장한다)." 창이 끝나고 고수부님이 단에서 내려오자 상서로운 노을이 흩어졌다.

이 공사는 증산 상제님이 집행한 바 있는 '가을 문명, 유불선 통일의 관왕冠旺 도수'(2:150), 종교문화 통일 공사(4:8) 들과 일맥상통하는 공사라고 할 수 있다. 관왕 도수를 보면서 증산 상제님은 "모든 술수는 내가 쓰기 위하여 내놓은 것이니라."라는

말씀으로 공사를 마무리했다. 여기서 '술수'는 물론 유·불·
선을 가리킨다. '공자, 석가, 예수는 내가 쓰기 위해 내려보냈
느니라'는 말씀과 같은 맥락이다. 또한 상제님은 종교문화 통
일 공사를 행하면서 각 족속들 사이에 나타난 여러 갈래 문화
의 정수를 뽑아 모아 통일케 하였다. "나의 도는 사불비불似佛非
佛이요, 사선비선似仙非仙이요, 사유비유似儒非儒니라. 내가 유불선
기운을 쏙 뽑아서 선仙에 붙여 놓았느니라."고 하였다. 깊은 논
의는 생략하겠으나 결론적으로 말하면 후천 가을개벽을 앞둔
천지의 가을시간대를 맞아 유·불·선의 정수를 뽑아 통일시켰
다는 것이다.

증산 상제님의 이와 같은 공사를 고수부님은 '후천 5만 년
선불유 삼도합일의 운도를 다시 살펴 새롭게 하는 공사'로 재
확인한 것이다. 공사를 마친 고수부님은 성도들을 단속하는 것
도 잊지 않았다.

태모님께서 말씀하시기를 "제 오장육부 통제 공부로 제 몸
하나 새롭게 할 줄 알아야 하느니라." 하시고 "후천 천지사업
이 지심대도술知心大道術이니라. 각자 제게 있으니 알았거든 잘
하라." 하시니라.(11:182)

어디 공사 현장에 참석한 성도들뿐이겠는가. 고수부님이 단

속하는 것은 시간과 공간을 초월하여 후천 5만 년 천지사업을 하는 모든 일꾼들의 마음이요, 일하는 자세일 터였다.

제26장

천갱생天更生 지갱생地更生 인갱생人更生
미륵갱생彌勒更生

"하늘 아래 사는 놈은 다 내 자손이니 사람 대접을 잘하라."

1928년, 그해는 새해 벽두부터 이른바 '사상사건'으로 나라 안팎이 온통 시끌벅적하였다. 무엇보다도 그해는 증산계 교단, 그중에서도 보천교에서 일대 파란이 일어난 해였다. 그해 정월 초사흗날 치성(증산도에서는 '정삼치성正三致誠'이라고 부른다. 이하 같은 명칭으로 표기한다)을 마칠 무렵, 고수부님이 별안간 의식을 잃고 쓰러졌다. 조종리 도장 안팎이 발칵 뒤집혔다. 성도들은 어찌할 바를 모르고 우왕좌왕할 뿐이었다. 다행하게도 고수부님은 쓰러진 지 서너 시간 뒤에 깨어났다. 고수부님은 아무 말 없이 손을 들어 당신의 얼굴을 가리키며 둥글게 휘둘렀다. 옆에 있던 고민환, 박종오 성도가 처음에는 고수부님의 의중을 파악할 수 없어 어리둥절해했다.

그때 문득 한 성도가 "상제님의 영정을 그리라 하십니까?"

하고 여쭈었다. 고수부님이 말없이 고개를 끄덕였다.

성도들은 김제군 백구면 가전리에 살고 있는 화가 김옥현金玉鉉(1878~1960)을 불러 증산 상제님의 어진을 주문하였다. 어진御眞이 완성됐으나 제대로 되지 않았다.

2월에 고수부님은 주요 간부들에게 "상제님 영정을 다시 그려 봉안하라."고 명하였다. 간부들은 의논 끝에 화가 정산定山채용신蔡龍臣(1850~1941)을 선정했다.

정산은 조선조 전통양식의 마지막 인물화가로 조선 말기와 일제강점기에 걸쳐 활약했던 손꼽히는 대가. 전통 초상화 기법을 계승하면서도 서양화법과 근대 사진술의 영향을 받아 소위 '채석지蔡石芝(석지는 채용신의 다른 호) 필법'으로 일컬어지는 독특한 화풍을 개척한 인물이다. 고종 어진과 흥선대원군, 최익현, 전우, 황현, 최치원 등의 초상화를 그렸다. 정산은 당시 조종리에서 멀지 않은 정읍군 용북면 육리에 살고 있었다.

증산 상제님 어진을 주문 받은 정산은 흔쾌히 응낙했다. 일이 순조롭게 진행되는 듯하였다. 정산이 상제님의 용안龍顔을 거의 다 그려갈 무렵, 고수부님이 방으로 들어왔다. 고수부님은 그림을 보더니 담뱃대로 휙 걷어 젖히고 이어 담뱃대로 정산의 등을 내려치며 "이놈아! 증산을 그리라 했거늘……." 한마디를 남기고 나가 버렸다. 정산은 차마 할 말을 잃어버린 표정이었다.

도장 간부들이 정산을 잘 달래어 다시 어진을 그리게 하였다.

그로부터 얼마 후 정산 화백은 고수부님으로부터 또 한 번의 혹독한 질책을 받고나서야 어렵사리 상제님 용안을 완성하였다.

"그만하면 너희 아버지와 비슷하다." 마침내 고수부님이 허락하였다.

그런데 문제가 생겼다. 상제님의 용안은 흡사하게 얻었으나 의관범절衣冠凡節을 어떤 식으로 갖추어 그려야 할지 난감하였다. 고수부님에게 그 형식을 여쭈었다.

"상제님께서 나에게 말씀하시기를 '나는 옥황상제玉皇上帝니라.' 하셨으니 황제식皇帝式이 옳다."

고수부님의 말씀을 듣고 정산은 정성껏 어진을 그려서 올렸다. 완성된 증산 상제님 어진은 그해 3월 26일 고수부님 성탄절에 봉안되었다.

고수부님의 조종리 도장 시절, 치성 때가 되면 동냥을 온 한 거지가 근처에서 서성거리다가 먼발치에서 고수부님을 향해 절을 올린 뒤 돌아가곤 하였다. 그해 치성 때도 그 거지는 어김없이 나타났다. 마침 식사시간이라 거지는 밥을 얻어먹으려고 맨 뒤에 줄을 서서 차례를 기다렸다.

고수부님이 거지를 불렀다. "아이고, 이놈. 내가 너를 좋은 곳으로 보내 주마." 고수부님은 부엌일을 하는 성도들을 향해

"이놈 밥 좀 줘라."고 말했다. 고수부님이 아직 수저를 들기 전이었다. 성도들은 밥 퍼 줄 생각을 않고 자기 할일에 바빴다. 고수부님은 "너 요놈 먹어라." 하고 당신의 밥상을 거지에게 밀어 주었다.

며칠 뒤였다. 고수부님이 갑자기 자리에서 벌떡 일어나며 "야, 너희 놈들, 형제간에 우애가 그래서야 쓰겠느냐." 하고 꾸짖었다. 영문을 모르는 성도들은 '우애 있게 지내려고 신도들 간에 서로 형님 아우하며 지내왔는데 어째서 저러실까?' 하고 서로의 얼굴을 보며 어리둥절했다.

"만경 삼거리 솔밭에 가면 너희 형제란 놈이 거기에 있을 것이니 가서 보고 오너라." 고수부님이 말했다.

성도들이 만경 삼거리 솔밭에 가 보았는데 치성 때 왔던 거지가 얼어 죽어 있었다. 성도들이 거지를 땅에 묻어 주었다.

도장으로 돌아온 성도들을 보고 고수부님은 "참 좋은 일 하고 왔다. 그런 사람을 잘되게 해 주어야 후천이 올 것이니라." 하고 말했다.

얼마 후, 고수부님이 "내일 큰손님이 오니 대청소를 하라."고 말했다. 성도들은 서둘러 도장 안팎을 청소했다. 이튿날 삼베옷을 입은 누추한 차림의 한 노파가 도장을 찾아왔다.

"아이구. 저런 노파 때문에 어머니께서 대청소까지 시키셨는

가. 야박도 하시구먼." 성도들이 실망하는 투로 투덜거렸다. 성도들의 분위기를 모르지 않는 고수부님은 "없는 사람을 더 끔찍이 알라."고 당부하듯 말했다.

앞의 거지 일화와 함께 이 '노파' 일화는 인류의 어머니로서 고수부님의 면모를 확인할 수 있는 일화들이다. 이 무렵, 고수부님은 같은 공사를 자주 행하였다.

> 하루는 태모님께서 일러 말씀하시기를 "사람은 잘나든 못나든 모두 천지자손이니라." 하시고 "하늘 아래 사는 놈은 다 내 자손이니 사람 대접을 잘하라." 하시니라.(11:189)

그해 4월 초파일이다. 고수부님은 도장을 개창한 이후 매번 거르지 않고 4월 초파일치성을 봉행해 왔다. 물론 그해 4월 초파일 치성도 예년과 다름없이 봉행됐다. 치성을 봉행한 후 고수부님은 "4월 초파일 행사는 석가불의 탄신일이니 불가에서나 할 일이지 우리와는 아무런 관계가 없다." 하고 선언했다.

"세상 돌아가는 철을 찾아야 하나니 앞으로 치성은 절후를 찾아 봉행함이 옳으니라. 이것은 곧 본래의 뿌리를 찾는 일이니라. 앞으로는 미륵 운이니라. 선천 종교는 씨가 다 말라죽었느니라."

절후란 24절기를 가리킨다. '절후를 찾아 봉행하는 것이 본래의 뿌리를 찾는 일'이라는 것은 증산 상제님 대도의 종지이기도 한 원시반본原始返本 정신에 따른 것이다.

앞에서, 우리가 살고 있는 이때는 우주의 가을철로 들어가는 후천개벽기라고 했다. 가을에는 농부에 의해 가을걷이 되는 알곡이 될 것인가, 낙엽 되어 떨어질 것인가, 두 길 중의 한 길을 갈 수밖에 없다고 했다. 왜 그러한가. 가을은 곧 어떤 식으로든 통일(수렴)하는 계절인 까닭이다.

원시반본은 문자적으로는 '시원의 근본(뿌리) 자리로 돌아간다'는 뜻으로 가을의 통일(수렴)운동의 정신을 의미한다. 결실·추수하는 우주 가을의 때를 맞이하여 가을의 변화 정신에 따라 천지만물은 생명의 근원 자리로 돌아가야 한다.

공사 후반부에서 고수부님은 기성종교 시대는 가고 미륵의 시대, 다시 말하면 증산 상제님의 시대가 왔다고 선언했다. 물론 이 공사 역시 증산 상제님과 지금까지 진행된 고수부님의 여러 공사를 종합하여 입체적으로 이해해야 한다. 가장 가깝게는 지난해 9월 21일 금산사 대적광전에서 '…… 빨리 떠나라'고 꾸짖으며 담뱃대로 석가불상의 머리를 때리는 공사를 집행하였고, 이날 공사에서는 '4월 초파일 행사는 우리와는 아무런 관계가 없다'고 선언하였다.

다음 공사도 마찬가지다. 고수부님은 고민환, 박종오, 강원섭, 강사성, 유일태, 오수엽, 강춘택, 강대용 등 성도 수십 명을 늘여 앉히고 "오늘은 천상계의 신선세계에 사는 선관선녀仙官仙女의 제도와 풍경을 보여 주리니 모두 동북하늘을 보라."고 하였다. 성도들이 모두 동북쪽 하늘을 바라보았다.

이때 고수부님이 담배연기를 입으로 훅 내뿜었다. 동시에 오색구름이 일어나 사람형상으로 변하며 선관선녀의 모습을 이루었다. 고운 옷을 입고 머리에 화관을 쓴 선관선녀들이 춤추며 기뻐하고 온갖 기화이초奇花異草가 만발한 가운데 붉은 봉황과 백학이 춤추듯 창공을 날아다녔다. 고수부님은 "다가오는 후천 선경세계가 저러한 형국이 될 것이다." 하고 말했다.

하루는 태모님께서 말씀하시기를 "내가 하는 일은 다 신선神仙이 하는 일이니 우리 도는 선도仙道니라." 하시고 "너희들은 앞으로 신선을 직접 볼 것이요, 잘 닦으면 너희가 모두 신선이 되느니라." 하시니라. 또 말씀하시기를 "신선이 되어야 너희 아버지를 알아볼 수 있느니라." 하시니라.(11:199)

같은 날, 고수부님은 다른 공사를 행하였다. 증산 상제님 어진을 모신 방문 앞에 단을 설치하여 향촉을 밝히고 치성 음식을 성대히 준비하여 진설하였다. 이어 강진용姜鎭容의 논 아홉 두락에 '금산사 불양답金山寺佛糧畓'이라 쓴 푯말을 세웠다. 무대가 마련되었으므로 인물들이 등장할 차례였다. 고수부님은 고민환 성도에게 가사와 법복을 입힌 뒤에 "단 앞에서 24일간 천수경과 칠성경을 송주하라."고 명하였다.

"이 공사는 선천의 주불主佛인 석가모니의 운이 이미 갔으니 이제 후천 용화세계의 주불이신 미륵불을 봉영하는 공사니라."

고수부님은 "천갱생天更生 지갱생地更生 인갱생人更生 미륵갱생彌勒更生"이라고 삼창한 뒤에 방으로 들어갔다.

증산 상제님은 일찍이 '모든 것이 나로부터 다시 새롭게 된다'고 하였으되, 고수부님은 더욱 구체적으로 '미륵불'인 증산 상제님과 함께 하늘도 새롭게 바뀌고 땅도 새롭게 바뀌고 사람도 새롭게 바뀐다는, 후천 대개벽을 앞두고 모든 것이 새롭게 바뀌게 되는 '후천선경의 주불 미륵불 봉영 공사'를 진행하고 있는 것이었다.

천갱생 지갱생 인갱생—. 지금까지 우리는 천지공사에 대해 많은 논의를 전개해 왔고 선행연구에서도 천지공사에 대한 많은 연구가 없지 않았으나 고수부님의 이 한마디만큼 '천지공사'의 개념규정을 정확하게 드러낸 말씀이 또 있을까. 천지공사가 증산 상제님과 고수부님이 공정한 '우주 재판'을 통해 뒤틀린 자연 질서와 그릇된 인간질서에 대한 재조정 작업을 시도하여 우주생명의 판과 틀을 새롭게 짜서 바꾸는 일이라고 할 때, 구체적인 목적은 (고수부님의 가르침 그대로) 천개벽天開闢과 지개벽地開闢, 인간개벽人間開闢이다. 바꾸어 말하면 자연개벽과 문명개벽, 인간개벽이다. 여기서 고수부님은 미륵갱생을 덧붙였다. 더 이상의 논의는 생략한다.

제27장

대사부 출세 공사

"들어가기는 어느 구멍으로나 다 들어가 서로 잡아먹다가
나올 적에는 한 구멍밖에는 나오는 데가 없으니 꼭 그리 알라."

그해 5월, 고수부님은 간부 성도들을 불러 모은 뒤에 10개 항
목의 '계율'을 내려 주는 공사를 행하였다.

(1) 투도偸盜하지 말라.　　　　　(2) 간음姦淫하지 말라.

(3) 척隻짓지 말라.　　　　　　　(4) 시기猜忌하지 말라.

(5) 망언妄言하지 말라.　　　　　(6) 기어綺語하지 말라.

(7) 자만심自慢心을 갖지 말라.　　(8) 도박賭博하지 말라.

(9) 무고히 살생殺生하지 말라.　　(10) 과음過飮하지 말라. (11:206)

계율이 무엇인가. 신앙인으로서 수행생활의 규칙, 도덕적인
덕을 실현하기 위한 규범을 일컫는다. 어원은 산스크리트의 '실
라sila(戒)'와 '비나야vinaya(律)'로 원래는 불교용어이다. 그러나
불교의 계율에 해당하는 종교적 규범은 다른 종교에서도 찾아

볼 수 있고, 또한 교단의 규칙이라는 뜻으로도 널리 쓰이고 있다. 따라서 고수부님이 내려 준 계율에는 당신의 도덕적 실천 윤리관을 확인할 수 있는 한 자료가 된다는 점에 주목된다.

고수부님은 왜 이 시점에서 계율을 내려 주었을까. 성도들에게 심법공부를 시키고 증산 상제님의 시대를 선언하면서 이제 계율까지 내려 주는 공사를 행하는 고수부님의 현주소는 어디일까. 많은 논의가 있을 수 있겠으나 우선 조종리 도장 안의 내분을 지적할 수 있다. 문제는 조종리 강씨 신도들이었다. 원래 고수부님을 조종리로 모시고 왔던 그들은 대부분 감투욕과 권력욕에 빠져 자신의 공로를 내세워 분란을 일으켰다. 고수부님이 몇 차례 주의를 주었으나 도대체 뉘우치는 기미가 보이지 않았다.

고수부님이 간부 조직을 개편한 것은 이 무렵이었다. 고민환을 내무로, 고찬홍을 외무로, 그리고 사정방에는 전준엽을 동방주로, 이근목을 남방주로, 강원섭을 서방주로, 강운서를 북방주로 임명했다. 조종리 강씨 신도 중 원로격인 강응칠과 강사성은 빠지고 강원섭과 강운서 성도가 사정방에 등용되었다는 것이 눈길을 끈다. 고수부님이 갑자기 조직개편을 한 의도를 읽을 수 있는 대목이다.

고수부님이 그토록 우려하고 경계했던 조종리 도장의 내분이 표면적으로 드러나기 시작한 것은 이 무렵이었다. 강응칠,

강사성 성도 등은 도장을 나가 아예 드러내 놓고 고수부님을 비방하였다. 내분 양상은 수석성도 고민환에 대한 제거 음모로까지 발전했다. 고수부님도 그런 움직임을 알고 있었다. 조종리 강씨 신도들의 고민환 제거 음모는 매우 심각했던 것 같다. 고수부님이 도장 밖으로 공사를 보러 갈 때는 고민환을 병풍 뒤에 숨겨둘 정도였다. 그것으로 문제가 완전히 해결되는 것은 아니었다.

"여기 있지 말고 몸을 피하라." 고수부님은 고민환에게 말했다. 얼마 후, 고민환이 밤을 틈타 고향 옥구로 돌아갔다.

고수부님의 마음이 편할 리 만무하였다. 그럴수록 천지공사에 진력하였다. 그것도 앞으로 전개될 도운 공사, 특히 자신의 후계자를 내는 공사가 이 무렵에 집중되었다는 것은 의미심장하다. 대두목을 내는 정읍 칠보산 상봉에서의 태자봉 공사(11:210), 백만 억 불佛 출세 축원 대공사(11:211) 들이 그것이다.

무더위가 기승을 부리는 여름이 가고 가을 초입에 들어섰다. 이 무렵, 고수부님은 종종 "자던 개가 일어나면 산 호랑이를 쫓는다."고 말하는가 하면, 또 "내가 숙구지宿狗地(현재 정읍시 신태인읍 화호리 화호마을) 공사를 보아야 한다."고 말하기도 하였다.

'숙구지 공사'가 무엇인가. 1908년 어느 날 증산 상제님은 개의 창자를 빼낸 후 그 가죽을 둘러쓰고 느닷없이 사람들을 향해 달려들었다. 모두 크게 놀라 줄행랑을 쳤다. 며칠 뒤 증산 상제님은 문공신 성도에게 "잠자던 개가 일어나면 산 호랑이를 잡는다'는 말이 있나니 태인 숙구지 공사로 일을 돌리리라." (6:75)고 말했다. 1909년 봄에도 증산 상제님은 문공신 성도를 주인으로 정하여 '후천 대개벽 구원의 의통 집행 공사: 숙구지 도수'(6:111)를 집행하였다. 숙구지는 문자 그대로 '개가 잠자고 있는 형상의 땅'이다. 이 공사에서 증산 상제님은 숙구지 혈, 다시 말하면 잠자고 있는 개의 기운을 끌어와 후천 대개벽 구원의 숙구지 도수를 붙였다.

그렇다면 숙구지 공사에서 '잠자는 개'는 누구를 가리키는

태인 숙구지 _ 잠자는 개의 형상을 하고 있는 땅으로, 상제님과 수부님 모두 이곳의 기운을 취하여 숙구지 공사를 집행하였다.

가. 증산 상제님과 고수부님 도운의 참일꾼 추수자(대두목), 증산 상제님의 광구창생의 대업을 실현하는 참주인 되는 대사부가 바로 그 사람이다. 결국 숙구지 도수는 후천 대개벽을 앞두고 증산 상제님의 대행자에게 붙인 (증산 상제님의) 천지대업을 실현하는 최종 결론 도수가 된다.

9월이다. 고수부님은 "이제 때가 멀지 않으니 자는 개를 깨워야겠다."고 말하며 성도 수십 명을 거느리고 길을 나섰다.

고수부님이 공사 진행에 앞서 터트린 일성은 의미심장하다. '이제 때가 멀지 않았다'는 말씀에서 '때'는 무엇인가. 두 말할 나위 없이 후천 가을개벽의 때를 가리킨다. 그렇다면 '자는 개를 깨워야겠다'는 말씀은 무엇인가. 증산 상제님의 숙구지 공사와 병행하여 읽어야 한다. 증산 상제님이 숙구지의 기운을 취해 호랑이를 잡을 수 있는 '잠자는 개' 도수를 정해 놓았고, 고수부님은 지금 그 '잠자는 개'를 깨우는 공사를 집행하고 있다. '숙구지 도수'가 후천 대개벽 구원의 도수라고 할 때 후천 가을개벽이 그만큼 임박했다는 것을 암시하는 대목이기도 하다.

고수부님이 도착한 곳은 물론 태인 숙구지—. 공사 내용은 이러하였다. 먼저 마포로 일꾼들 옷 30벌을 지어 동네 머슴들에게 입힌 뒤 통 하나에 고깃국을 담고 밥을 잘 말아 뜰 앞에 놓으며 동네 머슴들에게 잔치를 베풀었다. 고수부님은 그들에게 "많이 먹으라." 하고 따뜻하게 말했다.

공사를 마친 뒤에 고수부님은 "이제 잠든 개를 깨웠으니 염려는 없다." 하고 말했다. 후천 가을개벽의 순조로운 프로그램 진행을 위해서 할 수 있는 마지막 공사를 진행한 뒤 고수부님은 비로소 안심하고 있는 것이다. 이 공사로써 후천 가을개벽을 앞두고 증산 상제님의 대행자 대사부가 출세하게 될 것이다.

며칠 뒤, 고수부님은 갑자기 웃옷을 벗어 속곳 차림으로 젖가슴을 늘어뜨린 채 "윷판 가져오너라."고 하였다. 고수부님이 평소 윷놀이를 좋아하였으므로 윷판을 가져오라고 하는 것이야 있을 수 있는 일이지만 옷을 벗어 젖가슴까지 늘어뜨리는 모습을 보면 무슨 큰 공사를 보는 것이 분명하였다. 한 성도가 윷판을 대령하였다. 고수부님은 앞에 놓인 윷판의 출구를 항문 쪽으로 돌려놓았다.

"들어가기는 어느 구멍으로나 다 들어가 서로 잡아먹다가 나올 적에는 한 구멍밖에는 나오는 데가 없으니 꼭 그리 알라. 윷놀이는 천지놀음이니라."

고수부님은 또 "나는 바닥에 일― 붙은 줄 알고 빼려 드니 누구든지 일 자, 삼 자를 잡아야만 임자네." 하고, 다시 "같은 곳 수면 말수가 먹느니라." 하며 공사의 결론을 지었다.

이 공사는 증산 상제님의 1908년 문공신 성도를 주인으로 하여 보았던 '신천지의 참주인 진주眞主노름의 독조사 도수' (5:226), 1909년에 보았던 '도운을 추수하는 매듭 일꾼'(5:357) 도수와 연장선상에 있는 도운 공사다.

1908년 공사에서 증산 상제님은 문공신 성도에게 "네게 주인을 정하여 독조사 도수를 붙였노라. 진주노름에 독조사라는 것이 있어 남의 돈은 따 보지 못하고 제 돈만 잃어 바닥이 난 뒤에 개평을 뜯어 새벽녘에 회복하는 수가 있으니 같은 끗수에 말수가 먹느니라."고 했고, 1909년 공사에서 "현하대세가 가구假九판 노름과 같으니 같은 끗수에 말수가 먹느니라."고 말했다.

이 공사에서 '진주'는 증산 상제님의 참일꾼 추수자로서 (증산 상제님의) 광구창생의 대업을 실현하는 '참주인'을 일컫는다. '독조사'란 오직 제 것으로 사람을 살리고 증산 상제님의 도판을 개척해서 인재를 기르는 지도자의 길을 가리킨다. 자자손손 자신의 청춘, 재산, 정성을 모두 바쳐 무에서 유를 개척하여 창업을 실현하는 것이 진주의 사명이요 독조사의 사명이다.

고수부님 공사 말씀을 주목하자. 윷판에서 '들어가기는 어느 구멍으로나 다 들어가 서로 잡아먹다가 나올 적에는 한 구멍밖에는 나오는 데가 없다'는 것은 무엇인가. 1928년 현재 증산 도판에서 보천교를 비롯한 각종 난법 단체가 활개를 치고 있으나 결국 서로 잡아먹다가 끝날 때는 한 구멍, 증산 상제님과 고수부님의 대행인 정통 지도자 휘하로 몰려들 수밖에 없다는 얘기다. 고수부님이 '윷놀이는 천지놀음'이라고 한 이유가 바로 이것이다.

제28장

해원의 노래

"달은 가고 해는 오네. 지천地天의 운수로다.
운이 오고 때가 되어 만물이 해원이라."

 1928년 9월, 그러니까 숙구지 공사로 대사부를 출세시키는
공사를 행한 뒤, 고수부님은 오랜만에 정읍군 우순면 초강리
연지평에 살고 있는 딸 태종의 집을 방문하였다. 고민환, 박종
오, 전대윤 성도 들을 대동했다. 딸과 사위 박노일을 만나고 돌
아오는 길에 부용역 근처 식당으로 들어갔다. 점심식사를 하고
있는데 식당에서 일하는 여자가 한쪽 팔이 불편하여 잘 쓰지
못하는 것이 눈에 띄었다. 고수부님이 여자를 불렀다.
 "언제부터 팔이 불편해졌느냐?"
 "7년 전부터 우연히 이렇게 되었습니다."
 고수부님은 그 여자를 앞에 앉히고 "불쌍하구나. 몸이나 성
하여야 먹고살 거 아니냐."라고 하면서 팔을 살살 어루만져 주
었다. 여자는 언제 그랬는가 싶게 팔이 나아 그 자리에서 밥상

을 들고 나갔다.

고수부님이 궁핍한 생활로 고통 받는 민중들의 삶을 돌보는 일화는 숱하다. 인류의 어머니로서 자애로움이 어디로 가겠는가. 그해 9월 증산 상제님 성탄치성 때도 은진恩津에 사는 김기성의 아내 이씨가 어린아이를 데리고 와서 "이 아이가 산증疝症으로 심히 고통스러워하나이다." 하고 아뢰자 고수부님이 손으로 아이의 불알을 어루만져 주어 병을 낳게 해 주었다.

상제님 성탄치성을 마친 고수부님은 퍽 기분이 좋았던 것 같다. 고수부님이 신도들 앞에 앉았다.

태모님께서 가곡조歌曲調로 온화하게 창하시기를 "복희伏羲, 신농神農, 황제黃帝, 요순堯舜, 우탕禹湯, 문무文武, 주공周公 같은 만고성현萬古聖賢도 때 아니면 될 수 있나. 전무후무 천지운도天地運度 우리 시절 당한 운수 성경신이 결실이니 삼도합일三道合一 태화세太和世를 그 누가 알쏘냐. 달은 가고 해는 오네. 지천地天의 운수로다. 운이 오고 때가 되어 만물이 해원이라." 하시니라. 이어 말씀하시기를 "공자의 안빈낙도安貧樂道란 인간이 못할 일이니, 나는 만물을 해원시키노라." 하시니라.(11:220)

가사 내용을 한마디로 요약하면 지금 '천지의 대운수를 만났다'는 것이다. 후천 선경세계가 그것이다. 증산 상제님과 고수부님이 열어 주는 후천 선경세계는 지극히 현실주의적인 세상이다. 죽어서 올라가는 천당이 아니라 우리가 살고 있는 이 자리가 곧 후천 선경세계가 된다.

그리고 이어서 말한 '안빈낙도'란 무엇인가. 찢어지게 가난한 생활 가운데서도 편안한 마음으로 도를 추구하는 것이다. 고수부님은 그런 '안빈낙도의 삶'을 인간이 '못할 일'이라고 단호하게 부정했다. 증산 상제님과 고수부님이 질정해 놓은 후천 세상은 정신문명은 물론 물질문명이 고도로 발전되어 최상의 풍요를 누리는 현실 선경세계이므로 안빈낙도의 삶을 부정한 것이다. 일찍이 증산 상제님이 말한 후천 '선경세계의 생활문화'는 이러하다.

후천에는 만국이 화평하여 백성들이 모두 원통과 한恨과 상극과 사나움과 탐심과 음탕과 노여움과 번뇌가 그치므로 말소리와 웃는 얼굴에 화기和氣가 무르녹고 동정어묵動靜語默이 도덕에 합하며, 사시장춘四時長春에 자화자청自和自晴하고, 욕대관왕浴帶冠旺에 인생이 불로장생하고 빈부의 차별이 철폐되며, 맛있는 음식과 좋은 옷이 바라는 대로 빼닫이 칸에 나타나며 운거雲車를 타고 공중을 날아 먼 데와 험한 데를 다니고 땅을 주름잡고 다니며 가고 싶은 곳을 경각에 왕래하리라. 하늘이 나직하여 오르내림을 뜻대로 하고, 지혜가 열려 과거 현재 미래와 시방세계十方世界의 모든 일에 통달하며 수화풍水

火風 삼재三災가 없어지고 상서가 무르녹아 청화명려淸和明麗한 낙원의 선세계仙世界가 되리라. 선천에는 사람이 신명을 받들어 섬겼으나 앞으로는 신명이 사람을 받드느니라. 후천은 언청계용신言聽計用神의 때니 모든 일은 자유 욕구에 응하여 신명이 수종 드느니라.(7:5)

이틀 뒤, 고수부님은 성도 10여 명을 대동하고 정읍 대흥리로 행차하였다. 도착한 곳은 보천교 본부였다. 고수부님은 보천교 새 건물 주위를 돌아다니며 담뱃대로 건물을 겨누고 총 쏘듯이 탕탕 소리를 냈다. 이어 증산 상제님이 수부소로 정했던 보천교 본소에 가서 덩실덩실 춤을 추며 "흥강가, 흥강가." 하고 노래했다.

고수부님은 다시 보천교에서 '호천금궐昊天金闕'이라고 부르는 '십일전十一殿'으로 갔다. 사다리를 타고 십일전 지붕 위로 올라간 고수부님은 풀쩍풀쩍 뛰어다니면서 "도솔천궁兜率天宮 조화造化라, 나무南無 미륵존불彌勒尊佛, 조화造化임아 천개탑天蓋塔, 나무南無 미륵존불彌勒尊佛." 하고 노래한 뒤에 "이 집은 지어도 절밖에 못 된다." 하고 외쳤다.

아직은 공사 중이었으나 완공된 뒤의 십일전은 단일 규모로는 당시까지만 해도 우리나라 건축사상 가장 큰 건물이었다. 경복궁 근정전勤政殿이 7보 5칸인데 비해 십일전은 9보 7칸의 2

층 건물이었고, 보통은 8척 기준으로 한 칸을 잡는데 십일전은 16척을 한 칸으로 잡았으므로 실제 규모는 근정전의 두 배가 훨씬 넘는 규모였다. 뿐만 아니라 우리나라에서는 역대 왕조 시절에도 사용한 일이 없었던 황금색 기와를 올렸는데 중국의 천자궁을 본뜬 것으로 중국 기술자들을 불러와 지었다. 차경석 성도의 '천자天子 등극설'이 인구에 회자되는 가운데 보천교주 차경석의 야망이 과연 어디에 가 있었는지 추측하기 어렵지 않다. 증산 상제님이 그토록 우려하고 또한 경계했던 일이 현실화되고 있는 것이었다.

1907년, 증산 상제님이 대흥리에 머무를 때, 차경석을 데리고 네 차례씩이나 비룡산飛龍山에 오르며 공사를 행하였다. 그 무렵, 증산 상제님은 차경석의 집 벽에 '천고춘추아방궁千古春秋阿房宮이요 만방일월동작대萬方日月銅雀臺라'는 글귀를 써 붙이며 "경석아, 집을 크게 짓지는 말아라. 그러면 네가 죽게 되느니라." 하고 말했다. 어찌 예사로운 말씀이겠는가.

아방궁이란 중국 진秦나라 시황제가 기원전 212년부터 건축한 호화로운 궁전. 전전前殿과 후궁後宮으로 나뉘는데, 전전의 크기만 동서 500보(675m), 남북 50장(113m)으로 위층에는 1만 명이 앉을 수 있고 아래층에는 5장丈의 깃발을 세울 수 있을 정도로 거대했다. 동작대는 중국 후한 건안 15년(서기 210) 겨울에 조조가 업鄴의 북서쪽에 지은 누대樓臺로서 구리로 만든 참새로 지붕 위를 장식한 데에서 생긴 말이다. 그러니까 증산 상제님은 차경석이 진시황제나 조조를 흉내 내어 아방궁이나 동작대와 같은 큰 건물을 지을 것을 경계한 것이다. 특히 '큰 건물을 짓게 되면 죽게 된다'는 증산 상제님의 단호한 말씀에 주목하자. 『도전』에 따르면 차경석은 이 공사를 증산 상제님이 자신에게 종통을 전했다고 아전인수격으로 해석했다. 불행한 운명을 자초했다고 할까.

공사 내용 중에 고수부님이 보천교 본부 건물을 향해 담뱃대로 총 쏘듯이 탕탕 소리를 낸 것은 보천교와 교주 차경석의 27년 난법 헛도수의 종국을 고하는 '사형선고'에 다름 아니었다. 고수부님이 춤추며 노래했던 「흥강가」는 『도전』에 기대면 '흥강興姜'으로서 '강증산 상제님을 믿어야 흥한다'는 뜻이다. 그 해 1월에 있었던 '신로 변경信路變更'과 관련이 있을 것이다.

차경석은 아내 이씨로부터, "영안을 통하여 보니 상제님의 자리에 삼황오제신이 들어서고 상제님은 풀대님에 삿갓을 쓰고 보좌를 떠나시더라."는 말과 "삼황오제신은 곧 경석의 아버지 차치구더라."는 말을 듣고 혹하여 차치구를 신앙 대상으로 받들고 교리도 유교식으로 바꾸는 이른바 '신로변경'을 단행하였다(사실은 상제님을 배신한 것이다).

앞의 '말씀' 중에 '십일전 건물이 절밖에 못 된다'는 것은 보천교 '본부'의 운명을 얘기한 것이다. 일제는 한국을 강제로 합병함과 거의 동시에 종교계의 반일사상을 제거하려는 목적에서 온갖 탄압정책을 구사했다. 1915년 8월 16일 총독부령 제83호로 공포된 이른바 '포교규칙'이란 것도 그중 하나였다. 총독부가 공인하는 종교는 일본 신도神道와 불교, 기독교라고 규정하고, 이외의 종교(단체)는 모두 '유사종교類似宗教'로 분리하여 불법화시키고 탄압하였다. 민족종교를 '사교邪教' 또는 '유사종교'라 격하시키면서 민족정기를 말살시키려는 술책으로 혹독한 탄압을 자행한 것이다. 그리고 1936년 일제는 '유사종교해산령類似宗教解散令'을 내려 민족종교를 모조리 해산시키는 만행을 저지르게 된다. 이 해산령으로 민족종교는 물론 민족주의 성향을 띠지 않았던 일반 종교(단체)들도 대부분 해체되었다. 한국 민족종교사상 최대의 암흑기가 닥친 것이다. 같은 해 교주 차경석이 죽고 보천교 역시 '유사종교해산령'으로 인해 해체 된다.

보천교 본부의 모든 건물도 같은 운명에 처해졌다. 십일전 건물은 서울 태고사太古寺(현재 조계사), 정화당靖化堂은 전주역사全州驛舍, 그리고 보화문普化門은 내장사 대웅전으로 옮겨졌다. 증산 상제님과 고수부님이 짜 놓은 천지공사가 현실화된 것이다. 그러니까 고수부님은 지금 '보천교 난법 기운을 거두는' 공사를 행하는 중이었다. 이 공사 이후로 보천교는 교단을 유지하지 못하고 점차 쇠퇴의 길을 걷게 된다.

제29장

천지의 어머니

"너희들은 다 내 새끼들이니 내 젖을 먹어야 산다."

대흥리 보천교 본부를 다녀온 지 며칠 뒤 고수부님은 담뱃대를 좌우로 휘저으며 말했다. "천하의 뭇 무리들이 서로 내가 낫노라고 다투어 고개를 쳐들고 먼저 나오려 하니 이것이 천하에 끼치는 병폐의 하나로다. 이제 그대로 두면 분란이 가중되고 혼란이 자심하리니 이 담뱃대를 휘둘러 그 쳐드는 꼭뒤를 치면 그 머리가 본처로 쏙 들어가리라."

천하의 난법자를 없애는 공사다. 그리고 신도들의 심법을 다지는 공사 말씀이 이어졌다.

病從口入이요 禍從口出이니라
口是禍之門이요 舌是斬身刀니라

병病은 입으로부터 들어가고 화禍는 입으로부터 나오느니라.

입은 화를 부르는 문이요 혀는 몸을 베는 칼이니라.(11:223)

우리 공부는 오장육부 통제 공부니, 곧 선각仙覺 지각智覺
이니라. 이 공부가 도도통都道統이니라. 제 몸에 있는 것도
못 찾고 무슨 천하사란 말이냐! 소천지小天地가 대천지大天
地니라.(11:224)

전자에서 '병종구입 화종구출'은 진晋의 부현傅玄(서기 217~278)
이 한 말이고, '구시화지문 설시참신도'는 오대五代의 정치가
풍도馮道(서기 882~954)의 「설시舌詩」에 나오는 구절이다. 고수부님
이 심법心法교육 차원에서 이 글을 인용한 것이다. 후자는 지난
해 동짓달 11일에 행하였던 '오장육부 통제 공부'의 또 다른 공
사 말씀이다.

잠깐, 증산 상제님과 고수부님 말씀을 이해하기 위해서 두 분
이 사용하는 언어적 특성 몇 가지를 살펴본다. 첫째, 가장 일상
적인 용어를 사용하면서도 심오한 진리를 드러내고 있다는 점
이다. 둘째, 필요하다면 유가의 경전은 물론이요 고금의 한시까
지 망라한 한문을 자유자재로 구사한다는 점이다. 셋째, 많은
조어造語가 거침없이 사용되고 있다. 증산 상제님은 "모든 것이
나로부터 다시 새롭게 된다."(2:13)고 했으되, 여기에는 언어사
용도 예외가 아닐 터였다. 넷째, 상황에 따라 비어卑語까지도 서
슴지 않고 사용한다는 점이다. 증산 상제님은 "육두문자肉頭文字

가 나의 비결이니라. 육두문자를 잘 살피라. 아무 것도 모르는 놈이 아는 체하느니라."(4:110)라고 말했다. 정리하면, 증산 상제님과 고수부님은 일반적으로 누구나 알아듣기 쉽게 일상적인 용어를 사용하는데 때로는 어려운 듯 심오한 말씀으로, 때로는 어머니가 아이를 달래듯 자애로운 말씀으로, 또 때로는 호된 육두문자를 사용해 듣는 자들을, 들어야 하는 자들을 후려치면서 정신을 깨우쳐 주는 것이다.

하루는 고수부님이 공사를 보는데 그 과정이 매우 파격적이었다. 공사를 시작하면서 고수부님이 젖을 배꼽까지 늘어뜨리고 성도들에게 젖을 훑어 뿌렸다.

"야, 이놈들아! 내 젖 먹어라. 너희들은 다 내 새끼들이니 내 젖을 먹어야 산다." 거기서 끝나지 않았다. 고수부님은 갑자기 속옷을 벗고 두 다리를 벌리고 섰다. 그리고 마치 천하를 향해 포효하듯 말했다. "이놈들아, 네놈들이 전부 내 밑구녕에서 나왔다. 내 보지 밑으로 나가거라. 어서 오너라, 어서 와."

성도들은 그리로 지나가지 않으면 죽는 줄 알고 서로 머리를 들이밀고 먼저 들어가려고 야단법석이었다.

고수부님이 "야, 이놈들아! 한 놈씩 들어오너라." 하고 호통을 쳤다. 이때 호호백발의 노인들까지 갓 벗을 겨를도 없이 뿔뿔 기어서 통과하려고 하는데 고수부님이 갓을 뜯어 버리고 밀어 넣듯이 지나가게 하였다. 남자 신도들뿐만이 아니었다. 여자 신도들도 모두 기어서 지나갔다.

이 공사의 뜻을 제대로 이해하려면, 자신의 짧은 지식으로 섣부른 판단을 하기에 앞서 먼저 고수부님이 어떤 분인가를 알아야 하고, 그 다음으로 공사의 참뜻을 가슴으로 느끼기 위해 노력해야 한다.

우리가 이미 얘기했던 것처럼 고수부님은 만유 생명의 어머니이다. 증산 상제님이 고수부님을, 아니 한낱 이름 없는 청춘 과부였던 인간 고판례를 '수부'로 들어 올렸을 때부터, 옥황상제 강증산과 혼례식을 치른 이후부터 당신은 이미 인류의 어머니, 온 천지의 어머니가 되었다. 증산 상제님은 수차에 걸쳐 고수부님이 '천지의 어머니'임을 확인시켜 주고 공사로서 확정해 놓았다. 고수부님 역시 1926년에 몸소 '온 인류의 어머니로 부르도록 공사'를 보았다. 이 공사는 그와 같은 공사의 연장선상에 있다고 할 수 있다.

고수부님이 온 인류의 어머니이니까, 천지의 어머니이니까 천하 창생들이 모두 당신에게서 나왔고, 공사에 참석한 신도들-뿐만 아니라 전 인류를 향해 말씀하는 것임에 유의하자-이 당신의 자식이 되고, 당신의 젖을 먹어야 사는 것은 당위일 터였다. 결론적으로 이 공사는 고수부님 당신이 억조창생의 생명의 어머니임을 만천하에 선포한 것이다. 『도전』 그대로 '신도神道와 인도人道의 천지 어머니 공사'이다.

한 해가 저물었고 또 한 해가 시작되었다. 1929년 1월 3일, 정삼치성일이다. 고수부님이 초헌初獻을 하고 이어서 성도들이 절을 올렸다. 성도들이 절을 하고 물러났을 때 고수부님이 큰 소리로 "천지정리무기토天地定理戊己土."라고 세 번을 외쳤다.

역학에 기대면 '무기토戊己土'는 곧 하늘 기의 움직임 가운데 중앙에 위치하여 천지만물의 생성변화를 일으키는 동력원이 되는 토土를 일컫는다. 만유 생명의 조화의 바탕자리가 중앙 토 이듯 인사에 있어서도 모든 조직의 근본정신은 중앙의 지도자를 중심으로 전개돼야 조직 자체가 길이 창성할 수 있다. 그러니까 고수부님은 지금 천지사업을 이루는 조직기강 확립에 대한 공사를 집행하고 있는 것이다.

그때였다. 치성을 모시던 제단 바로 위 천장에 큰 거미가 매달려 있는 것이 고수부님의 눈에 띄었다. 고수부님은 앞에 있는 옥구 사람 강재숙姜在淑(1879~1945) 성도를 향해 "거미의 이치를 알면 말하라."고 하였다. 강재숙이 "알지 못합니다." 하고 대답했다. 고수부님은 "이 또한 특별히 연구해야 할 이치다."라고 말하며 성도들을 천천히 둘러보았다.

"거미가 집을 지을 때 24방위로 줄을 늘이나니 집을 다 지은 후에는 보이지 않는 곳에 가서 숨어 있느니라."

이 공사는 우선 고수부님 자신의 은둔 공사로 이해된다. 1926년 6월에도 고수부님은 거미의 이치를 들어 자신의 '오성산 은둔' 공사를 보았었다. 내용인즉 크나큰 세 살림 도장을 다 마치고 나면 오성산에 가서 은둔하겠다는 공사 말씀이다.

이달에 고수부님은 과거 증산 상제님이 행하였던 종통대권계승 공사를 회상하며 공사를 보았다.

"너희 아버지가 9년 천지공사 끝지는 해 어느 날 자리에 누워 식칼을 내놓으시며 '올라타라.' 하셔서 올라탔더니 또 '멱살을 잡아라.' 하셔서 멱살을 잡았었구나. 다시 내게 식칼을 들게 하시고 당신을 찌를 듯이 하여 '꼭 전수하겠느냐.' 하라 하시는데 말이 나오지 않아 가만히 있으니 역정을 내시며 '시간이 지나간다.' 하시기에 마지못해 목안 소리로 '반드시 꼭 전하겠느냐?' 하였더니 '예, 전하지요.' 하시며 '이왕이면 천지가 알아듣게 크게 다시 하라.' 하시므로 조금 크게 '꼭 전하겠느냐?' 하였더니 '꼭 전하지요.' 하시더라. 이렇게 또 한 번 하여 세 차례를 마치니……."

증산 상제님이 당신에게 보았던 과거 공사를 회상하면서 고수부님은 현재 자신의 심정을 털어놓기도 했다. "이후부터는 침식 절차와 제반 일체를 나더러 먼저 하라 하셔서 내가 먼저 하고 너희 아버지는 내 뒤를 따랐던 바, 오늘날 나를 이런 자리에 이런 일을 맡기고……, 내가 밥을 제대로 먹느냐, 잠을 제대로 자느냐. 너희들이 잘 알지 않느냐! 너희 아버지는 친구와 어울려 어디로 놀러 간 것밖에 안 되느니라."

말씀을 마친 고수부님은 별안간 대성통곡하였다. 공사장이 숙연해지는 가운데 고수부님이 "너희들 모두 듣거라. 내가 갔다 다시 올지 모르겠다." 하고 의미심장한 말을 했다. 당시 공사에 참가했던 성도들이 고수부님의 말씀을 얼마나 이해했는지 확인할 수는 없다. 그러나 표면적으로 들리는 '이별의 말씀'을 모르지는 않았을 터였다. 성도들도 모두 통곡했다. 그때 고수부님은 방문을 열어젖히고 어진 속 증산 상제님을 향해 "가려면 갑시다. 어서 갑시다." 하고 재촉하였다.

성도들은 어리둥절했을 것이다. 어디로 간단 말인가. 성도들은 고수부님이 증산 상제님 어진을 모시고 어디로 갈까 싶어 문을 막으며 만류하였다. 고수부님은 "그것이 아니다." 하고 방에 들어가더니 언제 대성통곡을 했느냐는 듯 자리에 눕자마자 코를 골며 잠을 잤다.

이 공사의 앞부분은 '도통맥 전수 예식'이고 뒷부분은 고수부님 자신의 선화仙化를 암시하는 공사다. 증산 상제님이 자신의 어천을 암시하는 공사를 보았듯이 고수부님 역시 같은 공사를 수차례 보았다. 공사 내용을 잘 알지 못하는 성도들은 그날이후 고수부님이 어디론가 떠나는 것을 막기 위해 며칠 동안 밤낮으로 문 앞을 지키며 전전긍긍했다.

7월 칠석이다. 고수부님은 해마다 7월 칠석치성을 성대히 봉행하였는데 보통 3, 400명에 이르는 성도들이 참석하였다. 그해 칠석절에 고수부님은 치성을 봉행한 후 성도들에게 "오성산에 공사가 있어 가리니 행장을 준비하라."고 말했다.

다음날, 고수부님은 이근목, 강사성, 전준엽, 강원섭, 김내원, 고찬홍 등 성도 10여 명을 대동하고 도장을 떠났다. 옥구 성덕리에 도착한 고수부님은 고민환의 집에 거처를 정했다. 그날 밤, 고수부님은 마당에 자리를 마련하고 동서남북과 중앙에 다섯 개의 등을 각기 밝혔다. 이어 오성산의 오성위五聖位(오성산 오성五聖에 대해서는 뒤에서 얘기하게 될 것이다. 여기서는 다만 오성산에 모셔진 다섯 성인 정도로만 이해하자)와 산신위山神位를 설위하여 술상을 성대히 차리게 한 다음 성도들로 하여금 주문을 송주케 하였다.

어둠이 덮고 있는 오성산 주위에 성도들의 주문소리가 낭랑하게 울려 퍼졌다. 고수부님은 술을 부어 산신에게 권하며 "천지의 무궁한 무극대도를 창건하는 역사役事에 협력하여 주니 고맙구려." 하고 치하했다. 그리고 두어 시간 후에 전송하는 예를 행하였다.

다음날, 그러니까 7월 9일 고수부님 일행은 성덕마을을 출발하여 군산을 거쳐 조종리로 돌아왔다.

제30장

도통천지 해원상생

"수심修心, 수도修道하야 앞세상 종자가 되려거든
충신과 진실이 제일이라."

1929년 8월, 한가위치성을 모신 후였다. 고수부님은 갑자기 "내가 이제 정읍에 공사가 있어 가면 장구한 세월이 되겠으니 미리 가서 집 한 채를 사 놓으라."고 말했다.

성도들은 정읍군 입암면 왕심리旺尋里에 다섯 칸짜리 주택을 구입해 놓았다. 정읍 입암면은 보천교가 있는 곳이다. 바로 그곳에서 멀지 않은 왕심리에 고수부님이 머물 주택을 구했다는 것은 예사롭지 않다.

며칠 뒤, 고수부님은 성도들에게 말했다. "내가 어디를 가더라도 성경신誠敬信 석 자를 일심으로 잘 지켜 수행하라. 찾을 때가 있으리라. 수심修心, 수도修道하야 앞세상 종자가 되려거든 충신과 진실이 제일이라."

고수부님이 조종리를 떠나기 위해 준비를 하는 것이었다. 둘째 도장 살림인 조종리 시절은 고수부님 10년 천지공사 기간 중에 가장 중요한 기간이라 할 수 있다. 그럼에도 불구하고 조종리를 떠나려고 한다는 것은 왕심리에 시급하고 중요한 공사가 있다는 것이요, 더 이상 조종리에 머무를 수 없을 정도로 도장의 내분이 극에 달했다는 얘기에 다름 아니다. 도장 분위기는 그렇게 보이지만 정작 고수부님은 차분하기만 하였다. 과연 천지의 어머니는 천지의 어머니다. 조종리 도장을 떠나는 그 순간까지도 고수부님은 창생을 구제하는 일을 잊지 않았다.

공사 말씀 중에 '앞세상 종자'란 개벽의 대혼란기에 구원을 받아 후천에 거듭나도록 선택된 자를 일컫는다. 그들이 바로 후천 세상에서 인간 '씨종자'가 되는 것이다. 자신을 조종리 도장에서 떠나게 만드는 '신도'들임에도 불구하고 마지막 가는 그날까지 단 한 명이라도 '앞세상 종자'로 만들기 위해 노심초사하는 마음, 그것이 고수부님이었다.

8월 21일은 추분절로서 치성을 봉행했다. 그날도 고수부님은 천지공사에 여념이 없었다. 바둑판을 가져오게 하여 방 한가운데 놓고 바둑판 중앙 장점丈點에 돌을 놓았다. '장점'은 우리 고유의 순장바둑에서 배꼽점을 일컫는 말이다. 순장바둑은 첫 점을 장점에 둠으로써 시작한다.

고수부님은 다시 마당에 자리를 깔고 제구와 청수동이를 놓고 그 앞에는 주과포와 매실, 삼씨[麻仁], 밤, 대추를 진설케 하였다. 이어 공사에 참여한 성도 10여 명으로 하여금 "나를 따라 읽으라."고 한 뒤 큰 소리로 "천동 지동 인동天動地動人動 만물합동萬物合動 소원성취." 하고 노래하듯 말했다.

그리고 성도들에게 "춘분 추분 하지 동지"를 읽게 하였다. 그때 별안간 큰 지진과 천둥이 일어나 지축을 뒤흔들었다. 고수부님은 "도통천지 해원상생"을 외면서 성도들에게 다시 따라 읽으라고 하였다.

이 공사에서 고수부님이 '장점에 돌을 놓았다'는 것은 곧 후천개벽의 시작과 전개과정에 대한 공사로 이해된다. 그리고 고수부님이 외친 '천동 지동 인동'은 무엇인가.

앞에서 우리는 1928년 4월 초파일치성 직후 공사에서 고수부님이 얘기한 '천갱생天更生 지갱생地更生 인갱생人更生'이야말로 '천지공사'와 '개벽'의 개념을 정확하게 드러내고 있다고 독해하였다. 증산 상제님은 "이제 온 천하가 대개벽기를 맞이하였느니라. 내가 혼란키 짝이 없는 말대末代의 천지를 뜯어고쳐 새 세상을 열고 비겁否劫에 빠진 인간과 신명을 널리 건져 각기 안정을 누리게 하리니 이것이 곧 천지개벽天地開闢이라."(2:42)고 했다. 앞부분이 '천지공사'를 정의한 것이라면, 천지공사가 곧 천지개벽이 된다. 다시 말하면 천개벽天開闢과 지개벽地開闢, 인간개벽人間開闢이다. 고수부님은 1928년 공사에서 '미륵갱생彌勒更生'을 덧붙였다.

'천동 지동 인동'은 더욱 짧은 조어造語로 천지공사를, 개벽을 정의했다고 할 수 있다. 고수부님은 여기서 '만물합동 소원 성취'를 덧붙였다. 개벽이 완성된 이후의 세계 인류가 가장 소망하는 천지공사의, 천지개벽의 종착역인 후천 선경세계이다. '만물합동'한 세상, 인류의 소원이 성취된 세상이다.

고수부님의 공사 말씀이 계속되었다.

> 너희 아버지께서 하시는 일은 이 세상에서 누구 하나 알게 하시는 줄 아느냐. 천부지天不知, 신부지神不知, 인부지人不知 삼부지三不知이니 참종자 외에는 모르느니라. …… 일은 딴 사람이 하느니 조화 조화 개조화改造化라.(11:250)

> 잘 되었네 잘 되었네, 천지 일이 잘 되었네. 바다 해海 자 열 개開 자 사진주四眞主가 오신다네. 쓸 사람 몇 사람만 있으면 그만이라네. '훔치吽哆 훔치吽哆'는 신농씨 찾는 도수니라.(11:251)

적어도 기록상으로는 고수부님이 이렇게 많은 공사를 거의 같은 시간에 진행한 일도 드물었다. 그럴만한 까닭이 있을 것이다. 조종리 도장 시절의 마감이 얼마 남지 않은 시기에 반드시 그곳에서 처결해야 할 공사를 집행하는 것도 이유 중의 하나일 터였다.

첫 번째 공사 말씀(11:250)에서 '너희 아버지'는 곧 증산 상제님을 일컫는 말씀이요, '증산 상제님이 하는 일'은 후천 가을 세상을 건설하는 천지공사를 가리킨다. 그리고 '일은 딴 사람이 한다'는 것은 후천개벽이 고수부님 당대(이것도 하나의 '판'으로 이해된다)에 이루어지는 것이 아니요, 판밖에서 인물이 나와 마무리를 짓게 된다는 내용으로 이해된다. '판밖의 인물'에 대해서는 『도전』 곳곳에 도수로서 정해져 있다.

두 번째 공사 말씀(11:251)에서 '사진주'는 증산 상제님의 종통맥을 이루는 도체道體로서 천지일월天地日月(건乾·곤坤·감坎·리離) 사체四體를 일컫는다. 인사적으로 증산 상제님과 고수부님, 그리고 (증산 상제님의) 대행자로서 대사부를 가리킨다는 것을 이해한다면 전체 공사 내용은 그런 대로 이해할 수 있을 것이다.

고수부님 공사는 날이 갈수록 더욱 바쁘게 진행되고 있었다. 이 무렵, 고수부님의 공사 가운데 특히 후천 가을 대개벽에 대한 공사가 집중되고 있는 것은 그만큼 조종리 도장 시절의 마감이 임박했다는 얘기다. 고수부님이 조종리 도장을 떠날 수밖에 없는 배경이 그러하였다.

태모님께서 병인년에 칠성용정 공사를 보신 이후 고민환을 크게 신임하여 모든 일을 민환에게 위임하시니 강응칠과 강사성 등을 주축으로 한 몇몇 조종리 강씨들이 그동안의 공로와 신앙 경륜을 내세우며 친목단을 조직하여 불만을 토로하다가 무진년에 이르러 태모님께서 간부 조직을 새로운 인물로 대폭 개편하시매 노골적으로 반동하며 강응칠은 아예 도문을 떠나니라. 그 후 이들은 전혀 개심의 여지가 없이 계속하여 태모님께 불평을 늘어놓고 모략을 하거늘 그동안 태모님을 모시고 '사모님, 사모님'하며 공사에 수종하던 신앙심은 온데간데없고 심지어 태모님께 '이년, 저년'하며 차마 입에 담지 못할 욕설을 하매 그 불경함을 말로 다 표현할 수 없더니 급기야 도장에서 10여 년 동안 부쳐 오던 소작답 24두락마저 끊어 버리는 등 도장 운영을 하지 못하게 공작을 펴니라.(11:269)

조종리 강씨 신도들이 누구인가. 고수부님이 차경석으로부터 배반을 당하고 쫓겨나다시피 하였을 때 조종리로 모시고 온 장본인들이요, 고수부님의 둘째 살림 도장이 자리 잡고 있는 조종리에서 터줏대감과 다름 아니었다. 그리고 일부는 대흥리 도장 시절부터 신앙해 온 터라 고민환 등 임옥(임피·옥구) 출신 핵심 간부들보다 신앙경력도 많았다. 결국 선배가 선배 노릇을 못하고 권력만 탐하는 것이 문제의 발단이었다.

조종리 강씨 신도들이 자신들의 공로와 신앙경륜을 내세워 은연중에 불만을 토로하다가 지난 해 간부 조직 개편 이후 수석성도 고민환에 대한 음해계획까지 세웠고, 그 때문에 고민환 성도가 몰래 고향으로 피난을 갔다는 것은 이미 얘기하였다. 강씨 신도들의 고수부님 도정 집행 방해공작은 여기서 끝나지 않았다. 가장 치졸한 방법으로 고수부님을 괴롭혔다. 조종리 도장에서 10년 동안이나 부쳐오던 소작답 24두락마저 끊어 버린 것이었다. 아예 도장 운영을 하지 못하도록 목줄을 조르겠다는 본새였다. 고수부님이 조종리를 떠날 때 도장 건물을 위임받게 될 강휘만 성도의 증언에 기대면, 고수부님이 조종리를 떠날 무렵에는 땅 한 평도 가진 것이 없었다.

고수부님으로서는 도문을 개창한 이후 누구보다도 믿었던 교단 간부들로부터 두 번씩이나 배반을 당한 셈이다. 첫째가 차경석이요, 두 번째가 조종리 강씨 신도들이었다. 인간적으로 (누차 지적하였다시피) 차경석은 친남매와 다름없는 이종사촌 동생이요, 조종리 강씨 신도들은 남편 증산 상제님과 같은 일족들이다. 어린 시절부터 온갖 역경을 헤쳐 왔던 고수부님은 증산 상제님을 만나 수부 도수의 주인이 된 이후 천하의 '우두머리 된 여성'이요, '온 인류의 어머니'라고 했으되 여전히 역경 속에 서 있는 모진 삶의 주인공이었다. 그것도 휘하의 믿었던 신도들로부터 '배반'이라는 이름으로 소용돌이치는 거친 폭풍

앞에 서 있는…….

조종리 강씨 종손으로 최고 어른인 강응칠 성도를 주목하자. 한때 한약방을 경영하였고 200석지기의 부농이었던 강응칠은 고수부님에게 등을 돌린 이후 얼마 남지 않은 가산마저 탕진해 버렸다. 살기가 어려워진 강응칠은 가산을 만회하기 위해 나름 대로 궁리한 것을 실행에 옮겼다. 조종리 도장 건물을 가지고 저당을 잡혀 버린 것이었다. 물론 고수부님과 한마디 상의도 없 었다.

고수부님은 그런 강응칠을 버리지 않았다. 조종리 도장에서 강응칠의 채무를 대신 갚아 준 것이었다. 그럼에도 불구하고 강응칠은 나중에 도장 건물을 (조종리 시절 초기에 고수부님이 잠시 머물렀던) 오두막집 주인에게 팔아 버렸다. 고수부님은 물론 조 종리 도장 성도들로서는 까맣게 모르는 일이었다. 오두막집 주 인으로부터 도장 건물을 내어 달라는 통고를 받고서야 내막을 알고 고수부님은 크게 노했다. 도장 건물을 비워달라는 오두막 주인의 요구를 거절했다. 일이 이 지경에 이르자 오두막집 주 인은 강응칠을 전주지방법원에 고소했다.

재판의 초점은 조종리 도장 건물의 주인이 누구냐는 것이었 다. 조종리 도장은 여러 신도들의 공동 모금으로 건축한 건물 이었다. 결국 강응칠이 패소하게 되었고 그의 아들 대용이 6개월의 형을 살고 나왔다. 사람들은 이 재판사건을 일러 '도집 재판사건'이라 하였다.

감옥을 살고 나온 강대용이 누구인가. 고수부님이 양자로 삼을 정도로 총애했고 '태자 도수'까지 붙인 인물이다. 바로 그 강대용이 아버지의 불의함으로 감옥까지 살고 나오는 광경을 지켜보았을 고수부님의 내면풍경을 이해하기란 어렵지 않다. 그럼에도 불구하고 강응칠의 만행은 멈추지 않았다.

얼마 후, 강응칠은 다시 도장 건물을 팔아넘길 속셈으로 '김제 청년 혁신파'와 의기투합하여 고수부님을 경찰서에 밀고했다. 강응칠이 고수부님을 밀고한 내용은 확인할 수 없다. 다만 '독립운동을 위해 집회, 결사를 한 우두머리' 정도가 아니었을까. 아무리 도덕이, 윤리가, 의리가 무너졌기로 인두겁을 쓰고 이럴 수는 없는 일이었다. 제자가 스승을, 신도가 교주를 그것도 교조의 반려자를, 자식이 어머니를 고발한 꼴이 아닌가 말이다.

경찰서에서 출두 통지서가 날아왔다. 고수부님 대신 한 성도가 출두했다. 일본인 서장이 "교주가 여자라며? 내일 교주와 같이 나오라."며 돌려보냈다. 이튿날 김수응 성도가 고수부님을 모시고 출두했다. 또 한 맺힌 걸음을 걷게 되었다. 고수부님의 길은 그렇게 영광과 함께 형극의 길이기도 하였다. 고수부님이 일제 경찰들과 맞닥뜨린 것이 몇 번째인가. 또 경찰서 출두가 몇 번째인가. '무오년 옥화' 때는 대흥리 차경석 교단의 모함을 받아 경찰서에 출두하여 38일 동안 온갖 고초를 당하지 않았던 가. 그리고 무오년 옥화 때 목포경찰서에 함께 구속되었던 장본인이 바로 강응칠이었다.

고수부님이 경찰서에 도착하여 일본인 서장 앞에 앉았다. 일본인 서장이 "돈 많은 영감이나 잡고 지내면 좋지 않소." 하고 비아냥거렸다.

"내 몸일지라도 내 마음대로 할 수가 없는 일이다." 고수부님이 대답했다. 일본인 서장이 주재하여 심문을 하였으나 별다른 혐의점을 찾을 수 없었다. 고수부님은 심문을 받고 돌아왔다. 조종리 도장으로 돌아오는 고수부님의 마음이 어떠했을까. 인류가 진멸지경에 처하게 되는 후천개벽기를 맞아 창생을 구원하고자 하는 일념 하나로 오매불망 살아가고 있는 인류의 어머니가, 천지의 어머니가 한낱 인간들이 만들어 놓은 법망에 끌려 들어가 온갖 고초를 겪어야 하는.

고수부님의 결단을 재촉하는 사건들이 잇달아 터졌다. 조종리 강씨 신도들의 온갖 모략과 방해 공작으로 전국 각지에서 왕래하던 많은 신도들의 발길이 뚝 끊어진 것이었다. 고수부님 입장에서 다른 어떤 모욕이나 고초, 역경, 고난도 참을 수 있지만 저기 거대한 먹구름처럼 밀려오는 후천개벽을 앞두고 천하창생을 구원하는 일을 방해받았다는 것은 용납할 수 없는 일일 터였다. 배반의 소용돌이 한복판에 서 있었으면서도 묵묵히 참아 왔던 고수부님은 마침내 자리를 박차고 일어섰다. 조종리 강씨들의 무도함에 대한 분노가 폭발한 것이었다.

아아. 어머니의 사랑이란 그런가. 분노의 폭발은 화살이 되어 날아갔지만, 그 화살은 다시 당신의 가슴으로 돌아와 꽂혔다. 결국 고수부님은 거센 폭풍같이 밀어닥치는 모든 시련을 당신 혼자 온몸으로 감내했다. 고수부님이 분노의 폭발을 행동으로 보여 준 것은 고작해야 조종리와 이별하는 것이었다. 어머니가 아무리 무도한 자식이라고 해도 버릴 수는 없는 일이었다. 오히려 그런 자식일수록 더욱 정을 쏟아 키워야 하는 것이 우리네 어머니들의 끝없는 모성애가 아니던가.

고수부님이 조종리를 떠나고자 했던 또 다른 이유도 있었다. 보천교 몰락으로 갈 곳 없이 떠돌면서 헐벗음과 굶주림에 시달리고 있는 보천교 신도들을 구휼하기 위해서였다. 이유는 또 있었다. 무엇보다도 증산 상제님이 공사로 짜 놓은 '세 살림' 도수 중에 둘째 도장 살림의 기한이 다 된 것이었다.

조종리를 떠나야 할 시간이 임박했다. 9월 18, 19일경 고수부님은 도장에 남아 있는 성도들을 불렀다. 고수부님은 "인간의 원한이나 신명의 원한이 동일하니 할 수 없는 일이로다." 하고 정읍으로 옮길 의사를 밝혔다.

인심은 조변석개朝變夕改한 것인가. 얼마 전까지만 해도 목숨을 바쳐 추종할 것 같았던 신도들의 반응은 싸늘했다. 어떤 신도는 '신씨 가문의 일을 하러 간다'고 비웃기도 하였다. 신씨 가문이란 대흥리에 있는 고수부님의 전남편 신여옥의 집안을 가리킨다.

9월 19일, 고수부님은 증산 상제님 성탄치성을 봉행했다. 그리고 이틀 뒤 21일, 고수부님은 대흥리를 떠나올 때 그랬던 것처럼 오직 담뱃대 하나만 달랑 든 채 몇몇 성도들과 함께 증산 상제님 어진을 모시고 조종리 도장을 떠났다. 떠나기 전에 도장에서 곁방살이하던 강휘만 성도를 불러 도장 살림을 맡겼다. 강휘만이 비록 도문에 늦게 들어왔으나 심성이 착하고 그동안 도장의 궂은일을 도맡아 하면서 일심으로 주문을 읽고 다니므로 그 마음자리를 보고 은혜를 베푸는 것이었다.

고수부님이 조종리 도장을 떠나던 날, 몇 년을 추종했던 강사성, 강응칠 등은 아예 모습을 드러내지 않았다. 도장 대문을 나서며 고수부님은 "용기야, 등 대거라." 하고 뒤따르는 이용기 성도를 불렀다. 이용기가 고수부님을 등에 업고 도장을 나섰다. 한 걸음, 두 걸음……. 이용기 성도인들 발걸음이 제대로 옮겨졌을까. 고수부님이 김제 송산마을에서 조종리 중조마을 오두막집으로 옮긴 것은 1918년 10월 중순이었다. 그곳에서 한 달을 지내다가 하조마을 강응칠의 집으로 옮겨 아홉 달을 지냈다. 중조마을 도장으로 이사한 것이 1919년 윤7월 18일이었다. 그로부터 10년 2개월의 세월이 지났다. 고수부님의 세 살림 가운데 가장 긴 기간이 될 것이다. 강산도 변한다는 10년 세월이고 보면 정도 많이 들었을 것이다.

목적지는 이미 주택을 구입해 놓았던 정읍 왕심리―. 고수부님을 따르는 성도들은 7, 8명이 고작이었다. 박종오, 김재윤, 전준엽, 김수열, 전선필, 이용기, 전대윤, 박서옥의 아내 조씨 등이었다. 음력 9월이면 만산에 단풍이 물들기 시작하는 가을이다. 황금빛으로 수놓았던 징게맹경 들판에는 부지런한 농부들의 손길에 의해 거둬지고 빈 짚단들만 수북이 쌓일 무렵이다. '배반의 이별' 길을 가는 고수부님 앞은 그렇게 낙엽 되어 떨어지는 가을 나뭇잎처럼 쓸쓸하고 황량하였을 것이다. 고수부님은 그렇게 모질고 외로운 길을 향해 또 다시 무거운 발길을 옮기고 있었다.

제31장

원혼신 해원 공사

"태모님께서는 한 사람도 빠짐없이 그들을 거두어 구제하시니라."

정읍 대흥리 앞을 가로질러 큰 도로를 따라 남쪽으로 나아가
다가 오른편 마을길로 꺾어 들어가면 메타세쿼이아 가로수가
우거진 아담한 마을이 나타난다.

전북 정읍시 입암면 단곡리^{升谷里} 왕심^{旺尋}마을—. 원래 '성신

정읍 왕심마을 _ 대흥리 남서쪽 비룡산 아래에 위치한 마을로, 순흥 안씨가 집성촌을 이루
고 있다.

리誠信里'라고도 불렸던 '왕심리'는 단곡리에서도 가장 북쪽에 위치한 마을이다. 『정읍군지』에 따르면 옛날 왕신원往信院이 있었으므로 성신리 혹은 왕심리로 불렸다고 한다. 순흥順興 안安씨 집성촌으로서 증산 상제님이 어린 시절 머슴을 살았던 거슬막과 이웃하고 있다.

조종리를 떠나 온 고수부님이 2년 6개월 동안 머물렀던 곳이 바로 이곳 왕심리였다. 정확하게는 1929년 9월 21일부터 1932년 3월 20일까지 이곳에 머물렀다.

왕심리는 뒤쪽으로 비룡산이 감싸고 앞쪽으로 내장산과 삼성산, 입암산이 마치 '일월도'와 같이 펼쳐진 곳에 자리 잡은 마을이다. 고수부님이 머물렀던 왕심리 도장은 대숲을 약간 비

왕심리 도장 터 _ 고수부님께서 2년 6개월 동안 보천교 신도들을 구휼하며 천지공사를 집행한 곳이다.

껴 돌아가 마을 맨 위쪽에 있다. 당시 도장 건물은 4채로서 다섯 칸짜리 본채는 기와집이었다. 정면에서 왼쪽으로 돌아가면서 조금 뒤쪽으로 사무실동, 그리고 본채와 옆으로 나란히 성전이 있었고 그 맞은편에 사랑채가 있었다고 한다. 지금은 고수부님 당시의 도장 건물들이 모두 사라졌다. 도장 터에는 '성불사'라는 간판 아래 법당과 요사 한 동만이 서 있을 뿐이었다.

왕심리 도장을 답사하는 동안, 고수부님 도장 시절 저쪽 아랫마을 대흥리로부터 이곳까지 남루한 옷차림에 피골이 상접한 보천교 신도들이 줄을 잇고, 고수부님 도장 성도들이 퍼 주는 쌀을 얻어가는 광경이 우련하게 피어올랐다. 고개를 돌려 대흥리 쪽으로 눈길을 던지자 주위에서 울려 퍼지는 아우성이 귓가에 쟁쟁하게 울리는 듯하였다. 지금은 흔적조차 찾을 길 없는 그때 그 시절 고수부님의 모습이 눈앞에서 떠나지 않았다.

조종리 도장을 떠난 고수부님 일행은 20리 거리에 이르는 김제역까지 단숨에 달려갔다. 플랫폼에는 이미 정읍행 기차가 도착해 있었다. 곧 출발할 태세였다. 마음이 급해진 이용기 성도가 곧장 역으로 달렸는데 등에 업힌 고수부님이 갑자기 '시천주주'를 읽기 시작했다. 두 팔을 나비의 날갯짓처럼 위아래로 휘휘 젓고 춤을 추면서. 그리고 역사 너머 기차를 향해 "네가 나를 모를 리가 있나." 하고 마치 사람을 대하듯 말했다.

"밥은 먹어야 산다. 굶고서야 무엇을 하겠느냐? 하루 세 끼 먹으려고 우리가 이렇게 다니는 것이니 점심이나 먹고 가자."

고수부님이 이용기 성도를 향해 방향을 틀라고 하였다. 일행은 역사에서 한참 떨어져 있는 식당으로 들어갔다. 몇몇 성도들이 기차를 놓칠까 우려하여 역사로 달려가 미리 표를 사 놓았다. 고수부님을 모시고 식당에 들어간 한 성도가 "주인장. 여기 밥 좀 주오." 성급하게 주문했다. 식당 주인이 "남은 찬밥밖에 없는데."라고 난처한 표정을 지었다. 성도들이 "그거라도 주오." 하고 말했다.

"이놈들아, 이렇게 다니는데 왜 찬밥 먹고 다니냐." 옆에서 듣고만 있던 고수부님이 성도들을 꾸짖으며 식당 주인을 향해 밥을 지으라고 했다. 성도들이 급한 마음에 식당 주인을 도와 부랴부랴 밥을 지었다.

고수부님은 느긋한 표정으로 식사를 하였다. 식사를 끝낸 고수부님은 "술 가지고 오라."고 하여 술을 마시고 담배를 태워 문 뒤에야 "밥 먹었으니까 가자." 하고 자리에서 일어섰다.

기차는 이미 떠났을 것이다. 성도들은 아예 체념해 버렸다. 이용기 성도가 다시 고수부님을 업었다. 일행은 개찰구를 나와 플랫폼으로 갔다. 떠났을 줄 알았던 기차는 아직 그대로 있었다. 고장이 난 모양으로 기관사가 아무리 조작을 해도 기차는 움직이지 않았다. 당황한 기관사들이 분주하게 오르락내리락하면서 고장 난 곳을 찾느라 애를 먹고 있는 표정들이 역력했다. 고수부님이 기차를 탄 후에 담뱃대를 거꾸로 물고 부우-, 기적 소리를 냈다. 그제야 기차가 덜컹하면서 거대한 체구를 움직였다. "내가 이 기차를 타려고 멈추게 하였노라." 고수부님이 말했다.

김제역을 떠난 기차는 검은 연기를 내뿜으며 넓은 징게맹경 벌판을 가로질러 정읍 쪽을 향해 달렸다. 물론 그날 고수부님이 도착한 곳은 정읍 왕심리 도장이었다.

고수부님이 왕심리 도장에 머물게 된 며칠 뒤부터 굶주림에 허덕이는 보천교 신도들이 삼삼오오 무리를 지어 몰려왔다. 상황인즉 그러하였다.

보천교 십일전이 경복궁의 근정전보다도 더 거대하게 지어졌다는 것은 이미 얘기했다. 『도전』에 따르면 보천교가 한창 부흥할 때 신도들이 가져오는 돈의 액수에 따라 그에 맞는 감투가 주어졌다. 물론 당장 써먹을 수 있는 감투는 아니었다. 전국의 작은 고을 수령까지 내정되었는데 후천 세상이 오면 장상과 고을 수령까지 해먹겠다는 계산이었다. 이는 증산 상제님이 "각기 왕후장상을 꿈꾸다 그릇 죽은 동학 역신들을 해원시키리라."(5:205)고 한 공사가 현실화되어 나타난 것이다.

사정이 그러하였음에도 불구하고 1925년에 착공하였다가 중

단되었던 십일전 공사를 1928년부터 재개하게 되자 세간에서는 보천교주 차경석이 드디어 대궐을 신축하여 천자가 된다는 소문이 파다하게 나돌았다. 공사가 진척되면서 1929년 3월 16일에 봉안식을 거행한다는 발표가 있었다.

보천교 신도들은 십일전 봉안식을 '천자 등극식' 정도로 알았다. 이미 '후천 감투'를 사 두었던 신도들이야 오죽하겠는가. 1928, 29년 사이에 각 지방 보천교 신도들이 대흥리와 그 부근 마을로 이사하여 일대는 순식간에 보천교 신앙촌을 이루었다. 바로 그런 점이 당국을 자극했다.

잔뜩 긴장한 일제 당국이 봉안식 거행을 허가해 줄 리 만무했다. 보천교에서는 몇 차례에 걸쳐 봉안식을 거행하려고 시도했으나 당국은 불온설로 민심을 자극하여 소요를 일으킬 수 있다는 이유로 아예 봉안식 자체를 금지시켜 버렸다. 결과적으로 보천교 십일전 건축은 신도들의 노동만 착취하였을 뿐, 차 교주의 '천자 등극'에 대한 희망은 일장춘몽一場春夢이 되어 버렸다.

당시는, 국내는 물론이지만 세계적으로 대공황기였다. 갑자기 수천 가구가 이주해 왔으므로 보천교 신도들과 그 가족들이 직업은커녕 생계가 곤란하게 되었다. 게다가 차 교주의 천자 등극까지 무위로 끝나자 한 가닥 실낱같은 희망조차 사라져 버렸으므로 대흥리와 그 주변 마을로 이사 온 보천교 신도들은 끼니조차 잇지 못한 채 곤궁한 날들을 기약 없이 보내고 있을 뿐이었다.

바로 그해(1929) 가을, 교주 차경석은 신도들의 구제 방편으로 '벽곡방문辟穀方文'과 '생식방문生食方文'을 반포했다. 벽곡·생식방문이란 곡식을 먹지 않고 솔잎, 대추, 밤 등을 날것으로 먹고 살라는 내용이었다. 교주의 명이었으므로 무지한 신도들은 또 그 '말씀'을 믿고 따랐다. 결과적으로 약독藥毒과 기아로 인하여 죽은 자가 속출하였고, 이주한 것을 후회하고 재산과 건강을 탕진한 채 고향으로 돌아가는 자가 줄을 이었으며, 남아있는 자라 하더라도 모두 기아에 빠져 오고갈 수 없게 되었다. 당시 보천교 방주를 지냈던 아무개의 아들 한학규 씨는 그때 곡식이 없어 소나무 껍질, 솔잎, 시래기 등을 먹고 살았다고 증언했다.

결국 오갈 곳이 없는 보천교도들을 살려야 하는 '공'을 떠맡은 이가 '온 인류의 어머니' 고수부님이었다. 고수부님이 보천교 신도들의 죽어가는 참상을 모를 리 없었고, 알았다면 구경만 하고 있을 수는 없었을 것이다. 그것이 '어머니' 아니던가. 고수부님이 왕심리로 이사한 것이 바로 이 무렵이었다.

이때 태모님께서 왕심리에 우거寓居하시매 보천교 신도들이 매일 수십 명씩 와 뵙고 굶주림을 호소하니 왕래하는 자가 무려 만여 명이 되거늘 태모님께서는 한 사람도 빠짐없이 그

들을 거두어 구제하시니라. 이로 인해 도장 운영에 지장이 많
더니 마침 경찰로 있는 신도 강재룡姜在龍의 도움으로 수일을
지내고 또 박종오와 김수열이 임옥 지방을, 이용기 등이 전
주, 익산, 김제 지방을 순회하여 경비를 조달하매 간신히 충
당이 되니라.(11:274)

그때 고수부님 도장의 수석성도 고민환은 고향 옥구에 머무
르고 있었다. 그해 12월 왕심리에서 온 신도 한 명이 "어머니(고
수부님)께서 종독腫毒으로 고통을 받다가 이제는 증세가 위중하
여 속히 오라고 하셨다."고 전했다. 고민환은 부랴부랴 짐을 챙
겨 왕심리로 달려갔다. 고수부님을 뵈었는데 과연 어깨에 종기
가 나서 커다란 박만 하였다.

"어찌 이다지도 고생이 심하십니까." 고민환은 차라리 고수
부님이 야속하다는 듯 오열을 터뜨렸다. 마음만 먹으면 그렇게
고생하지 않아도 될 것을 왜 사서 고생을 하느냐는 것이었다.
고민환은 알고 있었다. 고수부님이 종기를 앓고 있는 것은 모
든 원혼신冤魂神을 해원하는 '천지공사'라는 것을(11:276).

왕심리 도장으로 옮겨온 고수부님이 가장 먼저 '원혼신 해원
공사'를 행하였다는 것은 의미심장하다. '인류의 어머니'의 마
음이란 그런 것이었다.

고수부님한테 혹독한 한파가 몰아쳤던 1929년이 가고 1930년이 밝았다. 그해 정월 초사흗날, 고수부님은 왕십리 도장에서 천지 고사告祀치성을 봉행하였다. 치성을 마친 뒤 고수부님은 치성에 참석하였던 유일태, 이근목, 이진묵, 문명수, 채유중, 이중진 성도 등 10여 명을 향해 말했다.

"참사람이 어디 있느냐. 참사람을 만나야 하리니 춘하추동 사시절에 일시라도 변치 말고 성경신 석 자로 닦으면서 진심으로 고대하면 참사람을 만나리라."

여기서 '참사람'이 누구인가. 증산 상제님과 고수부님의 종통맥을 계승한 일꾼들을 가리킴은 말할 것도 없다.

> 우리 공부는 용用 공부니 남모르는 공부를 많이 해 두라. 마음은 성인의 바탕을 갖고 일은 영웅의 수단을 가지라. 되는 일 안 되게 하고 안 되는 일 되게 할 줄 알아야 하느니라. 우리 공부는 남 편할 적에 고생하자는 공부요 남 죽을 적에 살자는 공부요 남 살 적에는 영화를 누리자는 공부니라. '대학大學 공부 성공이라.' 하나 저만 알고 마는 것이니라.(11:278)

'용用 공부'에 대한 공사 말씀이다. 1928년에도 고수부님은 '용 공부' 공사를 보았다. 내용은 이러했다. "우리 공부는 용用 공부니 제 몸 하나 단속할 줄 알아야 하느니라. 천지의 음덕

蔭德이요, 선령의 음덕이요, 신군神君의 음덕이라. 도都부처가 들어앉으니 집은 선가仙家가 아닐런가. 지기금지 원위대강至氣今至願爲大降."(11:212)

고수부님이 얘기하는 '용 공부'란 무엇인가? 상제님과 수부님의 가르침, 진리가 체라면 그 진리에 따라 실천하는 것이 용이다. 좀 더 직접적이고 적극적으로는 후천 가을개벽이 체라면 (가을개벽 때) 실천적 생명 살리기가 용이요, 그 과정이 '용 공부'라고 할 수 있을 것이다.

제32장

도통道通을 지극히 원하느냐?

"도통을 원치 말라.
모르고 짓는 죄는 천지에서 용서를 하되
알고 짓는 죄는 천지에서 용서하지 않나니
도통을 가지면 굶어죽을 수밖에 없느니라."

내가 모악산 금산사 초입에 위치한 김제시 금산면 용화동을
답사한 것은 아마 열 손가락을 모두 꼽아도 모자랄 것이다. 고
등학교 시절부터였다. 그때부터 금산사에 들락거렸고, 그곳에
가려면 용화동을 거쳐야 했던 까닭이다. 물론 스쳐 지나간 것
과 답사를 하는 것은 다르다. 그럼에도 불구하고 굳이 답사를
했다고 하는 것은 나름대로 이유가 있다.

용화동은 재미있는 곳이다. 갈 때마다 느끼는 것이지만, 나는
용화동만큼 재미있는 곳을 보지 못했다. 용화동에 가면 골목길
을 돌아다니면서 집집마다 대문 옆에 붙어 있는 문패를 보라.
문패 대신 낯선 신종교 종파 이름이 하나씩 붙어 있다. 십중팔

구는 '대한 ○○교 총본부'라는 거창한 한 종파의 본부다. 아무리 보아도 시골 농가주택으로 밖에 보이지 않는 '새마을' 주택도, 돌담장 너머로 다 쓰러져 가는 한 칸 오두막조차도……

우리나라 신종교의 메카를 꼽으라면 모악산과 계룡산이라는데야 알 만한 사람들은 다 아는 얘기다. 이곳 모악산 용화동은 골짜기 두어 개 너머 백운동과 함께 모악산을 대표하는 신종교의 메카―. 충청도 계룡산도 마찬가지다. 계룡산 아래 신도안이 바로 용화동과 같은 곳이었다. 오늘날 신도안은 계룡대(3군본부)를 비롯한 군부대가 들어서면서 계룡시로 바뀌었고, 그곳에서 옹기종기 모여 살았던 신종교인들은 대부분 떠났다. 그런 사정과 비교하면 용화동은 조금 나은 편이라고나 할까.

모악산 아래 용화동―. 바로 이곳이 고수부님의 큰 세 살림 가운데 마지막 세 번째 도장 살림이 차려졌던 '용화동 도장' 터.

내가 본격적으로 고수부님 유적지를 답사하려고 마음먹고 용화동을 찾았던 것은 2000년 6월 3일이었다. 본격적인 논의 전개과정에서 살펴보겠지만, 고수부님이 용화동 도장 대교령 홍원표에게 집을 지으라고 하여 완공한 것은 1932년이었다. 금산여관 맞은편 팔각정 자리가 용화동 도장 바로 그곳이다. 결국 당시 용화동 도장 건물은 터만 남은 셈이다. 용화동 도장을 답사하면서 나는 문득 야은冶隱 길재吉再(1353~1419)의 시조 한 수가 떠올랐다. "오백년 도읍지를 필마로 돌아드니 / 산천은 의구하되 인걸은 간 데 없네 / 어즈버 태평연월이 꿈이런가 하노라." 그러나 내가 고수부님 유적지 답사 때마다 드는 느낌은 인걸뿐만 아니라 산천도 의구하지 않다는 것이다. 하긴, 인걸이 간 데 없는데 그 산천이 어찌 의구하겠는가. 인걸이 없는 그 산천은 이미 다른 산천이다. 한 공간을 살아가던 존재들이 사라지면 그 공간은 사라지는 법이다(황인숙 외, 『나만의 공간』). 왜 아니 그렇겠는가.

용화동을 답사한 뒤 나는 마을 앞 도로 건너 맞은편 언덕으로 향했다. 몇 십 계단을 밟고 올라가니 거대하게 잘 조성된 묘소 한 기가 있었다. 사람들은 고수부님이 묻힌 묘소라고들 하는데, 솔직히 답사계획에도 없었던 곳이다. 나는 묘소 앞에서 묘소를 등진 채 천천히 사방을 둘러보았다. 용화동마을 전체가 한 눈에 내려다보였다. 내 눈길은 저녁연기가 몽그작몽그작 피어오르는 용화동 위에서 안개처럼 뿌옇게 어른거렸다.

아. 바로 이곳에서 고수부님은 다시 한 번 배반의 쓴 잔을 맞보게 된다. 고수부님이 왕십리 도장에 있을 때, 이미 동화교를 만들어 놓고 정통성 확보와 교세확장을 위해 왕십리 도장을 문턱이 닳도록 찾아와 고수부님을 모시고자 했던 이상호·성영 형제를 비롯한 (동화교) 간부들은 고수부님이 용화동으로 이거

한 직후 곧 배반을 해 버린 것이었다. 그것은 고수부님이 인간 세상에서 마지막 들이켜는 배반의 잔이었다. 고수부님은 더 이상 인간 세상에 미련이 없는 듯 보였다. 육신은 망가질 대로 망가졌다. 고수부님은 곧 쓰러질 듯 피골이 상접한 몸을 이끌고 용화동을 떠나게 된다.

용화동에서 시린 눈길을 거두어들인 나는 '고수부님의 묘소' 앞에 참배를 하고 돌아섰다. 묘소 앞 계단을 내려오면서 왠지 일행의 분위기가 서먹하였다. 유적지가 바뀔 때마다 그렇게 열정적으로 안내를 했던 가이드도 입을 꾹 다물었다. 가이드뿐만 아니라 일행이 그랬다. 용화동을 뒤로 하고 원평으로 향할 때 나는 비로소 그 이유를 알았다. 묘지의 주인이 진짜 고수부님인지 아닌지 모른다는ㅡ. 결국 그랬단 말인가. 참으로 모진 삶이다. 이 문제에 관해서는 뒤에서 다시 얘기하자.

고수부님은 여전히 바빴다. 특히 '어머니'로서 끝없는 사랑을 베푸는 공사가 많았던 것은 말할 나위가 없다. 1930년 정월에 박종오의 열병, 김상윤金相允의 딸의 독종毒腫을 낫게 했다. 3월에는 병을 얻어 백약이 무효했던 전춘옥을 낫게 하고 유일태의 노증怒症을 고쳐 주었다. 또 호열자에 걸린 이근목의 아들을 낫게 하고 조종리 강원섭의 자손줄을 태워 주기도 했다.

하루는 고수부님이 "너희들, 도통道通을 지극히 원하느냐?"

하고 성도들에게 물었다.

"원이옵니다."

"격물格物이 곧 도통이니라." 고수부님은 계속 말했다. "격물은 사물의 이치를 관통貫通하는 것이니, 관통을 하려면 먼저 마음을 닦아 심통心通을 해야 하느니라."

고수부님의 입에서 말씀이 우박처럼 우수수 쏟아져 나왔다. "도통을 원치 말라. 모르고 짓는 죄는 천지에서 용서를 하되 알고 짓는 죄는 천지에서 용서하지 않나니 도통을 가지면 굶어죽을 수밖에 없느니라. 도통과 조화와 법술을 가졌다 하나 시대를 만나지 못하면 쓸모가 없나니 다 허망한 것이니라. 그동안 도통을 해서 한 번이라도 써먹은 놈이 있더냐. 도리어 자신에게 해害가 미치느니라."

고수부님 도장을 다니면서 성도들은 평소 '의통'을 지극히 원했다. 원래 '의통'에는 두 가지 의미가 있다. 의醫를 통通한다는 뜻과 전 세계 3년 병겁 심판기에 인간 역사를 통일統한다는 의미가 그것이다. 고수부님은 의통을 원하는 성도들에게 "마음을 고쳐야 의통이 오지, 너희 아버지가 의통 준다고 다 줄 것 같으냐." 하고 꾸짖었다.

"의통, 신통, 관통을 해야 하나니 그것도 때가 있느니라." 그것은 평소 고수부님이 했던 말씀 그대로이다. "마음을 고쳐야 한다. 마음을 고치면 안 되는 일이 없느니라. 마음을 고치려면 선덕善德이 있어야 하고 선덕이 있어야 활연관통豁然貫通이 되느니라."

그날 고수부님은 도통道通에 대해서도 얘기했다. "신인합발神人合發이라야 하나니 신통해서 신명 기운을 받아야 의통이 열리느니라. 의통을 하려면 활연관통을 해야 하고, 활연관통에 신통을 해야 도통이 되느니라. 도도통이 활연관통에 있느니라."

그날 공사에서 고수부님은 좀 복잡한 듯 보이는 '통通'에 대한 공사를 행하였는데, 무엇보다 '도통을 원치 말라. …… 그동안 도통을 해서 한 번이라도 써먹은 놈이 있더냐. 도리어 자신에게 해가 미치느니라'라고 한 고수부님의 경계의 말씀을 명심하자.

제33장

도덕가

"좋을씨구 좋을씨구 우리 시절 좋을씨구.
미륵존불 때가 와서 우리 시절 좋을씨구."

천지의 부모님이 된다는 것은 그런 것일까. 증산 상제님도
그랬으나 고수부님의 대속代贖 공사만큼 '인류의 어머니' 사랑
을 그대로 전해 주는 공사도 또 없을 터이다. 1930년 그해, 고
수부님은 또 한 차례 대속 공사를 진행하였다.

"이 세상 인류가 죄 없는 사람이 없나니 대죄大罪는 천지에서
도 용서치 않으므로 불원간 제 몸으로 받으나 소소한 죄는 차
차로 전하여져 그 과보果報가 자손에게까지 미치느니라. 그러므
로 내가 그 죄를 대신하여 받아 없애리라."

인류의 죄업을 대속하는 공사다. 고수부님은 바둑판 위에 청
수를 올려놓은 다음 성도들에게 '오주'를 읽게 하였다. 잠시
후, 고수부님은 문득 혼몽하여 호흡이 통하지 않았다. 반나절이
지난 뒤에 고수부님은 깨어났다.

"세상일이 이와 같이 복잡하도다." 고수부님이 말했다.

이 공사 이후 고수부님은 별다른 공사를 행하지 않고 지냈다. 금산면 용화동 이상호 교단에서 고수부님을 찾아온 것은 이 무렵이었다. 이상호 교단에서는 고수부님을 용화동으로 모시기를 간청하였다. 이미 용화동에 동화교東華敎를 설립하고 통정統正이 된 이상호가 고수부님을 모시려고 한 의도는 이러하였다.

이상호는 증산 상제님의 행적을 담은 최초의 경전기록 『대순전경』을 편찬하기 위해 자료를 수집하는 과정에서 증산 상제님이 고수부님에게 붙여 놓은 '세 살림 도수'를 알게 되었다. 보천교 간부 출신인 이상호는 증산 상제님을 직접 모신 적이 없었던 이른바 '판'(여기서는 '증산 상제님을 직접 추종한 성도'와 '증산 상제님으로부터 종통대권을 받은 후계자'라는 의미로 사용한다) 밖의 인물이다. 『대순전경』을 간행하고 동화교를 설립하기는 하였으나 기반이 취약할 수밖에 없었다. 그러니까 이상호 교단에서는 정통성을 확보하기 위한 방편으로 고수부님을 모시려고 한 것이었다.

"상제님 말씀에도 '네가 정읍에 있으면 몸이 클 것이요, 금구로 가면 몸이 부서진다.' 하셨느니라." 고수부님은 한마디로 잘라서 거절했다.

고수부님의 말씀은 물론 증산 상제님이 당신에게 붙인 공사 말씀이다(6:67). 여기서 '금구'는 고수부님 셋째 살림의 터전인 '용화동'을 말씀한 것으로, 그곳에서 자신의 욕심만 채우려는 난법자들을 만나 크게 고통 받을 것을 경계한 것이다. 뒤에 얘기하겠으나 고수부님은 증산 상제님의 말씀을 마음에 두고 가지 않으려고 했으나 결국에는 도수에 따라 용화동으로 가게 되었다. 그리고 그곳에서 몸과 마음이 산산이 부서질 정도로 많은 고초를 겪게 된다. 『대순전경』의 저자로서 '도수' 내용을 모르지 않는 이상호와 그의 교단에서는 고수부님 모시기를 포기하지 않았다. 고수부님의 거절에도 불구하고 이후 계속 연락을 취하면서 '고수부님 모셔가기'를 추진했다.

해가 바뀌었다. 1931년, 매서운 바람이 기승을 부리는 정월 18일에 보천교 신도 10여 명이 왕십리 도장을 찾아왔다. 온통 해골같이 피골이 상접한 그들은 고수부님에게 굶주림을 호소했다. 일이 이 지경이 되기까지에는 보천교에 많은 일이 있었다.

1921년 9월 24일, 경남 함양군 지곡면 황석산 기슭에서 비밀리에 고천제를 올린 차경석 성도는 초헌 후 독축에서 교명을 보화普化라고 하였다(이영호, 『보천교연혁사』). 차경석 교단이 보화교(→보천교)로 재탄생하는 순간이다. 보천교 공식 문건인 『보천교연혁사』에서는 이날 차경석이 '축문'을 낭독할 때 보화교라는 교명만 고천한 것으로 기술하고 있으나 당시 신문지상에는

'축문'의 실제내용에 "국호왈 시 교명왈 보화國號曰 時 敎名曰 普
化"라고 고천했다고 보도했다(동아일보, 1922. 10. 26.). 차경석이
'시국'이라는 국호를 선포하고 천자가 되려고 했다는 것이다.
진위 여부 상관없이 당시 인구에 회자됐던 차경석의 '천자 등
극설'이 등장한 배경이다.

이후 많은 보천교 신도들이 본부가 있는 대흥리로 몰려들었
다. 대흥리 일대는 일종의 신앙 '도시'가 형성되었다. 먹고사는
일이 급박해졌다. 보천교에서는 생활이 곤란한 신도들을 먹여
살리기 위해 직조織造 공장을 운영했다. 당시 대흥리에서만
1,500여 가구가 살았는데 교세가 번창했을 때는 저녁이면 집집
마다 '태을주' 소리가 넘쳐났다. 보천교가 없어진 뒤에는 '태을
주' 소리 대신 철거덕철거덕 베 짜는 소리만 울려 퍼졌다. 지금
도 대흥리에 가서 골목길을 따라가면 양쪽으로 밀집해 있는 처
마 낮은 집에서 독닥독닥 베 짜는 소리를 들을 수 있다.

보천교 신도들의 하소연을 듣게 된 고수부님은 그들을 외면
할 수가 없었다. 아무리 자신을 배반한 차경석 교단의 신도라고
해도 '인류의 어머니' 고수부님이 어떻게 외면할 수 있겠는가.
그것이 '어머니'인 것을.

"보천교 신도가 저렇듯 굶주리니 어찌하면 좋을지 생각하여
보라." 고수부님이 이용기 성도를 불러 말했다.

고수부님은 보천교 신도들의 구휼 문제뿐만 아니라 보천교 순교자의 해원解寃 문제에 대해서도 언급했다. 이용기는 오룡동에 사는 김도봉과 해전리에 사는 (이용기 성도의 처남) 정덕근, 광암리에 사는 송병우를 만나 고수부님의 말씀을 전하며 자금 형편을 상의했다. 결론은 세 사람이 협조하여 백미 두 석과 현금 70원을 자금으로 삼아 대흥리에 싸전을 벌여서 굶주린 보천교 신도들의 일상용품을 대 주고 끼니를 잇게 하며 또 일부는 보천교 순교자의 해원 공사에 사용한다는 것이었다.

대흥리에 왕심리 도장에서 운영하는 '싸전'이 열렸다. 그날 이후 대흥리 싸전에는 보천교 신도들로 문전성시를 이루었다. 그들을 보는 고수부님의 내면풍경은 어떤 것이었을지 추측하기 어렵지 않다. 보천교 신도들의 구휼과 보천교 순교자들의 해원, 그것은 곧 고수부님이 왕심리 도장으로 옮겨 온 또 하나의 이유이기도 했다.

가난구제는 나라님도 못 한다는 말이 있다. 대흥리 '싸전'을 찾아오는 보천교 신도들의 발길은 끊이지 않았다. 같은 해 3월에 이르러 싸전 자금이 바닥이 났다. 세 사람이 고수부님 앞에 모였다.

"너희들이 참 장한 일 했다." 고수부님이 그들을 크게 칭찬했다.

같은 해 4월 어느 날, 치성을 봉행한 후에 고수부님은 문득 노자老子를 불렀다. 그리고 큰 소리로 꾸짖었다.

"복중 팔십년腹中八十年에 부모의 공덕을 아느냐 모르느냐."

'복중 팔십년'이란 노자가 어머니 뱃속에 80년 동안 잉태되어 있다가 출생하였다는 설화내용을 가리킨다. 고수부님의 이 공사는 증산 상제님이 어천하기 이틀 전에 집행하였던 '선천 성인 심판 공사'와 같은 맥락의 공사라고 할 수 있다(노자를 비롯한 '선천 성인 심판 공사'에 대해서는 10:40을 참조할 것).

고수부님은 다시 여동빈呂洞賓(?~?)을 불렀다. 여동빈은 당팔선唐八仙 중 한 사람. 당나라 천보天寶(742~755) 연간에 태어났다. 팔선의 수장격인 종리권鐘離權으로부터 도를 전수받아 신선이 되었다고 한다. 여동빈은 이미 몇 차례에 걸쳐 증산 상제님(7:84)과 고수부님의 공사재료가 된 바 있다(11:210). 특히 고수부님의 '칠보산 태자봉 공사'는 이 공사의 연장선상에 있다.

여동빈을 불러 놓고 고수부님은 "하늘을 보라."고 하였다. 성도들이 모두 하늘을 보는데 구름이 선관의 모양을 이루며 떠 있었다. 그때였다.

"세계 창생들로 하여금 모두 갱소년 되게 하라." 고수부님이 선관 모양의 구름을 향해 말했다.

구름이 머리를 숙여 명을 받드는 형상을 하며 동쪽 하늘로 물러갔다.

고수부님이 말했다. "앞세상에는 흰머리가 나지 않게 할 것이며 허리도 굽지 않게 하리라."

공사 후, 성도들이 "저희들은 얼마나 오래 살 수 있습니까?" 하고 여쭈었다. 고수부님은 "후천 가면 너희들이 모두 선관이 되는데, 선관도 죽는다대?" 하고 반문하였다. 증산 상제님과 고수부님이 열어 준 인류의 낙원, 후천 선경세계는 그런 세상이다.

태모님께서 말씀하시기를 "후천선경에는 수壽가 상등은 1200세요, 중등은 900세요, 하등은 700세니라." 하시고 "그 때에는 장수 시대가 열려 백 리 안에 할아버지가 셋이면 손자 는 하나인 세상이 되느니라." 하시니라.(11:299)

그해 7월 29일, 전북 김제군 금산면 용화동 동화교 통정 이 상호가 간부 조학구趙鶴九와 함께 왕심리 도장에 나타났다.

동화교가 개교한 것은 1928년 12월 22일 동짓날이었다. 이 상호는 1915년에 고수부님의 대흥리 도장에 입도하여 보천교 시절까지 9년 간 신앙하였던 인물. 1924년에는 소위 '보천교 혁신운동'을 주도하다가 출교되기도 하였다. 이듬해 1925년에 김형렬의 미륵불교에 입문하였으나 곧 탈퇴하여 얼마 후 동화 교를 개교했다.

고찬홍 성도가 이상호 일행을 고수부님 앞으로 안내했다.

"제가 듣기로는 천사(증산 상제님)께서 사모님께 세 살림에 관하여 말씀을 하시고 또 여러 성도들에게 '용화동이 나의 기지라'고 하셨습니다. 제가 무진년(1928) 동지에 여러 교우들과 함께 용화동에서 동화교를 창건하고 그 이듬해 기사년(1929) 3월 16일에 『대순전경』을 편찬하여 진법의 기초를 정하고 때가 돌아오기를 기다렸습니다. 이제 천사의 회갑을 당하매 비로소 사모님께서 세 살림을 차릴 도수가 된 듯하오니 청컨대 사모님께서 용화동으로 본소를 옮기심이 옳을까 하옵니다."

이상호가 간절히 청했다. 동화교 측에서는 이미 지난해부터 고수부님을 모셔가기 위해 공을 들여온 터였다. 그때까지만 해도 고수부님은 썩 내키지 않았던 것 같다. 그러나 옆에서 이상호의 얘기를 듣고 있던 수석성도 고민환 성도는 생각이 많았다. 그는 '이 일은 고수부님에게 붙여진 세 살림 도수의 도국 변천道局變遷이라'고 생각하였다.

"용화동 교인들이 저토록 애원하니 해원도 해 주실 겸 용화동으로 잠시 거처를 옮기시어 뒷일을 결정함이 옳은 줄 압니다."

고민환은 그 후에도 여러 차례 간곡히 청하였다. 고수부님으로서는 결단을 내려야 할 때가 왔다.

"먼저 상제님 성탄절에 영정을 모시고 용화동에 가서 회갑치성을 올리고 그 뒤에 기회를 보아 본소를 용화동으로 옮기리라."

마침내 고수부님이 허락하였다. 어떤 일이든 당신 자신의 몸 보전보다는 도장을, 천하 창생을 먼저 생각하는 고수부님이 아니던가. 당시 고수부님은 수석성도 고민환까지 간청하는 데야 어쩔 수 없다고 판단했던 것 같다.

9월 보름날. 동화교에서 임경호林敬鎬와 이성영李成英(1895~1968)이 왕심리 도장에 왔다. 이틀 뒤 고수부님은 증산 상제님 어진을 모시고 임경호, 이성영의 안내로 고찬홍, 이근목, 박종오, 강재숙, 서인권 등 10여 명을 데리고 왕심리 도장을 떠났다.

수시간 후, 고수부님은 일행과 함께 용화동에 도착했다. 인간의 마음이란 그런가. 왠지 이상호의 얼굴이 마땅치가 않다는 표정이었다. 이상호는 내심 고수부님만을 모시려고 했던 것 같다. 당시 고수부님을 따라온 '고수부님 도장'(앞으로는 '왕심리 도장'으로 표기한다)의 신도들은 10여 명밖에 되지 않았다. 그럼에도 불구하고 동화교 살림이 심히 곤궁하다는 이유로 왕심리 도장 신도들을 썩 반기지 않는 기색이었다. 왕심리 도장과 동화교의 첫 만남이 그랬다.

"걱정 마라. 굶어 죽지 않으리라." 고수부님은 이미 이상호의 속내를 다 들여다보고 말했다.

9월 19일 새벽, 고수부님은 용화동 도장에서 증산 상제님의 회갑치성을 올렸다. 치성을 마친 후에 고수부님이 노래했다.

만고의 성인도 때 아니면 될 수 있나.

천문天文 열고 바라보니 만사가 여일如一하고

앞문 열고 내다보니 소원성취 분명하고

팔문 열고 내다보니 만신인민萬神人民 해원이라.

그해 그달 그날 만나려고

오만년을 수도하여 아승기겁阿僧祇劫 벗었다네.

⋯⋯

좋을씨구 좋을씨구 우리 시절 좋을씨구.

미륵존불 때가 와서 우리 시절 좋을씨구.(11:309)

　고수부님의 사상이 집약적으로 응축되어 있는 노래다. 요약하면 다음과 같다. 증산 상제님과 고수부님의 천지대업은 반드시 이루어질 것이다. 오늘날 인류가 처한 운명은 전무후무한 후천 가을 대개벽이다. 이것은 이미 우주 변화운동의 원리에 의해 결정된 일이다. 그러니 염려하지 말고 마음을 잘 닦으라. 그러면 좋은 시절이 될 것이다. 바로 이것이 '미륵존불' 증산 상제님은 물론 고수부님이 인간으로 온 시대적 의미이다. 좋을씨구 좋을씨구 우리 시절 좋을씨구.

　이틀 뒤 9월 21일 아침, 고수부님은 이상호 통정과 여러 신도들에게 "이 길로 돌아가서 왕심리 일을 정리하고 동지치성에 아주 이사하여 오리니 그동안 준비하라."고 말했다. 고수부님은 증산 상제님 어진을 모시고 왕심리 도장으로 돌아왔다.

제34장

용화동 셋째 살림

"이 세상에 옳은 놈이 어디 있습니까? 그래도 살려야지요."

그해 동짓달 6일, 고수부님은 고찬홍, 이근목, 전준엽, 박종오 등을 용화동으로 보내 동지 하루 전날에 이사할 뜻을 전했다. 같은 달 14일에 용화동 교단에서 자동차를 가지고 고수부님을 모시러 왔다. 고수부님은 증산 상제님 어진을 모시고 고찬홍, 이근목, 전준엽, 박종오, 강재숙, 고민환, 김수열, 이용기, 정아옥 등 10여 명을 데리고 용화동으로 이사했다. 정읍 왕심리 도장생활 2년 3개월 만에 다시 도장을 옮긴 것이다.

고수부님의 셋째 살림 도장이 시작됐다. 고수부님은 용화동 도장이 당신에게 주어진 '크나 큰 세 살림' 가운데 마지막 셋째 살림 도장이 되리라는 것을 알고 있기에 몸이 부서질 줄을 알면서도 당신 스스로 찾아온 것이었다. 다음 날 새벽에 고수부님은 동지치성을 봉행하였다. 그리고 용화동 도장에서 첫 공사를 행하였다. 고수부님은 "법은 상제님께서 내셨으되 용사用事

는 내가 하노라." 하고 전제한 뒤에 노래했다.

> 평천하 운수요 평천하 도수로다.
> 전국말세 진시황은 평천하한 연후에
> 만리장성 높이 쌓고 사람을 만드느라 학정이 자심하매
> 상극사배相剋司配 선천 운수 갈수록 극렬했네.
> 상제님의 신성하신 법력으로 제생의세濟生醫世 하신 후로
> 후천 해원 도수 따라 상생 도술이 무궁하리라.(11:313)

선천 상극운수를 전제군주 진시황의 독재에 비유한 뒤 후천
선경세계에 대한 희망을 노래한 내용이다. 고수부님의 동정어
묵動靜語默 하나라도 천지공사가 아님이 없다고 했을 때, 당신의

김제 용화동 일대

인류의 어머니 수부 고판례

말씀 한마디 한마디가 천지공사 아님이 없다. 따라서 지금 고수부님이 부르는 노래는 곧 천지공사가 된다. 이 사실을 동화교 측 신도들이 이해할 수 있었을까. 고수부님의 이와 같은 공사는 동화교 측 신도들에게는 퍽 낯설게 느껴졌다. 그것을 모르지 않는다는 듯 고수부님은 자신을 모시고 온 왕심리 도장 신도들과 동화교 신도들에게 무엇보다도 먼저 화합을 강조했다.

동지치성날인 그날은 동화교가 개교한 지 3주년이 되는 날이기도 하였다. 동화교 측으로서는 동지치성을 자기들이 유리하게 이용하고자 하는 경향이 없지 않았다. 이성영은 그의 저술에서 고수부님이 '동화교 개교 3주년 기념치성에 참배'했다고 기록하였을 뿐, 고수부님 주재로 봉행하는 동지치성에 대해 전혀 언급하지 않았다. 고수부님의 용화동 도장이 본격적으로 깃발을 올리기도 전에 동화교 측의 '속셈'이 드러나고 있는 것이었다.

누구나 교단을 개창하게 되면 자기 교단이야말로 진법이라고 주장할 것이다. 동화교 측도 지금까지 같은 주장을 하였으나 '판' 밖의 인물인 이상호·성영 형제의 주도로 개교된 교단이 진법이라고 주장할 근거는 없어 보였다. 그러나 종통대권 후계사명을 맡은 고수부님을 맞이함으로써 사정은 달라졌다. 동화교 측은 이제 다른 교단을 난법 교단이라고 주장할 수 있는 정통성이 확보된 것이었다. 그것이 바로 고수부님을 모시고자 했던 동화교 측의 노림수였다.

그날 치성을 마친 뒤, 고수부님은 용화동 도장 조직을 새롭게 구성하였다. 고수부님 주재 아래 대교령大敎領 한 사람과 부교령副敎領 두 사람을 두어 도장을 운영케 하고 대보大保 한 사람과 아보亞保, 찬보贊保 각 두 사람씩으로 구성된 보화원保華院을 두어 도무道務를 돕게 하였다. 곧이어 고수부님은 대교령에 홍원표洪元杓, 부교령에 전준엽과 이성영, 대보에 이상호, 아보에 임경호와 고찬홍, 찬보에 김환金丸과 이근목을 각각 선임했다.

이로써 고수부님의 용화동 도장이 탄생하였다. 고수부님 개인으로서는 어떤 불행이 닥칠지 모르지 않는 암울한 미래와 함께 일찍이 증산 상제님이 고수부님한테 붙인 '감당하기 어려운 큰 세 살림' 가운데 셋째 살림 도장 시대가 열린 것이다. 그래서일까. 용화동 도장 시대가 시작되었으나 고수부님은 좀 내키지 않았던 것 같다. 용화동 도장을 출범시킨 뒤 고수부님은 다시 왕심리 도장으로 돌아와 머물렀다.

한 해가 저무는 섣달 그믐날 밤이다. 보천교 신도 4, 5명이 왕심리 도장에 와서 서로 한탄했다.

"해마다 이날 저녁에 상제님의 묘각에 촛불을 켰는데 오늘은 촛불을 켜지 못하겠구나."

"그게 무슨 말이오?" 이용기 성도가 연고를 물었다.

"글쎄, 그게 말이요. (증산 상제님 묘각을 관리하는) 묘직원이 파면되고 아직 새 직원이 임명되지 않아 책임자가 없다고 안협 뎌. 오늘이 섣달 그믐날인디."

이용기는 무쇠덩어리같이 우직한 성품의 소유자로 고수부님 도장에서 둘째가라고 하면 서러워할 정도로 신앙심이 두터운 성도였다. 보천교 신도들의 얘기를 들은 이용기는 김수열 성도와 함께 그날 밤중으로 도장을 나섰다. 당시 증산 상제님의 성골은 비룡산에 암장되어 있었고 묘각은 진등마을에 있었다. 칠흑 같은 밤이었다. 한 치 앞도 보이지 않는 가운데 눈보라가 거칠게 몰아쳤다. 아무리 어려운 일이라고 해도 중도에서 포기할 두 성도가 아니었다. 곧 꺼질 듯 희미한 등불에 기대어 한 걸음, 두 걸음……, 두 성도는 묘각을 향해 더딘 걸음을 옮겼다. 가까스로 묘각에 도착한 두 성도는 얼어 터질 것 같은 손으로 촛불을 켜 놓고 그날 밤중으로 돌아왔다.

두 성도가 도장에 도착하였을 때, 고수부님이 기다리고 있었다. 두 성도는 무슨 일이냐는 듯 쭈뼛거리며 서로의 얼굴만 쳐다볼 뿐이었다.

"너희들, 그곳에 뭐가 있다고……, 개 송장한테 갔다 오냐?" 고수부님이 대뜸 꾸짖었다. 두 성도는 입을 떠억 벌린 채 꿀 먹은 벙어리가 되었다. 고수부님이 혼잣말처럼 한탄했다. "어떤 머슴놈 뼈를 갖다 놓고 너희 아버지라고 하는구나."

한마디로 증산 상제님의 성골聖骨이 바뀌었다는 것이었다. 이 '증산 상제님 성골 도굴사건'에 관한 상세한 얘기는 다음 기회에 하자. 개략적으로 소개하면 1921년 3월 정읍군 감곡면 통석리 통사동에 있는 전의 이씨 재실에서 도통 공부를 하던 '판' 밖의 인물 조철제가 증산 상제님의 백골을 모시고 있으면 그 기운이 자기에게 내린다고 생각하여 성골을 도굴해 간 사건이다(10:138). 그 후 우여곡절 끝에 증산 상제님 성골은 보천교로 귀속되었다. 지금 고수부님의 얘기는 차경석이 극비리에 성골을 비룡산에 숨겨 놓고 묘각에는 어떤 머슴살이하다 죽은 사람의 해골로 바꿔치기하였다는 것이다.

1932년. 고수부님의 나이 53세가 되는 해였다. 고수부님이 왕심리 도장에서 보천교 신도 구휼에 바쁜 나날을 보내고 있을 때 이상호·성영 형제의 '동화교'(고수부님의 용화동 도장이 출범한 이후 '동화교'란 표현은 적절치 않다. 고수부님의 용화동 도장의 출범은 곧 동화교의 문 닫음이기 때문이다. 그럼에도 불구하고 굳이 용화동 도장 내에서 그동안 고수부님을 직접 추종해 온 '조종리 도장→왕심리 도장' 성도들과 구분할 필요가 있을 경우에는 편의상 '동화교'로 표기한다) 측에서는 퍽 노심초사했던 것 같다. 고수부님이 곧 돌아오겠다고 하고 왕십리 도장으로 갔으나 혹시 돌아오지 않는다면 '동화교' 측은 어떻게 되겠는가. 정통성을 확보하기 위한 계획이 무산되어 허탈한 심정으로 왕십리 하늘만 바라보고 있어야 할 터였다.

그런데 마침 고수부님이 대교령 홍원표에게 "내가 거처할 집을 지으라."고 하였다. 고수부님이 용화동으로 돌아오겠다는 의지가 분명하게 드러난 것이었다. 홍 대교령은 사재를 내어 1월 20일경부터 네 칸 전퇴의 기와집을 짓기 시작하여 3월 보름께 낙성하였다. 바로 그날이었다. 동화교 측으로서는 목이 빠지게 기다리던 소식이 왔다. 고수부님이 채유중 성도를 용화동에 보내어 "정읍 일을 다 보았으니 스무날에 돌아가겠다."는 기별을 준 것이다.

고수부님이 돌아오겠다고 했던 하루 전날, 그러니까 3월 열아흐렛날 용화동 도장 부교령 이성영이 고수부님을 모시고 가기 위해 왕십리 도장에 왔다. 그날 저녁이었다. 이성영과 이용기 성도를 대흥리 보천교 신축 건물들을 향해 세운 고수부님은,

"경석이 이제 상제님을 배반하고 수백만 신도의 앞길을 그르치니 어떻게 조처함이 옳겠느냐?" 하고 물었다.

"배은망덕만사신背恩忘德萬死身이라 하였사오니 죽어야 마땅할까 합니다." 이성영이 대답했다.

"그러하냐." 고수부님이 또 물었다. "허면, 수백만 교도의 피

를 거두어 지어 놓은 것이 마침내 허사로 돌아가니 어떻게 조처해야 좋겠느냐?"

"허사로 돌아갈진대 뜯어 버림이 마땅하겠습니다." 이성영이 조금도 주저함이 없이 대답했다.

같은 질문을 세 번씩 물어 다짐을 받은 뒤에 고수부님은,

"선도 오세五歲요 악도 오세니라." 하고 별안간 이성영의 다리를 발로 걷어찼다. 예상치 못한 공격에 이성영이 앞으로 푹 고꾸라졌다.

차경석은 물론 보천교의 운명을 결정짓는 천지공사를 집행하는 것이었다. 이 공사를 행한 5년 뒤인 1936년에 보천교 교주 차경석이 사망하고 십일전을 비롯한 보천교 본부 건물들이 모두 철거된다.

다음날, 고수부님은 이성영의 안내로 이용기, 김수열, 김재윤, 박진호 등 여러 성도들을 데리고 용화동으로 이사했다. 그날부터 고수부님은 며칠 전에 완공한 집에 거처하며 공사를 행하고 용화동 도장 살림을 주재하였다.

그러나 고수부님의 용화동 셋째 살림 도장은 출발부터 삐걱거렸다. 고수부님을 추종해 온 왕심리 도장 신도들과 판 밖의 교단 '동화교' 측 신도들이 물과 기름처럼 서로 어울리지 못했다. 같은 증산 상제님을 신앙하였으나 왕심리 도장 신도들은

종통대권자 고수부님으로부터 직접 가르침을 받아 온 반면 아직 유가의 틀에서 벗어나지 못한 판 밖의 인물 이상호·성영 형제가 주도해 온 '동화교' 측 신도들은 태생적으로 맞을 수가 없었다. 갈등은 곳곳에서 표면화되었다.

같은 달 21일, 고수부님은 부교령 이성영을 불러들여 며칠 동안 공사를 행하였다. 용화동 도장 부교령이라면 핵심 간부이지만 이성영은 천지공사 정신을 제대로 이해하지 못하고 있었다. 며칠 전 왕심리에서 차경석과 보천교 운명을 결정짓는 공사를 행하였을 때 고수부님에게 갑자기 걷어차여 엎어진 일도 아직 유학자로서 선비의 테를 벗지 못하는 이성영으로서는 좋지 않은 기억이었을 것이다. 마음이 그러하였으니 공사에 참여하는 것이 피곤할 수밖에 없었다. 이성영은 공사 도중에 도망을 갈 생각으로 기회를 엿보았다.

고수부님은 이성영의 속내에는 전혀 아랑곳없이 아예 곁에 앉혀 놓고 하루 종일 놓아 주지 않았다. 저녁이 되었을 때 고수부님은,

"오늘 저녁에 나하고 같이 있자."라고 하였다. 이성영으로서는 죽을 지경이었다. 고수부님이 아무리 용화동 도장 최고 지도자라고 해도 아직 유교질서의 테를 벗지 못한 이성영에게는 한낱 '여성'으로 보였는지 몰랐다. 민망한 일이었으나 지엄한

명을 거역할 수 없어서 조심스럽게 하룻밤을 잤다. 이튿날 밤에 고수부님은 또 같이 보내자고 하였다. 연유도 얘기해 주지 않았다.

고수부님과 같은 방에서 지낸 지 나흘째 되는 날 24일 새벽, 고수부님이 잠깐 잠을 자고 있는 틈을 타서 방을 빠져 나온 이성영은 전주로 줄행랑을 쳤다. 잠을 깨고 일어난 고수부님은 옆에 있어야 할 이성영이 보이지 않으므로 크게 걱정하며 밖으로 나왔다. 이용기 성도가 달려왔다.

"제 놈이 가봐야 거기서 거기지. 이미 올가미에 옭혔으니 제 아무리 달아나려 하여도 벗어나지 못할 것이다. …… 성영은 물오리라. 사면팔방으로 날아다녀도 앉는 곳마다 물이니라." 고수부님이 말했다.

이 공사를 이해하기란 쉽지 않다. 다만 고수부님이 이성영을 데리고 잠을 잔 것은 그에게 기운을 붙여 주기 위한 공사로 해석된다. 이성영은 훗날 그것을 깨닫고 '나에게 유익하게 하려고 하신 것을, 나는 그저 모면하려고 안간힘을 썼다. 그때는 내가 너무 어리석었다.'라며 뼈저린 후회를 했다(이성영의 부인 장옥씨 증언).

용화동 도장 시절, 고수부님은 대보 이상호를 만날 때마다 "상호, 저 도둑놈, 역적놈! 저놈이 내 일을 망쳐 놓는다." 하고 꾸짖곤 하였다. 그날도 고수부님은 이상호를 보고 "저 도둑놈, 역적놈!" 하고 호통을 쳤다.

그날은 이상호도 가만히 있지 않았다. "제가 무슨 도둑질을 했습니까?" 이상호가 덤벼들 듯이 말했다.

고수부님이 신도가 내린 음성으로 "뭐라구. 네 이놈!" 하고 호령하며 담뱃대를 휘둘렀다. 그제야 이상호는 줄행랑을 쳤다. 고수부님은 아예 이상호에게 자신이 거처하는 방문 앞을 지나 다니지 못하도록 엄명을 내렸다. 간혹 이상호가 앞을 지나가면 "저기 어떤 놈이 지나가느냐!" 하고 불호령을 내렸다. 고수부님은 왜 대보 이상호를 경계하였을까. 그것은 그가 상제님의 말씀을 기록하면서 상제님에서 고수부님으로, 다시 추수 도운의 마무리 인사 대권자로 이어지는 구원의 종통맥을 왜곡, 날조함으로써 장차 수많은 난법자가 양산될 것을 내다보고 경계하는 공사로 해석된다.

이 무렵, 고수부님은 화장실에 가다가 이마를 부딪쳐 그 자리에서 기절했다. 한 시간 정도 지난 후에 깨어난 고수부님은 "사람 같은 놈이 있느냐. 저 살기, 저놈의 살기!" 하고 허공을 향해 부르짖는 듯 꾸짖는 듯 호통을 쳤다.

얼마 후, 고수부님은 방문을 열고 부엌을 내다보다가 갑자기 문턱에 가슴을 찧고 또 기절했다. 이용기 성도의 아내 정아옥鄭阿玉(1904~1966)이 보고 당황하여 "어머니가 왜 저러시죠?" 하고 옆에 있는 전대윤 성도에게 물었다. 항상 주문을 읽고 다니고 죽은 사람도 살려낼 정도로 신도가 열린 전대윤이 신안을 통해 보고 "아버지가 탁 치시더만" 하고 대답했다. 아버지는 물론 증산 상제님을 가리킨다.

어머니의 삶이란 그런 것일까. 잠시 후에 깨어나 일어난 고수부님은 "이 세상에 옳은 놈이 어디 있습니까? 그래도 살려야지요." 하고 안타까운 듯 혼잣말로 말했다. 여기서 '그래도 살려야' 한다는 것은 신도로 볼 때 이상호·성영 형제뿐만 아니라 난법난도자亂法亂道者는 모두 죽을 죄인이지만 고수부님이 애정으로 감싸 주는 공사 말씀인 것이다.

잠시, 용화동 도장 초기에 고수부님을 중심으로 도장을 운영했던 조직을 보자. 내무는 고민환, 김수열, 이용기 성도가 맡았다. 전대윤 성도가 고수부님의 시중을 들었고, 정아옥 성도가 부엌일을 하며 고수부님을 함께 모셨다. 결국 고수부님 주위를 '왕심리 도장' 신도들이 에워싸고 있는 형국이었다.

'동화교' 측에서는 그것조차 불만이었던 것 같다. 용화동 도장이 삐걱거리는 것은 출범한 지 얼마 되지도 않았을 때였다. 대보 이상호를 주축으로 한 '동화교' 측 간부들은 드러내 놓고 고수부님을 배척하며 제멋대로 행동하기 시작하였다. 누구보다도 이상호가 그랬다. 굳이 비교한다면 이상호는 고수부님의 첫째 살림인 대흥리 도장 시절의 차경석, 둘째 살림인 조종리 도장 시절의 진주 강씨 신도들과 같은 인물이라고 할까.

'왕심리 도장' 측과 '동화교' 측의 갈등은 날이 갈수록 표면화되었다. 갈등은 곧 폭발직전에 이르렀다. 몇몇 뜻있는 성도들은 용화동 도장의 앞날을 우려하지 않을 수 없었다. 우려는 곧 현실로 드러났다. '왕심리' 측 간부 성도였던 김수열과 전선필 성도가 이상호 대보를 불량한 자라 여기고 용화동 도장을 떠나 버렸다. 도장을 떠났다는 것은 당장에는 '고수부님' 곁을 떠났다는 얘기다. 김수열, 전선필 성도가 누구인가. 고수부님 도장의 대들보와 같은 성도들이다. 증산 도문에서 '고수부님'을 떠났다는 것이 무엇을 의미하는지 굳이 다른 설명이 필요하지 않을 터이다.

반대의 경우도 생각할 수 있다. 고수부님 도장의 버팀목이었던 성도들이 하나둘씩 떠났다는 것은 고수부님이 점점 고립되어 간다는 것을 의미했다. 이와 같은 결과는 고수부님의 행동 반경을 더욱 좁히게 만들었다. 결과적으로 고수부님으로서는 '왕심리' 측 신도, 그중에서도 수석성도 고민환과 그 밖의 몇몇 성도밖에 믿을 만한 신도가 없었다. 고수부님은 아예 고민환을 옆방에 거처하게 하고 모든 일을 상의하여 처리했다.

일은 계속 꼬였다. 이번에는 대보 이상호를 비롯한 '동화교' 측에서 고수부님의 처사에 불평을 드러냈다. 이상호는 마침내 고민환을 해치려는 계획을 꾸몄다. 가지 많은 나무에 바람 잘 날 없다고 했다던가. 고수부님의 생애란 그렇게 영욕으로 얼룩진 삶이었다. 첫째, 둘째 살림 도장에 이어 셋째 살림 도장에서도 같은 불행이 되풀이되고 있지 않은가. 그것은 수석성도 고민환도 마찬가지였다. 조종리 도장에서도 음해의 표적이 되어 고향 옥구로 도망쳤던 고민환이 용화동 도장에 와서도 같은 일이 반복되고 있는 것이었다. 고수부님은 이상호 측의 음모를 알고 고민환으로 하여금 곁을 떠나지 못하도록 하였다. 그것으로 일이 해결되는 것은 아니었다.

고민환이 작금의 현실을 모를 리 만무하였다. 고민환은 탄식하였다. "슬프도다! 교인들이 어머님의 신도를 이해하지 못하고 하나같이 허례를 일삼으며 또한 생명을 다루는 도업을 앞에 두고 장난삼아 망동하니 어찌 이것이 사람을 살리는 천하사 일꾼의 자세라 할 수 있으리오."

고민환은 의분을 참을 수 없었다. 그는 '용화동 도장 출범 이후 떨어져 나간 신도들을 모아 다시 세력을 규합하여 다른 방도를 찾으리라' 생각하고, 한편으로는 이상호의 위해가 두렵기도 하여 밤중에 도장을 나와 고향 옥구로 도망을 쳤다. 조종리 도장 시절 말기에 이은 두 번째 도망 길이었다.

이로부터 민환이 이전에 신앙하던 신도들을 일일이 방문하며 교단 재건립 운동을 추진하니 옥구군 옥산면 남내리玉山面 南內里 지재마을 문영희文榮喜의 집에 임시 연락처를 정하고 도체道體 조직을 서두르니라.(11:327)

제35장

서신사명 수부사명

"일후에 사람이 나면 용봉기를 꽂아 놓고 잘 맞이해야 하느니라."

　1933년이다. 국제정세는 증산 상제님이 '총각판 도수'로 짜놓은 제2차 세계대전을 앞두고 점점 막다른 길을 향해 치닫고 있었다. 용화동 도장도 시끄럽기는 마찬가지였다. 그해 6월, 증산 상제님 어천치성을 앞두고 대교령 홍원표가 사임했다. 그럴만한 이유가 있었을 것이다. 확인할 수는 없으나 도장의 내분 때문이지 않았을까. 고수부님은 부교령 이성영으로 하여금 대교령의 직권을 대행케 하였다. 이성영은 지난 3월 21일 공사 중에 전주로 도망을 간 이후 아직 돌아오지 않은 상태였다.

　6월 24일, 증산 상제님 어천치성을 올렸다. 치성이 끝난 뒤 고수부님은 성도 수십 명을 벌여 앉히고 '진액주'를 한 시간 동안 읽게 하였다. 주문이 끝난 뒤에 박종오 성도에게 "지필을 들이라."고 말했다. 그리고 '구천지 상극 대원대한舊天地 相剋 大寃大恨

신천지 상생 대자대비新天地 相生 大慈大悲'를 쓰라고 하였다.

박종오가 붓을 놓았을 때 고수부님은 성도들로 하여금 뒤를 따르게 하여 왼쪽으로 열다섯 번을 돌며 '구천지 상극 대원대한'을, 오른쪽으로 열다섯 번 돌며 '신천지 상생 대자대비'를, 그리고 '서신사명西神司命 수부사명首婦司命'이라고 열여섯 번을 읽으라고 하였다.

고수부님이 마지막으로 읽으라고 한 '서신사명 수부사명'에서 '서신사명'은 증산 상제님, '수부사명'은 고수부님을 가리킨다. 조금 구체적으로, 전자는 우주의 통치자 하느님이 우주 정신의 결실기에 인간으로 강세하여 대개벽의 통일 세계를 열어 주는 것을 일컫는다. '수부사명' 역시 같은 논리로 이해하면 될 것이다. 이와 같이 이해하였을 때, 전체적인 공사는 다음과 같이 독해할 수 있지 않을까.

문맥에 드러나는 그대로 이 공사는 크게는 천지의 판짜기라고 할 수 있을 것 같다. 공사의 문맥은 이항대립으로 이루어져 있다. 구천지/신천지, 상극/상생, 대원대한/대자대비가 그것이다. 바로 이 지점(/)에 증산 상제님과 고수부님이 인간으로 왔고, 전자에서 후자로 가는 천지공사를 집행하고 있는 것이다.

하루는 태모님께서 성도들에게 말씀하시기를 "상제님께서 천지공사를 통해 평천하를 이루시고 '수부 도수首婦度數로 천하 만민을 살리는 종통대권宗統大權은 나의 수부, 너희들의 어머니에게 맡긴다.' 고 말씀하셨느니라." 하시니라.(11:345)

앞의 공사('서신사명 수부사명')와 연결되어 있는 이 공사에서 고수부님은 자신에게 전해진 종통대권을 재확인하였다. 고수부님은 왜 이 시점에서 이 공사를 행하였을까. 확인된 것은 아니지만, 도장의 내분이 날이 갈수록 치열해져 가는 가운데 수석성도 고민환이 피신을 하였고 대교령까지 사임한 터였으므로 당신의 위격을 재확인해 주는 것이 필요했을 것이다.

무더위가 기승을 부리는 7월이 가고 8월이 되었다. 바람결에 제법 서늘한 기운이 감돌았다. 대교령(대행) 이성영이 돌아온 것은 이 무렵이었다.

"큰 재앙이 네 몸에 미치지 않은 것이 다행이니라." 고수부님은 이성영이 3월 공사를 끝내지 않고 달아난 것을 꾸짖으며 회초리로 종아리를 쳤다. 이후에도 고수부님은 이성영을 볼 때마다 자주 회초리를 휘둘렀다.

이성영이 대교령 대행 업무를 맡았으나 용화동 도장의 내분은 끊이지 않았다. 내분의 씨앗은 대보 이상호와 대교령 이성영을 비롯한 '동화교' 측 신도들이 고수부님의 신도神道세계를 받아들이지 못하는 것이었다. 인습이란 그렇게 무서운 것이다.

시간이 흘러도 그들은 변하지 않았다. 고수부님이 이상호·성영 형제의 심법을 들여다보고 신도가 내릴 때마다 "이놈, 저놈!" 하며 담뱃대로 때리는 일도 계속되었다. 두 사람은 아예 고수부님을 피해 다녔다. 두 사람의 그런 행동을 지켜보면서 고수부님은 "못난 놈들이 못난 짓거리 한다."고 말하곤 하였다.

호랑이 없는 골에 여우가 왕 노릇한다는 속담이 있다. 이상호·성영 형제로서는 고수부님을 모시는 것보다 과거 '(여우)왕 노릇' 할 때가 그리워졌던 것 같다. 원래 의도와는 달리 막상 고수부님을 모시고 보니까 불편한 것이 한두 가지가 아니었다. 무엇보다도 고수부님이 신도로써 행하는 천지공사의 진행 과정을 이해할 수 없었다. 그래서 단순한 무당 짓으로 치부해 버렸다. 그것은 곧 고수부님―나아가서 그들의 신앙대상인 증산 상제님까지도―의 존재이유 자체를 부정하는 것과 다름없었다.

과연 신도를 배제한 증산 상제님과 고수부님의 세계가 성립될 수 있을까. 없다. 절대로 없다. 증산 상제님과 고수부님의 천지공사 자체가 신도로 이루어지고 있지 않는가 말이다. 이상호·성영 형제가 유교의 테를 벗어나지 못했다는 것은 바로 그 점이었다. 두 사람은 고수부님이 행하는 천지공사 현장을 보고 '저런 모습이 외부에 알려지면 교단의 품위가 떨어진다.'고 하여 아예 고수부님의 행동반경과 출입을 제한하였다.

증산 상제님이 짜 놓은 도수는 그렇게 한 치 어긋남이 없이 현실화되고 있었다. 고수부님이 자신에게 맡겨진 '크나큰 세살림' 도수 대로 종교적 삶을 살아온 것이 그랬고, 증산 상제님이 고수부님에게 맡겨진 도의 험난함을 예고했듯이 과연 고수부님의 종교적 삶이 험난한 것도 그랬다. 대흥리 첫째 도장 살림 때도, 조종리 둘째 도장 살림 때도 믿었던 신도들로부터 배반을 당하고 감금당하다시피 생활했었다. 그리고 용화동 셋째 도장 살림에서도 같은 일이 반복되고 있었다. 증산 상제님은 고수부님이 금구(용화동)로 가면 몸이 부서질 것이라고 했다는 것은 이미 얘기하였다. 과연 그랬다. 대흥리 도장 시절에도, 조종리 도장 시절에도 그랬듯이 용화동 도장 시절에도 또다시 이상호 · 성영 형제로부터 감금에 가까운 생활을 하고 있었다. 그리하여 천하 창생의 죄를 대속하는 '만백성의 어머니' 고수부님의 몸은 날이 갈수록 쇠약해졌다.

도장 운영에도 곳곳에서 갈등이 표면화되었다. 당초 '왕심리' 측과 '동화교' 측 신도들의 의식이 달랐으므로 교리 해석과 도장 운영의 규칙이 서로 맞지 않았다. 일반 사회의 어느 집단 안의 일이라면 어느 한 쪽이 양보를 해서 타협점을 찾으면 문제가 해결될 수도 있을 것이다. 종교 단체에서, 그것도 종통 대권자가 있는 단체에서 그것은 달랐다. 종통대권자는 곧 그 단체에서 진리의 주인이요, 진리의 기준이 된다. 모든 기준, 초점은 그에게 맞추어져야 한다. 그러나 그러지 못하는 것이 용화동 도장의 비극이었고, 그것을 온 몸으로 감내할 수밖에 없는 것이 최고 지도자인 고수부님이었다.

'동화교' 측 신도들의 텃세도 점점 심해갔다. 그들은 '왕심리' 측 신도들을 용화동으로 날아온 '신앙' 철새 정도로 생각하는 본새였다. 날이 갈수록 용화동 측 신도들은 무례한 언사와 불의한 인사로 분잡을 일으켰다. '왕심리' 측 신도들로서는 더 이상 견딜 수 없는 지경에 이르렀다. 도장 핵심 간부였던 김수열, 전선필, 고민환 성도들에 이어 다른 신도들도 하나둘씩 용화동 도장을 떠나갔다. 한번 터진 둑이 무너지는 것은 순식간이었다. 마침내 '왕심리' 측 신도들이 모두 떠나고 용화동 도장은 쇠퇴하여 사람의 그림자마저 볼 수 없는 지경이 되었다.

고수부님은 당신의 운명과도 같이 다시 절해고도와 같은 신세가 되었다. 왕심리 측 신도, 특히 임옥 신도들은 고수부님의 수족과 같았다. 그들은 신도세계를 잘 이해할 뿐 아니라 치성 때면 누가 시킬 것도 없이 대소사를 전담하고 공사에 잘 수종하며 뒷일을 도맡아 처리하였다. 그랬으므로 고수부님은 항상 "임옥 신도가 내 자손이니, 보리밥일 지경이라도 임옥 자손을 데리고 모든 일을 처리하리라."고 입버릇처럼 뇌곤 하였다. 그런 알토란 같은 신도들이 발길을 뚝 끊어 버린 것이었다. 이제 고수부님 주위에는 바람과 고요만이 찾아와 머물다 가곤 할 뿐이었다.

    옥구 신도 문명수와 이중진 성도가 고수부님을 찾아온 것은
이 무렵이었다. 두 성도로부터 인사를 받은 고수부님은 기다렸
다는 듯이 "동지치성은 오성산에 가서 봉행할 것이니 그리 알
라." 하고 말했다. 그들이 일어서려고 할 때 고수부님은,

    "오성산 도장을 속히 완공하라." 하고 재촉하였다.

    이 무렵, 고수부님은 이미 용화동 도장을 떠나기로 결정을
하였던 것 같다.

    옥구로 돌아간 두 성도는 고민환을 비롯한 임옥 신도들에게
고수부님의 당부를 전했다. 문제는 도장 건축 비용이었다. 이
때 이진묵李眞默(1892~1959) 성도가 나섰다. 자신의 집을 팔아 건축
비용을 담당하였다. 우여곡절 끝에 오성산 도장 신축공사가 재

이진묵 성도

개되었으나 동지절까지 시간이 촉
박했다. 고민환과 옥구 신도들은 신
축공사 중인 도장 건물의 큰 방 하
나를 먼저 정리하여 고수부님을 모
실 준비를 갖추었다.

    고수부님이 셋째 살림 용화동 도
장을 떠날 시간이 가까워 오고 있었
다. 결국 고수부님의 셋째 살림 도
장 또한 첫째, 둘째 살림 시절과 마
찬가지로 그를 추종했던 핵심 간부

들의 배신으로 끝내 막을 내리게 되는가 보았다.

용화동을 떠나기 며칠 전에 고수부님은 '용봉龍鳳'을 그려 깃대에 매달아 놓고 대보 이상호를 불렀다. 고수부님이 용봉기龍鳳旗를 꽂아 놓은 것은 어제 오늘의 일이 아니었다. 용화동 도장으로 옮긴 이후 몇 차례에 걸쳐 용봉기를 꽂아 놓고 공사를 행하였다. 그날 용봉기를 꽂아 두고 이상호를 부른 고수부님의 표정은 다른 날과는 달랐던 것 같다. 비장감이 흘렀다고 할까.

대보 이상호가 나타났을 때, 고수부님은 "상호야. 일후에 사람이 나면 용봉기를 꽂아 놓고 잘 맞이해야 하느니라." 하고 다시 "용봉기를 꼭 꽂아 두어야 한다, 상호야." 하며 다짐을 받았다.

그해 동짓달 초닷샛날—. 고수부님이 '크나큰 세 살림'의 파란곡절을 뒤로하고 용화동 도장을 떠나는 날이다. 고수부님은 "상호야! 저기다가 건곤사당乾坤祠堂을 짓겠느냐?" 하고 다짐을 받아내려는 듯이 물었다. 이상호는 얼른 대답하지 않았다. 고수부님이 담뱃대로 머리통을 후려치시며 "이놈아! 빨리 대답해라." 하고 재촉하였다. 이상호가 엉겁결에 "예, 짓겠습니다." 하고 대답하였다. 그제야 고수부님은 "암, 그래야지." 하고, 이어 대교령 이성영을 방으로 불러들였다.

고수부님은 이성영을 증산 상제님 어진 앞에 꿇어 엎드리게 한 뒤 증산 상제님 어진 개사改寫와 저술, 도장 건축 등 뒷일에 대하여 낱낱이 세 번씩 다짐을 받았다.

"네가 집을 지을 수 있겠느냐?"

그래도 내키지 않았는지 고수부님은 다시 "그것이 무슨 집인지 아느냐?" 하고 물었다. 이성영이 우물쭈물하였다. 고수부님은 "어진을 잘 받들라, 알겠냐! 단주수명……." 하고 계속 얘기하는데 이성영이 말씀이 끝난 줄 알고 건성으로 "예, 예!" 하고 대답할 뿐이었다. 고수부님이 역정을 내며 "이놈이 빠져나갈 궁리만 하고 말뚝마냥 대답만 하는구나." 하고 담뱃대로 머리를 딱 때렸다.

고수부님은 혼잣말로 "영사靈砂, 주사朱砂……." 하며 두 손가락을 펴 보였다. 고수부님의 이 공사를 구체적으로 설명하기는 쉽지 않다. 다만 후천 가을 대개벽 때 살아남을 수 있는 어떤 것과 관련이 있지 않을까 추측할 뿐이다.

잠시 후, 고수부님은 자신이 거처하던 집을 그냥 남겨 두고 용화동을 떠났다. 원도 많고 한도 많은 일생을 접어 두고 동짓달 찬 서북풍을 온 몸으로 맞으며 고수부님은 그렇게 무거운 발걸음을 옮기고 있었다.

용화동 도장을 떠난 고수부님이 향하는 곳은 옥구 오성산—. 일찍이 거미를 비유로 공사를 행하였던 일이 응험되는 순간이었다. 우리는 당시 고수부님의 모습을 떠올릴 수 있다. 용화동을 나온 고수부님은 옥구 오성산 쪽으로 방향을 틀었다. 당시 고수부님이 어느 역에서 출발하여 어느 역에서 내렸는지 확인할 수는 없으나 기차운행이 가능한 거리는 기차를 이용하였을 것이다.

드넓은 징게맹경 평야에서 밤새 기다렸다는 듯 동짓달 찬바람이 휘몰아치는데 한 많은 '우리들의 어머니' 고수부님은 증산 상제님이 짜 두었던 '크나큰 세 살림' 도장을 마감하고 힘겹게, 힘겹게 가고 있었다.

목에 걸친 명주수건이 시야를 가릴 정도로 펄럭인다. 고수부님은 항상 다섯 자 되는 명주수건을 목에 걸치고 있었는데 이 수건을 신도들은 '손님수건'이라 불렀다. 그 수건으로 스쳐만 주어도 모든 신병이 완쾌되고 또 병 없는 자는 식록이 넉넉해졌으므로 누구라도 손님수건으로 한번 쓸어 주시기를 소원하였다. 바로 그 명주수건을 다시 고쳐 두르고 온통 망가진 몸을 이끌고 고수부님이 가고 있다. 멀리 동북쪽 검은 하늘 너머로 언뜻언뜻 보이는 오성산을 향해 한 걸음, 두 걸음……, 천 근 바위덩어리같이 무거운 걸음을 옮긴다. 어머니가, 우리들의 어머니가. 엄동설한풍이다. 온 몸을 바늘 끝으로 지르는 듯 한기가 느껴졌을 터이다.

가네, 가네. 고수부님, 고수부님이 가네. 매운 땀과 눈물, 피

흘리며 온갖 궂은 일 마다 않고 자식 키우는 일에 인생을 다 바쳤던 어머니. 결국 당신이 키운 자식들한테 버림받고 저기, 저기에 우리들의 어머니가 가네.

제36장

아, 오성산

2000년 6월 21일, 우리 답사팀 일행은 전북 군산을 지나 옥구 변두리 지역을 달리고 있었다. 고수부님 유적지 답사 중에 마지막 코스를 향해 가고 있는 길이었다.

전북 옥구는 전북의 북서부, 금강 만경강의 하구로 둘러싸인 반도와 서해의 도서를 포함한 지역이다. 옥야다구沃野多溝——. 비옥하고 기름진 들판과, 들판 사이로 도랑이 많다고 해서 '옥구'라는 지명이 생겼다. 나의 관심은 옥구에서도 오성산으로 향해 있었다. 2박 3일의 고수부님 유적지 답사 중 마지막 코스였으므로 남은 곳은 고수부님이 최후를 맞이한 오성산밖에 없는 까닭이었다.

차는 어느 한적한 들판 길로 들어섰다. 이따금씩 비릿한 바다 냄새가 물씬 풍겨오는 가운데 나는 운전자의 눈길이 어딘가를 향해 우우우 달려가는 것을 눈치 챘다. 나를 포함한 일행의 눈길도 동시다발적으로 따라붙었다. 거대한 교각 같은 사각의 콘크리트 기둥들이 띄엄띄엄 늘어서 장관을 이루는 곳이었다.

전북(군산시 성산면)과 충남(서천군 마서면)을 잇는 연장 1.8킬로미터(방조제 1,127m, 배수갑문 714m)의 금강하굿둑이다. 70여 년 전 활동했던 고수부님 유적지를 답사하는 일행이 왜 (1990년도에 완공된) 금강하굿둑에 온통 정신을 빼앗긴 듯 눈길을 주고 있는가? 그 얘기는 나중에 하자.

군산시 성산면 성덕리—. 차는 양쪽 들판 위로 놓여 있는 도로 위를 달렸다. 2006년 답사 때 가이드가 오른편으로 몇 두락의 논을 건너 산기슭에 자리 잡고 있는 자그마한 마을 쪽을 가리켰다.

"저기가 고민환 성도님 집터입니다. 고민환 성도는 원래 저기 왼편 마을에 살고 있었는데 태모님이 당신 집을 지으라고 명을 하셔서 오른편에 있는 바로 저 집을 지었던 것입니다. 태모님 선화仙化 후에 고민환 성도가 저 집으로 이사를 했습니다. 현재는 고민환 성도 손자가 살고 있구요. 정산 채용신 화백이 그린 상제님 어진과 태모님 진영이 함께 모셔져 있습니다."

차는 조금 가파른 언덕길을 차고 올라갔다. 고갯길을 돌아서니 왼편으로 그렇게 높지도 낮지도 않은 산봉우리가 나타났다. 가이드가 설명하지 않아도 나는 알 것 같았다. 오성산! 증산 상제님이 이곳 오성산에 와서 여러 차례 천지공사를 집행하였고 고수부님 역시 오성산 산신을 치하하는 등 몇 차례에 걸쳐 천지공사를 행하였다. 우리는 바로 그 오성산으로 가고 있는 중이었다.

넓은 밭을 두고 왼편 산기슭에 십여 가구가 옹기종기 모여 있는 아담한 마을이 나타났다. 성산면 둔덕리 큰골마을이다. 차는 그 마을을 향해 그믐달처럼 휘어진 도로를 그네 타듯 돌아서 빠져 나가는 듯 달려가는가 싶다가 좀 심하다 싶을 정도로 좌회전을 했다. 오른편으로 긴 능선을 끼고 큰골마을 진입로에 들어섰다. 진입로 끝에서 곧장 마을로 들어가지 않고 오른편으로 나사처럼 휘돌아 다시 왼편으로 빙글 돌아가니 제법 울창한 숲이 앞을 막고 있었다. 숲 속으로 차 한 대가 가까스로 올라갈 수 있을 정도로 길이 뚫려 있었다. 약속이나 한 듯 차가 잠시 멈추었다. 운전대를 잡은 성도의 표정에는 알싸한 감개가 넘쳐흐르는 듯하였다. 2003년 6월 3일, 그리고 2006년 6월 18일 답사팀 일행도 마찬가지였다.

오성산 초입이다. 이곳이 바로 고수부님이 당신의 파란 많은 한 생애의 긴 겨울철을 보냈던 곳이다. 숲 속으로 오르는 길목에 서서 나는 고수부님을 생각했다. 1999년 이후 8년 동안 나는 얼마나 애타게 당신을 찾아다녔던가. 지금 나는 당신을 찾는 마지막 여정에 올랐다.

태모 고수부님—. 1933년 동짓달 초닷샛날, 아마도 서해바다 저쪽 끝으로 검붉은 놀이 지는 저녁 무렵이었으리라. 그날 그 시각에 고수부님은 바로 이곳, 우리 일행이 서 있는 오성산 초입에 도착했을 것이다. 용화동 도장을 떠난 고수부님이 기차를 타고 이곳에서 가장 가까운 근처 어느 역(군산역이거나 개정역)에서 내려 이곳까지 왔을 당신의 모습을 나는 생각했다. 한 여성의 몸으로 당신에게 붙여진 '크나큰 세 살림'을 맡아 감당하면서 온갖 고초를 다 겪은 터라 몸은 망가질 대로 망가졌다. 대흥리 첫째 살림 도장에서도 그랬고 조종리 둘째 살림 도장에서도 그랬고 용화동 셋째 살림 도장에서도 그랬듯이, 믿었던 휘하의 간부 신도들에게 배신을 당할 줄 뻔히 알고 있었으면서도 단 한 명의 목숨이라도 더 살리기 위해 인고의 나날을 보내다가 마침내 더 이상 육신을 지탱할 수 없을 지경이 되어서 떠나왔으니까 수족인들 제대로 움직일 수 있었겠는가. 삭정이처럼 앙상한 몸, 이제는 걸음을 옮길 수조차 없었다.

한 성도가 앞으로 와서 등을 내밀었다. 그 성도가 누구였는지 확인할 수는 없지만 대흥리 도장이나 조종리 도장 시절부터 한결같은 마음으로 고수부님을 모셨던 성도 중 한 사람이었으리라.

오성산 도장 가는 오솔길─. 고수부님을 등에 업은 성도가 걸음을 옮긴다. 한 걸음, 두 걸음……. 고수부님을 등에 업었으나 새털같이 가벼운 당신의 육신에 그 성도는 온갖 회한이 사무치지는 않았을까. 그때 마을 사람들은 고수부님이 업혀서 올라가는 것을 보고 "걸어서 올라가면 서로가 편할 텐데 다른 사람 힘들게 업혀 가네." 하고 뒤에서 수군거렸다. 그 소리를 들은 고수부님의 마음은 어떠했을까.

그때 그 시절의 당신을 생각하면서 나는 주위 숲을 두리번거렸다. 가슴 저쪽 광활한 벌판에서 뜨거운 바람이 뭉클 일어났다. 금방이라도 눈물이 쏟아질 것만 같았다. 지난 8년 동안 찾아 헤맸던 고수부님의 일생이 회한에 찬 까닭이었다. 아아. 당

군산 오성산 일대

신은 왜 그토록 모진 삶을 스스로 택하여 걸어야 했던가. 왜? 당신의 권능이라면 얼마든지 편한 길을 갈 수 있었을 텐데! 진정 왜? 그것이 당신이었다. 당신이 보여 준 길이었다. 과연 거룩하지 아니한가.

좁은 숲 속 오솔길에는 햇빛 한 줄기 들어오지 않았다. 좁은 경사로를 얼마나 올라갔을까. 마치 긴 동굴 같은 숲 속 길을 올라가는 동안 내 의식에는 계속 어수선한 상념들이 연기처럼 뭉게뭉게 피어올랐다. 나는 다시 물었다. 수부가 무엇인가? 대답은 한 목소리로 나오지 않았다. 퍼스트레이디First Lady, 옥황상제의 반려자, 여성구원의 선봉장, 증산 상제님의 종통대권자, 후천 가을 대개벽기에 구원의 대도를 펼치게 될 종통연원자, 광구천하의 대도 살림을 맡아 여성 해원시대의 새 문화를 여는 천지의 여주인, '해방과 자유의 첫 여인'으로서 큰 사역자, 남녀동권을 주창하는 여성해방가요 혁명가, 남녀동권시대의 우두머리 여성, 인류 생명의 어머니, 천지의 어머니……. 고수부님에게 붙일 수 있는 호칭은 끝도 없을 정도였다.

그렇게 거룩한 영광의 주인공이 또한 그렇게 모진 고난의 주인공이 되어 마지막을 준비하기 위해 이곳으로 온 것이었다. 아아, 어머니! 결국에는 믿었던 자들로부터 배신당하고 저기 나뭇잎 사이로 언뜻언뜻 보이는 앙상한 나뭇가지처럼 피골이 상접한 몰골이 되어 바로 이곳 산속으로 들어와야 했단 말입니까. 인생의 한 겨울을, 저 춥고 매서운 한파가 몰아치는 한 겨울을, 눈이라도 쌓이면 인적조차 찾을 수 없을 것만 같은 저 위쪽 어느 숲 속에서 거미처럼 숨어 살았고, 결국 그곳에서 선화해야 했단 말입니까.

숲 속 어딘가에서 이름 모를 산새가 청아한 소리로 지저귀었다. 2000년 첫 답사 때는 승용차 한 대가 겨우 지나갈 수 있는 오솔길에 지나지 않았다. 2006년 답사 때는 콘크리트 포장이 되기는 했으나 좁고 울퉁불퉁한 것은 예나 다를 바 없는 산길이었다. 숲 속 위쪽 어딘가에서 목탁소리가 또록 또르르 들려왔다. 아무도 없을 것 같은 산속에서 인기척을 만나는 것보다 반가운 것이 또 있을까.

고수부님이 인생의 겨울철을 보냈던 오성산 도장이 있던 곳이다. 당시 고수부님이 머물렀던 오성산 도장은 흔적조차 찾을 길이 없었다. 물론 도장 건물도 이미 남아 있지 않았다. 당시 도장 터가 현재 암자로 변해 있는 절터인지 아니면 저 능선 너머인지 확인할 수조차 없었다. 우리의 답사는 암자부터 시작되었다. '성흥사聖興寺'였다. 깎아지른 듯 경사진 계단을 몇 개 밟고 올라서면 왼편으로 자그마한 법당이 자리하고 있고(2000년 답사 때는 공사 중이었다), 법당 처마 밑에는 '원통전圓通殿'이라는 작은 현판이 걸려 있었다.

'원통전'은 관세음보살觀世音菩薩을 주불로 모신 사찰 당우 중의 하나. 관세음보살을 모신 법당의 명칭은 여러 가지가 있는데 한 사찰의 중심이 되는 불전일 경우에는 보통 원통전이라고 한다. 관세음보살은 세상 모든 곳에 두루 원융통을 갖추고 중생의 고뇌를 씻어 주는 대자대비의 보살이다. 고수부님의 마지막 유적지에 관세음보살이 주불로 모셔져 있다는 것이 내게는 작은 위안이었다.

오성산 도장은 고수부님이 옮긴 다음 해인 1934년에 완공되었다. 풍수지리적으로 사자앙천형獅子仰天型이라고. 문자 그대로라면 사자가 하늘을 우러러 보는 형국이라는 뜻이겠다. 원래 이곳은 고수부님 도장이 있기 전부터 암자였다. 법당과 요사 사이에 서 있는 '성흥사연혁비聖興寺沿革碑'에 의하면 1844년 9월 9일 허경대사가 개산開山하였고 1898년 고청정심 보살이 중수하였다. 앗! '연혁비'를 읽어 내려가던 나는 눈을 휘둥그레 떴다. '고법륜당'이라는 이름이 보였던 까닭이다. 누구인가.

'법륜당'은 고수부님의 불교식 당호堂號이다. 고수부님의 흔적을 발견한 나로서는 그나마 찾아온 반가움으로 아쉬움을 달랠 수밖에 없었다. 당시 고수부님이 머물렀던 도장은 다섯 칸 겹집 건물이었다고 한다. 나는 예순하고도 4년 전에 파란곡절을 뒤로 한 채 이곳에서 2년 동안 머물다가 선화한 고수부님을 숙연한 마음으로 떠올리며 아직도 어딘가 남아 있을지 모르는 당신의 자취를 찾기 위해 바쁘게 움직였다. 법당 건물을 몇 바퀴 돌아보기도 하고 '연혁비' 뒤편 '산신각'에 올라가 보기도 하고…….

오성산 도장 터를 돌아본 나는 오른쪽 능선으로 갔다. 원통전에서 오성산 정상 쪽으로 50여 미터를 가면 봉우재다. 고수부님이 선화한 후 묻혔던 곳이다. 봉우재를 밟고 있는 나는 다리가 후들거려 차마 오래 서 있을 수가 없었다. 다시 오른쪽 산 정상으로 걸음을 옮겼다. 고수부님이 공사를 보았던 옥녀봉에 섰다. 옥녀봉에 서서 나는 사방을 둘러보았다. 산 아래 저쪽에 고민환 성도의 손자가 살고 있는 성덕마을이 눈에 들어왔다. 증산 상제님 어진과 고수부님 영정이 함께 모셔져 있는 바로 그 집이었다. 멀리 뿌연 안개 사이로 금강을 막은 금강하굿둑도 보였다. 조금 전에 지나쳐 왔던 바로 그곳이었다. 나는 시선을 고정했다. 산 아래에서 찬바람이 휙 불어왔다.

제37장

오성산 '오선위기' 공사

"오성산은 오선위기五仙圍碁, 두 신선은 바둑 두고 두 신선은 훈수
하고 갈 적에는 바둑판과 바둑은 놓고 간다."

오성산 도장에 도착한 다음 날, 고수부님은 동지치성을 지냈
다. 몸이 곧 쓰러질 지경이라고 해도 당신은 치성을 거르지 않
았다. 이날 치성에 참석한 성도들은 용화동에서 고수부님을 모
시고 온 김수응, 조학구 성도를 비롯해 수십 명 정도였다.

　　이로부터 태모님께서 오성산 도장에 은거隱居하시니 별다
　른 공사 없이 늘 도장에만 계시거늘 익산, 전주, 임피, 옥구
　등지의 신도들이 종종 찾아와 문후 드릴 뿐이요 도장에는 고
　민환, 박종오, 이진묵, 고춘자, 이길수李吉秀, 박종오의 아내
　김종명金鍾鳴 등이 상주하며 태모님을 모시니라. 도장 살림은
　민환과 종오가 내무를, 고찬홍이 외무를 맡아 유지하는데 살
　림이 어려워 어떤 때는 이진묵의 아내 고춘자가 마을을 돌아
　다니며 밥을 얻어 태모님을 봉양하니라.(11:368)

오성산 도장으로 옮긴 며칠 뒤, 고수부님의 생활은 어느 정도 안정을 찾았던 것 같다. 그날은 용화동 도장에서 겪었던 고초를 회상하기도 하였다. 고수부님은 "내가 너희 아버지 말씀을 안 듣고 가서 그랬다."고 탄식하기도 하였다. '너희 아버지 말씀'이란 증산 상제님이 금구로 가면 (고수부님의) 몸이 부서질 것이라고 했던 말씀을 가리킨다.

얼마 후, 고수부님은 공사를 보았다. "오성의 기령을 배합케 한다."고 하면서 먼저 오성산 기령을 통일하는 공사를 보았다. 그리고 계속되는 공사 내용은 다음과 같다.

"오성산은 동서양 전기통이니 번개는 제주 번개를 잡아 쓰리라. 오성산은 오선위기五仙圍碁, 두 신선은 바둑 두고 두 신선은 훈수하고 갈 적에는 바둑판과 바둑은 놓고 간다."

모든 천지공사가 그러하지만 핵심적인 짧은 몇 마디 말씀으로 이루어진 고수부님의 공사가 난해하기는 예나 지금이나 마찬가지다. '동서양 전기통'이란 무슨 뜻일까. 동서양을 환하게 불 밝히는 진원지로서 중심이 된다는 뜻은 아닐까. 증산 상제님은 일찍이 "내 세상에는 내가 있는 곳이 천하의 대중화." (2:36)라고 하였다. 바꾸어 말하면 증산 상제님의 반려자가 되는 고수부님 세상에는 고수부님이 머무는 곳이 곧 천하의 대중화로서 세상의 중심이 된다는 뜻은 아닐는지.

이 공사에서 '제주 번개를 잡아 쓰리라'는 것은 '제주 고씨'인 고수부님이 공사의 주인이 된다는 것을 의미한다. 고수부님을 '제주 번개'로 지칭한 것은 증산 상제님이었다. 고수부님은 "수부 공사로 상제님과 만났을 적에 상제님께서 말씀하시기를 '나는 제주 번개를 잡아 쓰노라. 수부, 잘 만났구나. 만날 사람 만났으니 오죽이나 좋을쏘냐.' 하셨느니라."(11:20)고 회고했다.

주목되는 것은 다음 공사 내용이다. 오성산이 오선위기라는 것이다. 여기서 구체적인 이야기를 할 여유는 없으나 원래 '오선위기 공사'는 1902년에 증산 상제님이 '회문산'에서 집행한 공사다. 그러니까 고수부님은 증산 상제님의 오선위기 공사의 재료가 되었던 회문산 오선위기의 다섯 신선[五仙]을 오성산의 다섯 성인[五聖]으로 말씀하고 있는 것이다(오성산 다섯 성인에 대해서는 뒤에서 얘기한다). 결론적으로 이 공사는 증산 상제님의 오선위기 공사와 같은 맥락의 공사라고 할 수 있다.

해가 바뀌었다. 고수부님이 오성산 도장에 은거한 이후 맞이하는 첫 해다. 1934년 1월 13일, 고수부님은 박종오, 김수열, 채유중 성도를 불렀다.

"내가 오성산에 온 뒤로 몸이 부대껴서 편치 못하구나. 생각해 보니 상제님 영정을 모셔 오지 아니한 까닭이다."

고수부님은 세 사람을 용화동에 보냈다. 용화동으로 간 성도들은 이성영을 만나 "어진은 내가 모시리니 너희들은 어진을 개사하여 모시라."는 고수부님의 말씀을 전하고 증산 상제님 어진을 모셔 왔다.

오성산 도장에서 고수부님은 주로 병자들을 치료하는 일을 많이 하였다. 어머니의 마음이란 그런가. 자신은 거동하기조차 어려울 정도로 몸이 쇠약해졌음에도 불구하고 단 한 사람이라도 질병의 고통에서 구해 주기 위해 쉴 틈이 없었다. 누구든 찾아와 질병의 고통을 하소연하면 금방이라도 쉬던 몸을 벌떡 일으켜 치유 공사를 행하는 고수부님.

같은 해 9월 7일, 오성산 도장에 뜻밖의 손님이 찾아왔다. 증산 상제님을 모셨던 김경학과 김영학 성도였다. 대흥리 첫째 도장 살림 이후 증산 상제님을 직접 모셨던 성도들이 고수부님을 찾아온 것은 드문 일이었다.

"저희들은 모악산 수왕암에서 수련을 하고 있습니다. 수련을 행하던 중에 상제님의 성령이 나타나서 수십 년 동안 사모님과 막혀 지낸 것을 꾸짖었습니다. 이전 과실을 모두 용서하시고 함께 가시어 앞으로 사흘 동안만 수련 법석을 주재하여 주시기를 간절히 청합니다."

김경학, 김영학 성도는 고수부님 앞에서 깊은 회오의 눈물을 흘렸다. 두 노인이 눈물을 흘리는 모습을 보는 고수부님의 마음도 울적해졌는가 보았다. "지난 일은 한갓 꿈과 같을 뿐이나 칠십 노인이 이렇듯 먼 길을 와서 간곡히 말하니 내가 비록 건강이 허락지 못할지라도 멀리할 수 없노라."

고수부님은 두 성도들과 함께 수왕암으로 갔다. 오성산 도장에 온 이후 처음이자 마지막 외출이었다. 수왕암은 증산 상제님이 천지대신문을 열었던 대원사 암자로서 모악산 정상 바로 밑에 자리 잡고 있다. 증산 상제님이 대원사 칠성각에서 수도를 하였을 때 자주 오르내렸던 암자로서 아직도 증산 상제님의 체취가 곳곳에 남아 있다.

수왕암에는 박공우 성도가 주창하여 김경학, 김영학, 이성영, 김수응, 이중성李重盛(1897~1958) 내외 등이 모여서 수련 공부를 하는 중이었다. 고수부님은 수왕암에서 사흘 동안을 머물며 그들의 요청에 따라 수련공부를 주재하였다.

9월 11일, 수왕암을 출발한 고수부님은 금산사로 갔다. 잠시 금산사에 들렀던 고수부님은 용화동 교단에 도착하여 이틀 동안 머물렀다. 굳이 용화동을 찾은 것은 개사한 증산 상제님 어진을 확인하고 중요한 당부의 말씀을 하려고 했던 것 같다. 고수부님은 이상호·성영 형제를 불러 "개사한 어진이 많이 틀렸으니 다시 개사하라."고 지시하였다. 그리고 오성산에서 올 때 가져온 '용봉기'를 꺼내어 손수 꽂아 놓고 "이 자리는 용화세존의 꽃밭이 되리니 사람을 잘 맞아들여야 한다."고 말했다. 용화세존이란 여기서 미륵불을, 그러니까 증산 상제님을 가리킴은 말할 나위도 없다.

　이틀 뒤, 용화동 도장을 떠난 고수부님은 다시 먼 길을 떠나 오성산 도장으로 돌아왔다.

제38장

선화仙化

태모님께서는 천지신명과 억조창생의 어머니로서
10년 동안의 천지공사를 통해 창생들의 모든 죄를 대속하시어
후천 오만년 선경세계로 나아갈 길을 열어 주시고
한恨 많은 세월을 뒤로하신 채 천상으로 떠나시니라.

그해 9월, 증산 상제님 성탄치성 전날이었다. 고수부님은 갑자기 "이 자손들을 어찌하면 좋으리요. 죽게 되면 저희들이나 죽지 애매하고 불쌍한 우리 창생들을 어찌하리." 하고 애통해 했다. 잠시 후, 고수부님은 성도들을 동쪽으로 향하여 앉게 하고 주문을 읽으라고 하였다. 그리고 "살려내자. 살려 내자." 하고 부르짖었다.

장차 일본제국주의의 칼날에 수없이 죽어갈 이 땅의 백성들을 구제하기 위한 공사이다(11:385). 물론, 다음 공사 말씀에 유의한다면 후천 가을개벽기에 인류를 구원하기 위한 공사와도 무관하지 않다.

태모님께서 말씀하시기를 "장차 괴질怪疾이 군산群山 해안 가로부터 들어오느니라." 하시고 "그 괴질의 기세가 워낙 빨라 약 지어 먹을 틈도 없을 것이요, 풀잎 끝에 이슬이 오히려 더디 떨어진다." 하시니라. 또 말씀하시기를 "소병, 대병이 들어오는데 죽는 것은 창생이요, 사는 것은 도인道人이니 오직 마음을 바르게 갖고 태을주를 잘 읽는 것이 피난하는 길이니라." 하시니라.(11:386)

증산 상제님이 짜 놓은 후천 가을개벽 도수가 세 벌 개벽이라고 할 때, 그것은 병란兵亂(전쟁)과 병겁病劫, 그리고 지축정립이다. 그러니까 이 공사는 병겁 상황에서의 구원에 대한 내용이다(후천 가을개벽에 대한 구체적인 내용은 『도전』 7:1~92 ; 『개벽실제상황』; 『천지성공』 등을 참고할 것).

그해 10월 초에 고수부님은 고민환 성도를 불러 "초엿샛날 치성을 준비하라."고 말했다. 고민환이 무슨 치성이냐고 물었으나 고수부님은 그냥 "서둘러 준비하라."고 할 뿐이었다. 고민환이 정성을 다 바쳐 치성 준비를 마쳤다. 10월 초엿샛날 치성을 봉행한 뒤, 고수부님은 갑자기 "을해년에 임옥에서 땅 꺼진다."고 고함치듯 말했다. 이 공사는 1908년 증산 상제님이 "임옥에서 땅 빠진다."고 한 공사의 연장선상에 있다. 구체적으로 고수부님 당신의 '선화치성 공사'다. 이 말씀에서 '을해년'은 다음 해인 1935년을 가리킨다.

여기서 우리는 고수부님이 당신의 선화가 얼마 남지 않은 시기에 잇달아 후천 가을개벽 공사를 집행했다는 점에 유의할 필요가 있다. 그만큼 가을개벽이 시급한 과제이며, 인류의 어머니로서 단 하나의 창생이라도 더 살리고자 하는 애절한 마음이 드러나고 있는 것이다.

운명의 1935년이 왔다. 고수부님이 56세 되는 해다. 고수부님의 그해는 역시 병자들 치유 공사로 시작되었다.

2월 3일 시두(천연두)에 걸린 김제군 용지면 예촌리에 사는 황경수, 같은 달 13일 예촌리 사람 황일봉의 모친, 3월 29일 임피 술산 문명수의 아들, 김제 장산리 사람 유호열과 유남열, 7월 보름날 폐병에 걸린 옥구군 대야면 고척마을 사람 김완산, 9월 초사흗날 이름도 모르는 급병에 걸려 사경을 헤매는 김제군 백구면 가전리 사람 서해식을 치유해 주었다.

아무리 많은 병자들이 찾아와 호소해도 고수부님은 조금도 싫은 내색을 하지 않았다. 오면 오는 대로 반겨 주고, 원하면 원하는 대로 해 주고, 가면 가는 대로 바라볼 뿐이었다. 하루 빨리 병으로 고통 받는 창생들이 없었으면 하는 바람뿐이었다.

고수부님은 당시 남모르는 생각을 하고 있는 중이었던 것 같다. 오성산에 온 이후부터 그랬다. 고수부님이 고민환에게 늘 "내 집 지어라. 내 집을 어서 지어라."고 재촉하는 것은 그런 이유 중의 하나였다. 고민환은 영문도 모른 채 집을 짓기 시작하였다. 그런 어느 날 고수부님은,

"내 일이 좀 바쁘구나. 오늘은 내 집을 구경해야겠다."고 하며 도장을 출발하였다. 성도들이 모두 따라나섰다. 옥녀봉에 이르렀을 때 고민환이 고수부님의 건강을 염려하여 "어머님, 여기에서도 다 보입니다. 여기서 보고 돌아가십시다." 하고 만류하였다.

고수부님은 "그럴까?" 하고 걸음을 멈추었다. 옥녀봉에서 성덕리까지는 1킬로미터가 채 되지 않는 거리다. 고수부님의 건강상태로는 그 거리조차도 갈 수가 없을 정도였다. 옥녀봉에서 아랫마을이 훤히 내려다보였다. 고수부님은 한창 짓고 있는 집을 한참 동안 바라보았다. 잠시 후, 발길을 돌리는 고수부님은,

"날짜가 급하다. 내 집 빨리 지어라." 하고 말했다.

고수부님은 지금 당신의 선화와, 선화 후까지도 예비하고 있는 중이었다. 지난 해 10월에 보았던 '선화치성 공사'가 고수부님 자신의 선화 자체에 대한 것이라면, 지금 보고 있는 공사는 선화 후에 머물 집에 대한 공사다. 고수부님의 공사 대로 선화 후에 (고수부님의) 진영이 그려지게 되고, 그 진영은 증산 상제님

어진과 함께 바로 그날 옥녀봉에서 내려다보며 '내 집'이라고
말한 바로 그 집에 모셔지게 된다.

그해 10월 어느 날 밤이었다. 그러니까 조선총독부가 각 학교
에 신사참배를 강요하던 그 시기에, 고수부님이 공사를 보고 있
는데 아직도 강남으로 떠나지 못한 제비 한 마리가 문밖에 날아
와 재잘거렸다.

"오라. 너, 남주작南朱雀 왔느냐." 고수부님은 마치 사람을 대
하는 듯 말했다. 또 한 마리가 와서 재잘거렸다. "오냐, 내가 이
미 알고 있느니라."

겉으로 보면 천지자연과 벗하면서 유유자적하고 있는 삶이
다. 그러나 고수부님의 오성산 도장 생활은 비참하기가 말로
다 표현할 수 없었다. 일제의 탄압은 갈수록 극심해졌다. 고수
부님의 오성산 도장 시절은 도장 운영보다 '거미'처럼 은거하
는 차원이었기 때문에 신도들의 왕래도 드물었다. 결국 오성산
도장은 유지 자체가 어려웠다. 고수부님은 끼니조차 잇기 어려
운 형편이었다. 도장에는 양식이 떨어지기 일쑤였다. 도장에서
부엌일을 담당하고 있는 성도가 아랫마을로 내려가 시주를 받
아와 고수부님을 봉양할 정도였다. 그러나 고수부님은 먹고사
는 문제에 대해서는 초연한 듯 전혀 관심을 두지 않았다.

이 무렵, 고수부님은 "나의 한恨을 다 이야기하자면……, 너

희는 모르느니라." 하고 회한에 찬 음결로 얘기하곤 하였다. 그럴 터였다. 지금까지 우리는 고수부님의 생애를 정리하는 과정에서 당신이 얼마나 한 많은 삶을 살았는지 논의해 왔다. 그럼에도 불구하고 우리는 고수부님의 한을 다 이야기할 수가 없었다.

고수부님은 고찬홍의 아내 백윤화白潤華(1895~1972) 성도에게 "27년 만에 근본을 찾았다."고 말하기도 하였다. 무슨 얘기인가? 『도전』에서는 이 27년에 대해 '증산 상제님이 어천한 1909년부터 고수부님이 선화하게 될 1935년까지'라고 해석하고 있다.

고수부님이 오성산 도장에 온 지 2년이 되었다. 이 무렵, 고수부님은 "내가 너희 아버지한테 빨리 가야 너희들이 잘될 것이라. 너희들은 집안만 잘 지키고 있으라." 하고 말하곤 하였다. 그날도 고수부님은 성도들을 향해 좀 쓸쓸한 표정을 지으며 "내가 올 적에는 세상 사람들이 알게 하고 오리라." 하고 유언을 남기듯 말했다. 고수부님 자신이 다시 출세할 것을 암시하는 말이다. 증산 상제님도 어천 직전에 당신이 출세할 것을 유언하며 공사를 보았었다.

한 생애를 정리하는 사람은 사소한 곳까지 신경이 쓰이는가 보다. 아니, '인류의 어머니'로서 후천 가을개벽기에 죽어가게 될 인류를 구원할 수 있는 천지공사를 거의 다 보았다고 해도,

막상 인류를 두고 떠나야 하는 마음이 그리 자상할 수밖에 없을 터였다.

그해 10월 5일, 부엌에 들어간 고수부님은 팔을 척척 걷어 올리고 구정물 통에 손을 쑥 집어넣어 휘휘 저었다.

"밥티 하나라도 조심을 해라. 사람이 먹는 것이란 천지가 안

김종명 성도

다." 고수부님이 부엌에서 일하는 김종명 金鍾鳴(1880~1977) 성도를 향해 말했다. 나뭇간으로 가서 땔나무를 돌아보던 고수부님은 "야야, 나무도 아껴서 때라." 하고 옆에 있는 이길수 성도의 등을 토닥거려 주기도 하였다.

밖으로 나온 고수부님이 여러 성도들에게 말했다. "차후에 형편이 어려우면 너희들끼리 앉아서 너희 아버지와 나를 위해 보리밥 한 그릇에 수저 두 벌만 놓아도 나는 괜찮느니라."

이길수 성도

이어 성도들에게 목욕물을 데우라고 하였다. 말은 하지 않았으나 성도들은 그날따라 고수부님의 행동이 이상하게 느껴졌을 것이다. 고수부님은 평소 찬물로

목욕을 했기 때문이다. 몸은 비록 망가질 대로 망가진 채로 은 거 중이었으나 성도들로서는 당신이 선화하리라고는 꿈에도 생각하지 못했다. 목욕을 끝낸 뒤에 고수부님은,

"새 옷을 다 내놓으라."고 하였다. 일전에 성도들이 해 올린 새 옷으로 갈아입은 뒤에 요에 누운 고수부님은 고민환 성도를 불러 머리맡에 앉으라고 하였다. 그리고 아무 말씀도 하지 않았다. 두어 시간 후에 고수부님은,

"너희들이 마음만 잘 고치면 선경세계를 보게 될 것이언만……, 선경세계가 바로 눈앞에 있건만……." 혼잣말처럼 말하고, 다시 "잘 꾸리고 있으라." 하고 말했다.

고민환이 무슨 뜻인지를 여쭈었다. 고수부님은 "글쎄 말이네!"라고 할 뿐이었다. 이어서 "내 자리 옆에 새 요를 하나 더 깔아라." 하고 말 한 뒤에 고수부님은,

"증산 상제님이 오시면 나도 올 것이요, 내가 오면 상제님도 오시리라." 하고 말했다. 물론 당신의 선화 이후 출세할 것을 다시 애기하는 것이었다. 잠시 후에 고수부님은,

"나의 머리에 손을 대라."고 말했다. 그리고 증산 상제님 어진을 가리키며 "너희 아버지가 벌써 오실 때가 되었는데……."

세 번 거듭 말한 뒤에 조용히 눈을 감았다. 고수부님이 선화한 것이다.

태모님께서는 천지신명과 억조창생의 어머니로서 10년 동안의 천지공사를 통해 창생들의 모든 죄를 대속하시어 후천 오만년 선경세계로 나아갈 길을 열어 주시고 한恨 많은 세월을 뒤로하신 채 천상으로 떠나시니 이날은 환기桓紀 9134년, 신시개천神市開天 5833년, 단군기원 4268년, 을해乙亥(道紀 65, 1935)년 10월 6일 축丑시요, 서력기원 1935년 11월 1일이니, 이때 성수聖壽는 56세이시니라. 이날 태모님을 곁에서 모신 성도는 고민환, 전선필, 박종오, 이길수 등이니 날이 밝아 수의를 수습하매 태모님께서 이미 횃대에 걸어 놓으셨더라.(11:416)

수석성도 고민환은 각처 성도들에게 고수부님의 선화를 알리는 부고를 보냈다. 고찬홍, 이진묵, 전선필, 문명수, 문기수, 이중진, 유일태, 오수엽, 조학구, 김수열, 김내언, 이재균 성도들이 달려왔다. 평소와 다름없이 눈을 감고 누워있는 고수부님을 보고 성도들은 다만 잠자는 줄로 착각할 정도였다.

나흘 뒤 11월 9일, 성도들이 입관하려고 하는데 고수부님의 성체가 방바닥에 붙어 떨어지지 않았다. 이때 고민환을 비롯한 모든 성도들이 지난날 고수부님과의 사무친 정이 솟구쳐 올라 서럽게 통곡하였다. 도장 안팎이 온통 울음바다가 되었다. 한

참 후에 성체를 간신히 떼어 입관을 한 다음 오성산 북변北邊에
있는 봉우재에 장사를 지냈다.

제39장

선화 그 후

"이 뒤에 병겁이 군창群倉에서 시발하면
전라북도가 어육지경魚肉之境이요
광라주光羅州에서 발생하면 전라남도가 어육지경이요
인천仁川에서 발생하면 온 세계가 어육지경이 되리라."

고수부님이 선화한 지 여섯 달 뒤인 1936년 윤3월, 보천교
교주 차경석이 사망했다. 1932년 3월에 고수부님이 '선도 오세
요 악도 오세'라고 하며 공사 본 대로 5년 만에 차경석이 사망
한 것이다. 그해 4월(양력), 일제는 전시체제에 따른 사상통제를
단행하는 과정에서 증산계 교단운동을 준민족운동으로 규정하
고 대폭압 명령을 내렸다. 대폭압의 철퇴는 교주 차경석이 사
망한 보천교에서부터 가해졌다. 정읍경찰서장이 무장경관대를
끌고 와 대흥리 본부를 접수하고 보천교 해체를 명령하는 한편
이후부터 2인 이상 집회금지와 1원 이상 금전수합금지 등을 엄
명하였다. 또한 간부들을 소집하여 보천교 재산정리에 관한 전

권을 빼앗아 버렸다. 대흥리 보천교 본부뿐만 아니라 전국 각지의 보천교 간판은 뜯겨져 나갔고 교무행정은 금지 당했다.

보천교뿐만이 아니었다. 정읍경찰서장은 또한 무극대도교주 조철제를 소환하여 교단해체와 재산정리에 관한 전권을 강제 위임받았다. 귀가조치를 당한 조철제는 가족들을 거느리고 밤중에 줄행랑을 친 뒤 한동안 행방을 감추어 버렸다. 같은 시기, 김제경찰서장은 용화동 '동화교' 간부들인 이상호·성영 형제, 임경호 등을 소환하는 한편 증산 상제님을 직접 모셨던 성도들의 교단인 증산대도교주 안내성, 태을교주 박공우 성도 등을 불러 교단해체와 포교금지를 명하였다. 이로써 초장봉기지세로 일어났던 크고 작은 교단들이 하루아침에 모두 해체되는 비운을 맞았다.

많은 세월이 흘러갔다. 그 사이에 많은 역사적 사건들이 일어났다. 그리고 1961년 7월 25, 26일경 오성산 기슭 봉우재에 고이 잠들어 있던 고수부님의 성골聖骨이 사라지는 해괴한 사건이 발생하였다. 일찍이 증산 상제님의 성골이 도굴당한 이후 아직까지도 행방이 묘연한 터에 고수부님의 성골 또한 도굴당한 것이었다. 물론 고수부님의 성골을 모시고 있으면 도통을 할 것이라고 믿는 자들의 소행일 터였다. 인면수심이다. 인류의 어머니 고수부님은 살아생전에도 믿었던 신도들로부터 그토록 철저한 배반을 당하곤 했었는데 선화 이후에도 달라진 것이 없었다. 그럼에도 불구하고 마지막 선화하는 순간까지 후천 가을개벽의 폭풍우 속에서 단 한 명의 인명이라고 건지기 위해 노심초사했던 어머니.

가는 세월을 누가 막을 수 있는가. 고수부님 도장의 수석성도 고민환도 이제는 많이 늙었다. 고수부님 성묘를 관리하다가 뜻밖에 도굴을 당한 75세의 백발노인 고민환 성도는 낙담하지 않을 수 없었다. 그날 이후 절치부심하면서 고수부님의 성골을 사방으로 찾아보았으나 행방을 알 길이 없었다. 분노와 번민을 거듭하던 끝에 생존성도들과 상의하여 분묘 도난신고를 하기로 결정하였다.

그해 9월 20일 이경 초에 고민환 노인이 홀로 앉아 번민에 빠져 있는데 비몽사몽간에 고수부님이 생시와 같이 나타났다.

"정읍에 있을 때의 상제님 일을 생각하라."

고수부님이 말했다. 고민환은 반갑고 죄송한 마음과 함께 감개가 무량했다. 뭐라고 말을 하려고 하는 순간 고수부님은 "너무 고심치 말라." 하고 홀연히 사라졌다. 고민환은 다시 도굴한 자를 은밀히 찾아 나섰다. 서백일徐白一 교단의 최정현崔正玹이라는 자가 의심스러웠다. 고민환은 최정현의 연락처를 추적했다. 군산에 사는 서명옥徐明玉의 집에 거주하고 있는 것을 확인했다. 고민환은 곧장 군산으로 달려갔다. 최정현은 이미 행방을 감추었다. 고민환은 오성산 도장의 신도 전세윤에게 연락하여 은밀히 탐색하라고 하였다.

며칠 뒤, 전세윤이 '최정현이 군산에 와 있다'고 알려왔다. 고민환은 서명옥의 집으로 쫓아가 최정현과 맞닥뜨렸다. 고민환 일행이 죄상을 추궁했다. 최정현은 순순히 털어놓았다. 일행은 최정현을 앞세우고 고수부님 성골이 암장된 곳으로 갔다. 김제군 금산면 청도리 하운동에 있는 서백일 교단 근처였다. 내막은, 서백일이 도통할 욕심으로 최정현을 보내 성흥사 주지에게 돈을 주고 고수부님 묘소의 위치를 알아낸 뒤 도굴하여 그곳에 암장한 것이었다.

아아, 어머니!

고수부님 성골 앞에 엎드린 늙은 고민환 성도는 회한이 사무쳤다. 이때 성묘에 참배한 사람은 고민환을 비롯하여 전선필, 전세윤 성도였다.

그날 고수부님이 선화하였던 오성산 도장 터를 답사한 뒤, 우리 일행은 성흥사를 내려와 오성산 정상으로 향했다. 성흥사 초입 큰골마을에서 왼쪽으로 1킬로미터 정도를 가면 정상으로 오르는 도로가 나타난다. 정상까지 자동차 두 대가 겨우 피해 갈 수 있을 정도로 좁은 포장도로가 나사못처럼 뚫려 있다. 그 길을 굽이굽이 돌아 정상에 도착하면 제법 넓은 주차장이 있다.

주차장 입구에서 정면으로 정상을 오르는 계단이 보이고 바로 옆에 '오성정五聖亭'이라는 간판이 붙어 있는 3층 콘크리트 건물이 서 있다. 휴게소와 관리실을 겸하고 있는 건물이다. 주차장에서 정상까지는 계단을 올라가야 하는데 3분의 2정도 오르면 오른편에는 '오성대제봉행기념비'(1992. 10. 4.)가 서 있고, 왼편에는 '오성五聖의 묘비명'(1995. 12. 8.)이 서 있다. 나는 후자 앞에 섰다.

때는 삼국시대였다. 백제 의자왕 20년(660). 나당연합을 맺고 백제를 침공하기 위해 당나라 장수 소정방蘇定方이 13만 대군을 이끌고 이곳 오성산 인근의 금강하구에 도착하였다. 안개가 자욱이 끼어 지척을 분간하기 어려운 가운데 소정방은 겨우 10킬로를 전진하였으나 백제의 수도 사비성(부여)으로 가는 길을 잃어버렸다. 당시 소정방이 헤매고 있었던 곳이 바로 우리 일행이 서 있는 오성산이었다. 산속에서 한참 동안 헤매던 소정방은 이곳에서 한가로이 장기(바둑을 두었다는 얘기도 전한다)를 두고 있는 다섯 노인을 발견하였다.

"사비성으로 가려면 어디로 가느냐?"

"내 나라를 침공하려는 적장에게 어찌 길을 일러 주겠는가?"
노인들이 준열하게 꾸짖었다.

분개한 소정방이 장검을 뽑아 그 자리에서 다섯 노인의 목을 베었다. 아무리 무도한 자라고 해도 순식간에 죄 없는 노인들의 목숨을 다섯씩이나 앗아간 소정방은 썩 개운치가 않았는가 보았다. 백제를 멸망시키고 당나라로 물러갈 때, 소정방은 자신의 잘못을 뉘우치고 다섯 노인의 시신을 거두어 장사지내 주었다.

죽인 자가 지내 준 장사가 제대로 이루어졌겠는가. 훗날 백제의 후예들은 다섯 노인의 뜻을 기리기 위해 산 정상에 묘를 나란히 썼다. 이름 하여 '오성인묘五聖人墓'라 칭하고 매년 제사를 지냈다. '오성산五聖山'이라는 이름도 여기서 유래한다.

'묘비명'에서 눈을 떼지 못하던 나는 다시 정상으로 올라갔다. 정상에는 '오성인지묘五聖人之墓'라는 커다란 비가 서 있고 뒤로 다섯 기의 묘가 나란히 모셔져 있다. 그리고 맨 뒤에는

오성산 정상의 오성인 묘 _ 오성산은 평지에 우뚝 솟은 산으로, 정상에 오르면 시야가 탁 트여 가까이는 군산, 서천을 비롯하여 멀리는 익산, 전주까지 다 보인다. 지금도 정상에는 백제시대 충절을 지킨 다섯 성인이 고이 잠들어 있다.

'오성산왕대신五聖山王大臣'이라는 비석이 서 있다. 고수부님이 천지공사를 볼 때 신위神位를 설치했던 바로 그 오성위요, 산신이다. 이미 지적했다시피 이곳 오성산은 고수부님과 불가분의 관계이지만 증산 상제님이 행한 중요한 천지공사가 몇 차례에 걸쳐 행하여진 곳이다.

고수부님의 일대기를 집필하는 나로서는 고수부님 유적지 답사 마지막 코스의 마지막 지점에 와 있었다. 고수부님의 출생지인 전남 담양 성도리에서 출발하여 당신이 선화한 이곳 오성산 도장까지 나는 돌고 또 돌아왔다.

오성산을 답사한 우리 일행은 약속이나 한 듯 오성산 정상에서 떠날 줄 몰랐다. 정상에서 서해가 보이는 쪽은 약간 비탈진 잔디밭이었다. 일행은 잔디밭에 앉아 망연히 바다 쪽을 바라보고 있었다. 늦은 오후다. 주위에서 패러글라이더를 즐기는 젊은 남녀들이 한가롭게만 보였으나 우리 일행의 관심은 그들을 벗어나 있었다. 멀지 않은 곳에 금강을 막아 놓은 금강하굿둑이 보이고 강 왼편으로는 군산시가 눈에 들어왔다.

여기서 자세하게 얘기할 여유는 없지만 증산 상제님과 고수부님의 천지공사가 현실화된 것이 바로 금강하굿둑이다.

병오년 여름 군창에 머무르실 때 하루는 금강 하구에 가시어 서천 쪽을 향해 물 위로 걸어가시니 갑칠이 상제님 옷자락을 잡고 따르니라. 이때 갑칠이 보따리 때문에 좀 방심하여 옷자락을 느슨히 잡으면 목까지 물속으로 빠지고, 꼭 잡으면 다시 물 밖으로 나오더라.(5:144)

이른바 '금강하굿둑 공사'이다. 문제는 금강하굿둑이 생긴 이후의 일이다. 우리 일행의 시선이 금강하굿둑과 금강, 그리고 군산시에 정지한 채 오성산 정상에서 자리를 뜨지 못하는 이유 중의 하나가 그것이었다. 앞에서 고수부님은 '장차 괴질이 군산 해안가로부터 들어온다'고 하였다. 두 말할 나위 없이 후천 가을 대개벽 중에 병겁 '개벽'이 바로 이곳 군산으로부터 시작된다는 말이다. 또 '괴질의 기세가 워낙 빨라 약 지어 먹을 틈도 없고 풀잎 끝에 이슬이 오히려 더디 떨어진다.'고 했다. 증산 상제님은 바로 그 '지구촌 대병겁의 전개 상황'에 대해 구체적으로 얘기한 적이 있다.

또 말씀하시기를 "이 뒤에 병겁이 군창群倉(군산-인용자주)에서 시발하면 전라북도가 어육지경魚肉之境이요 광라주光羅州(광주·나주-인용자주)에서 발생하면 전라남도가 어육지경이요 인천仁川에서 발생하면 온 세계가 어육지경이 되리라. 이 후에 병겁이 나돌 때 군창에서 발생하여 시발처로부터 이레 동안을 빙빙 돌다가 서북으로 펄쩍 뛰면 급하기 이를 데 없으리라.

조선을 49일 동안 쓸고 외국으로 건너가서 전 세계를 3년 동안 쓸어버릴 것이니라. 군창에서 병이 나면 세상이 다 된 줄 알아라. 나주에서 병이 돌면 밥 먹을 틈이 있겠느냐.” 하시고 또 말씀하시기를 “그러면 천시天時인 줄 아소.” 하시니라.(7:41)

병겁이 군산에서 발생하여 이레 동안을 빙빙 돌다가 서북쪽 인천으로 뛰게 되고, 그로부터 49일 동안 조선에서 창궐한 뒤에 외국으로 건너가 전 세계를 3년 동안 휩쓸게 된다는 것이다. 아아. 고수부님 유적지 답사를 끝낸 나는 지금 후천 가을개벽 현장의 한복판에 서 있었다.

가자. 나는 자리를 털고 일어섰다. 이제 오성산을 떠나야 할 시간이 가까웠다. 내 의식에는 다시 고수부님으로 가득 차올랐다.

이름 없는 한 여성에서 수부, 우두머리 여성에 이르기까지 파란 많은 일생을 살았던 고수부님. 한 여인이로되 어머니요, 한 어머니로되 온 인류의 어머니요, 천하 창생의 어머니가 되는 당신을 나는 생각했다. 한 인간으로서, 한 여성으로서, 온 인류의 어머니로서 세상에 온갖 질곡의 삶을 홀로 감내하면서 피와 눈물로 얼룩진 삶을 살아오면서 천하를 호령하였던 여인이여.

태모 고판례 수부님—. 당신은 일생을 살면서 온갖 역경과 파란 많은 삶을 우리에게 보여 주었다. 나는 알고 있다. 돌이켜 보면 한 인간으로서, 한 여성으로서 인간 고판례의 삶은 당신이 회고한 바와 같이 끝이 보이지 않는 한의 세월이었다. 원도 많고 한도 많았던 파란곡절을 겪으면서도 항상 천하 창생만을 염려하였던 고수부님. 인류 진멸의 위기인 후천 가을개벽을 맞이하여 인류의 어머니, 온 생명의 어머니로서 후천 가을개벽의 현장에서 단 하나의 목숨이라도 더 건지기 위해 온 몸을 불살랐던 고수부님은 한 여성으로서, 한 인간으로서, 천지의 어머니로서 정녕 혁명적인 삶을 살다가 갔다. 우주 주재자 증산 상제님이 도수를 붙여 놓은 그 '크나큰 세 살림' 도장을 주재하여 온갖 우여곡절을 겪으면서도 당당하게 한 시대를 살면서 후천대도를 열었던 고수부님은 그렇게 인적 드문 오성산 골짜기에서 조용하게 숨을 거두었다.

고수부님이 한 여성으로서, 한 인간으로서, 그리고 '수부'로서 고난과 역경의 시절을 살다가 갔다고 했을 때, 우리는 여기서 '왜 그래야만 했는가?' 라는 물음을 던지지 않을 수 없다. 정녕 왜 그러했는가.

결론부터 얘기한다면, 우리는 먼저 '고수부님이 암울한 시대를 산 여성이었기 때문이다' 라고 일차적인 답을 할 수 있을 것 같다. 5백년 조선왕조는 철저한 예교질서 아래 숱한 조선의 딸들을 한 많은 일생으로 묶어 놓았다. 고수부님은 이른바 '구한 말'이라고 불리는 조선의 끝머리에 인간으로, 여성으로 왔다. 우주사적으로 선천/후천의 과도기에 인간으로 왔던 고수부님은 문명사적으로, 혹은 역사적으로 전근대/근대의 과도기를 살았다. 그래서 당신이 전자에서 후자로 나아가려고 할 때 늘 전자가 발을 묶고 앞길을 가로막았던 것이다.

그 다음은, 고수부님이 온 인류를 품어 안은 자애로운 어머니였기 때문이다. 만약 고수부님이 증산 상제님이었다면 어떠했을까. 후자로 나아가려고 할 때 전자가 발을 묶으려 든다면 당장 벼락신장을 불러 번갯불로 혼구멍을 냈을 것이다. 그러나 지금까지 오랜 시간 동안 우리는 고수부님의 생애를 정리하는 여정에 동참했지만, 고수부님이 벼락신장을 불러 벼락을 쓴 경우는 단 한 번도 없었다. 왜? 고수부님은 엄한 아버지와 달리 자애로운 어머니이기 때문이다. '온 인류의 어머니', '온 생명의 어머니', '천지의 어머니'인 당신은 벼락신장을 불러 불벼락을 내리기 전에 모성애가 먼저 앞을 가려 사랑으로 감싸 안았던 것이다. 결국 고수부님이 모진 풍파를 헤치며 살아온 그 숱한 역경과 고난은 여성으로서, 그리고 어머니로서의 크고 거룩한 사랑 때문이었다는 결론을 내릴 수 있다.

후천 정음정양의 한 전범으로서 증산 상제님의 반려자요, 종통대권자가 되어 여성해방의 선봉장으로서 천하를 호령했던 우두머리 여자. 우주의 가을을 맞아 그 풍성한 추수를 하기 위해 온 몸을 희생했던 가을의 여인.

한 여인으로서 만고풍상을 다 겪는 역경의 운명을 살았으나 단 한 번도 굴복하지 않았던 고수부님은 정녕 우두머리 여인이 었고, 가을의 여인으로서 당신에게 맡겨진 종통대권 수부사명을 완벽하게 성사했다. 고수부님의 생애는 파란만장했으나 후천 가을 대개벽 앞에 몸 바쳐 천지공사를 집행하고 단 한 명의 목숨이라도 더 건지기 위해 온 몸을 불태웠던 숭고한 삶이었다. 또한 상제님의 반려자요, 천하창생의 어머니로서 후천대도를 열고 광구천하를 위해 영혼까지도 다 바쳐 버린 거룩한 삶이었다. 만년에는 오성산 기슭 한편 도장에서 천지자연과 벗하며 끝없는 고독과 외로움, 그리움 속에서도 마지막 그날까지 고수부님은 창생을 구원하는 일을 멈추지 않았다.

아, 어머니! 우리들의 어머니!

그날 황혼 무렵이었다. 서편 멀리 지평선 위로 붉은 낙조가 거대한 병풍처럼 펼쳐져 있고, 하늘과 땅은 불기둥처럼 타오르는 낙조로 이어져 있었다. 저녁놀이 지고 어둠이 서서히 밀려올 무렵, 우리 일행은 오성산 정상에서 내려왔다. 걸음은 여전히 천 근 만 근 납덩어리를 매어 놓은 듯 무거웠다. 일행이 탄 차는 고수부님 유적지 답사를 마치고 출발했던 대전을 향해 어둠 속으로 질주했다.

후기

2000년 9월 『증산도사상』 제2집 '특집' 란에 「수부, 천지의 어머니—고판례의 생애와 사상—」이라는 글을 써서 발표한 적이 있습니다. 이제 말이지만, '생애와 사상'을 다룬다고 해놓고 실제는 고수부의 생애 중 일부만을 쓴, '알짜배기'가 빠진 미완성의 원고였습니다. 그때 마음속으로 독자들에게 약속을 했습니다. 하루빨리 완성된 생애를 쓰겠다고. 그 '하루빨리'가 강산도 변한다는 10년이 가까운 날에 이르렀습니다.

이 책은 『월간개벽』지 2008년 4월부터 2009년 2월까지 연재를 하였고 다시 가다듬어 출간한 것입니다. 비로소 약속을 지키게 되었다는 안도감과 함께 기쁨도 없지 않지만, 그보다는 먼저 『증산도사상』 제2집 '특집' 란의 글을 읽었을 독자들에게 죄송하다는 마음이 앞섭니다.

이 책은 저 혼자만의 저술이 아닙니다. 많은 분들의 도움과 정성이 함께하였습니다. 한 권의 책이 나오는 데 이렇게 많은 분들의 정성이 함께한다는 것을 새삼 깨닫게 됩니다. 저로서는 행운이라고 할 수 있겠지요.

누구보다도 먼저 고수부님을 만나게 해 주시고, 이후 많은 가르침과 함께 10년 세월을 기다려 주신 증산도 안운산 종도사님, 안경전 종정님께 깊은 감사의 마음을 드립니다.

책이 나오기까지 참으로 긴 여정이었습니다. 이 글이 나오는 동안 고수부님 성지 답사의 가이드 역할을 비롯하여 처음부터 끝까지 열심히 교정을 보아 준 장원연씨에게 감사드립니다. 그리고 『월간개벽』지에 연재해 준 이종혁 실장, 연재 담당자였던 김영옥 기자, 책이 출간될 수 있도록 글을 편집해 준 이지현씨, 성지 지도를 비롯하여 표지를 멋지게 디자인해 준 오수경씨에게 깊은 감사의 마음을 전합니다.

또 책이 되어 나오는 동안 실무를 도맡아 해 준 증산도 상생문화연구소 전재우 부장을 비롯하여 좋은 의견을 함께 나누었던 오재민 도학실장, 김철수 연구실장, 동료 연구위원들, 그리고 이 책이 나오는데 직·간접적으로 도움을 주신 모든 분들께도 감사드립니다.

2010. 6. 15.

노 종 상

| 고수부님의 생애와 천지공사 약력 |

연 도		연 령	행 적
1880년	3월 26일	1세	담양군 성도리에서 탄강함.
1885년		6세	부친 고덕삼 작고함. 이후 모친과 함께 외외가 송씨 승문에 가서 지냄.
1888년		9세	정읍 대흥리에 사는 이모부 차치구의 집으로 이사함.
1894년		15세	동학신도 신申씨와 혼인함.
1900년		21세	딸 태종太宗을 낳음.
1907년	6월	28세	6월 남편 신씨 사망함.
	11월 3일		증산 상제님과 '수부 책봉 예식'을 올림.
1909년	6월 24일	30세	증산 상제님이 천지공사를 마치고 어천함.
1910년	9월초	31세	구릿골에 있는 상제님 초빈에 가서 '옥황상제'라 쓴 명정을 덮어드림.
1911년	4월~9월	32세	대원사 칠성각에서 상제님 성령과 혼례식을 올리고 49일 동안 진법주 수련을 함. 이어 고부 운산리 신경수 성도의 집에 가서 100일 동안 수련한 후 활연대각 함.
	9월 19일		상제님 성탄치성을 처음 봉행함.
	9월 20일		대도통大道通 함. 도운의 종통맥인 낙종, 이종, 추수자에 대해 선포함.
	10월		구릿골 김형렬 성도 집에서 약장을 가져온 후, 교단 창립을 선포하고 교명을 '선도仙道'라 함. 이후 조직적인 포교활동을 전개하여 3년 만에 삼남 일대에서 도세道勢가 크게 일어남.

연 도		연 령	행 적
1912년	7월3일 ~9월2일	33세	차경석 성도를 데리고 충북 청주(현재 괴산군 청천면) 만동묘에 가서 날마다 치성을 봉행함.
1913년	10월 30일	34세	이태우의 혹을 없애주고, 문둥병 환자를 고쳐주어 그 자리에서 눈썹이 다시 생겨나게 함(치병의 일화가 매우 많아 이후부터는 기록하지 않음).
1916년	11월 28일	37세	차경석 성도가 24방주 체계를 조직하여 교권을 장악한 후, '예문禮門'에 갇혀 지내다시피 함.
1918년	6월 20일	39세	딸 '태종'을 정읍 연지평마을에 사는 박노일 성도에게 출가시킴.
	9월 21일		김제 송산리 천종서 성도의 집으로 이거함.
	10월 중순		김제 조종리 중조마을로 이거하여 오두막집에서 생활함.
	11월 중순		하조마을 강응칠 성도의 집으로 옮겨 9개월 동안 치성을 올림
	11월 25일		'보천교 성금 사건'이 일어나자 누명을 쓰고 목포경찰서에 투옥되어 신도들이 받을 고난을 몸소 대속하며 고초를 겪음.
1919년	1월 3일	40세	38일간의 옥고를 치르고 석방됨. 이후 농사를 지으며 한가로이 수행함.
	윤7월 18일		성도들의 의연으로 도장이 건립되자 도장에서 지내며 소작답 24마지기를 경작함.
1920년	8월	41세	고찬홍 성도에게 포교 기운을 붙여 옥구(군산)로 보내자, 박종오 성도를 포교하여 함께 포교 대세를 크게 일으킴.
1921년	?	42세	고권필, 강칠성 성도에게 아들을 점지해 줌(자식을 점지해 준 일화가 매우 많아 이후부터는 기록하지 않음).
	10월 15일		안개를 피워 치성에 참예한 신도들이 일경日警의 검문을 피해 무사히 집으로 돌아가게 함.

연 도		연 령	행 적
1923년	7월 20일	44세	관동대지진으로부터 김수남 성도를 구해줌.
1926년	3월 5일	47세	10년 천지공사의 시작을 선포함. 시천주주 위주로 공사를 행함. 강휘만 성도에게 '신농씨 도수'를 붙여 이종移種할 비를 내려 줌.
1926년	3월 24일	47세	조왕竈王 공사를 행하여 여성 신도가 많이 늘어남.
	4월 7일		'고수부님이 만유생명의 어머니임'을 선포함.
	?		고민환 성도를 수석성도로 정해 '칠성용정 공사'를 행함.
	5월 3일		하늘에 12개의 해가 나타나게 하여 '세계 12제국의 기운을 통일하는 공사'를 행함.
	5월 25일		인류의 구원과 행복을 천지에 기도함
	5월 27일		모악산 금산사의 미륵전과 대적광전에 가서 공사를 행함.
	?		876명의 신도들을 모아 '육임 구호대 도체 조직 공사'를 행함.
1927년	3월 29일	48세	이용기 성도에게 '일본인 치병 도수'를 붙임. 이후 이용기 성도를 일본에 보내 치병하고 포교하게 함.
1928년	2월 ~3월26일	49세	정산 채용신에게 상제님 어진御眞을 그리게 하여 봉안함.
	5월		열[十] 항목의 계율을 내려 줌.
	9월		태인 숙구지에 가서 '숙구지 공사'를 행한 후, '잠든 개를 깨웠으니 염려 없다.' 함.
	9월 21일		정읍 대흥리에 가서 보천교 새 건물을 향해 담뱃대로 총 쏘듯 하며 '난법 기운을 거두는 공사'를 행함.
1929년	9월 21일	50세	조종리 도장을 떠나 정읍 왕심리 도장으로 이거함. 이후 굶주림을 호소하는 보천교 신도들을 구휼함.
1930년		51세	'인류의 죄를 대신 받아 없애는 공사'를 행하고 혼절하였다가 깨어남.
1931년	1월 18일	52세	이용기 성도에게 보천교 신도들의 구휼을 위해 싸전을 운영할 것과 보천교 순교자의 해원치성을 올릴 것을 지시함.

연 도	연 령	행 적
1931년 4월 6월초 ? 9월 15일~17일 11월 14일~15일	51세	노자老子 신명을 불러 꾸짖고, 여동빈 신명을 불러 '후천 창생들을 갱소년 되게 하라'고 함. '인간 세상의 선악을 판별하는 공사'를 행함. 전대윤 성도에게 '애기 치병 도수'를 붙임. 김제 용화동에 있는 동화교 측의 간청으로, 용화동에 가서 상제님 성탄치성을 올리고 돌아옴. 용화동에 가서 동지치성을 올린 후, 도장 조직을 새롭게 구성하여 선포하고 도운의 셋째 살림 도장을 엶. 이후 다시 왕심리 도장으로 돌아옴.
1932년 3월 20일 9월 20일	53세	김제 용화동 도장으로 이거하여 본격적으로 도장 살림을 주재하며 공사를 행함. 이용기 성도를 데리고 용화동 계룡산에 올라 공사를 행함
1933년 5월 20일 7월 7일 ? 11월 5일 4월	54세	가뭄이 심해 이종을 못하게 되자 눈물을 흘려 비를 내려줌. 외국신명을 대접하는 공사를 행함. 고수부님을 체포하러 온 일본 순사와 경찰서장을 쫓아버림. '후천 대불大佛을 내는 칠성 공사'를 행함. 용화동의 이상호, 이성영에게 '일후에 사람이 나면 용봉기龍鳳旗를 꽂아 놓고 맞이하라.'고 함. 김제 용화동을 떠나 옥구 오성산 도장으로 이거함. 가출한 동생을 찾아다니는 사람의 다리를 고쳐주고 동생을 만나게 해 줌.
1934년 ?	55세	김경학 성도 등의 간청으로 모악산 수왕암에 가서 수련법석을 주재해 줌. 이어 용화동에 가서 용봉기를 꽂아 놓고 돌아옴.

연 도	연 령	행 적
1934년	?	살려내자, 살려내자' 하며 '일제로부터 조선 백성을 구해내는 공사'를 행함.
	55세	
	?	억조창생을 살려내자!' 하며 후천개벽기에 천하창생을 구원하는 공사를 행함.
1935년	9월 18일	오수엽 성도에게 기운을 붙여 풍수지리를 통하게 해 줌.
	?	자라나는 아이들에 대해 '칠성'이라 부르며 기운을 붙여 줌.
	56세	
	?	전선필 성도에게 '내 일을 후세에 전하고 포교하라' 하며 '고수부님의 행적에 대한 증언 도수'를 붙임.
	10월 6일	옥구 오성산 도장에서 선화함.

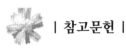 | 참고문헌 |

1. 경전류

증산도도전편찬위원회. 『증산도 도전』(초판). 대원출판사. 1992.

ㅡㅡㅡㅡㅡㅡㅡㅡㅡㅡㅡㅡㅡ. 『증산도 도전』(개정판). 대원출판사. 2003.

증산도중앙종무부. 『증산도 성전』. 대원출판사. 1988.

2. 논문 및 일반자료

강영한. 「증산도의 문명전환에 대한 후천개벽의 인식과 그 의의」. 『증산도사상』 제4
집. 증산도사상연구소. 2001.

김남용. 「증산도 『도전』 성편의 역사성」. 『증산도사상』 제3집. 증산도사상연구소.
2000.

김영철. 「발굴 한국 현대사 인물—시대가 여성의 삶을 바꿔놓다—」. 『한겨레신문』.
1990. 5. 4.

김철수. 「증산도 사상에 나타난 '남조선 사상'」. 『증산도사상』 제5집. 증산도사상연
구소. 2002.

김현일. 「수부와 종통, 그리고 진법의 맥」. 『강증산의 생애와 사상』(증산도사상연구
소 편). 대원출판. 2002.

노종상. 「수부, 천지의 어머니-고판례의 생애와 사상」. 『증산도사상』 제2집. 증산도
사상연구소. 2000.

신일철. 「최수운의 역사의식」. 『동학사상과 동학혁명』. 청아출판사. 1984.

안후상. 「보천교운동 연구」. 성균관대 교육대학원. 석사논문. 1992.

양재학. 「후천개벽의 필연성」. 『증산도사상』 제4집. 2001.

원정근. 「후천개벽과 천지」. 『증산도사상』 제4집. 2001.

유철. 「증산도의 원시반본과 개벽」. 『증산도사상』 창간호. 2000.

이강오. 「보천교」. 『전북대논문집』 제8집. 전북대학교출판부. 1966.

이윤재. 「선천문명과 가을개벽」. 『증산도사상』 제4집. 2001.

《코리아리뷰》. 1903.

3. 단행본

김병철. 『화은당실기』. 증산법종교. 1960.

김병학 엮음. 1991. 『내 고장의 옛이름』. 김제문화원.

김지하. 『동학이야기』. 솔출판사. 1994.

─────. 『사상기행』 1·2. 실천문학사. 1999.

민영국 편. 『도훈』. 보천교 총정원 전문사. 1986.

담양군지편찬위원회. 『담양군지』. 담양군지편찬위원회. 1994.

문순태. 『동학기행』. 어문각. 1986.

박종렬. 『차천자의 꿈―「시대일보」사건과 증산교 포교전략』. 장문산. 2001.

신용하. 『한국근대사회의 구조와 변동』. 일지사. 1994.

안경전. 『이것이 개벽이다』 상·하. 대원출판. 1999.

─────. 『관통증산도』. 대원출판사. 1990.

─────. 『대도문답』 1·2. 대원출판사. 1990.

─────. 『증산도의 진리』. 대원출판사. 2002.

안운산. 『새 시대 새 진리 2』. 대원출판사. 1999.

─────. 「지도자 독조사 정신을 본받아 생명을 걸고 신앙하라」. 『월간개벽』 제61호.
          2001. 9.

─────. 「이 세상은 상제님 세상」. 『월간개벽』 제64호. 2001. 12.

─────. 「개벽기 인간 추수관으로 오신 증산 상제님」. 『월간개벽』. 2002. 6.

오지영. 『동학사』. 영창서관. 1940.

왕대유. 『용봉문화원류』. 임동석 옮김. 동문선. 1994.

우윤. 『전봉준과 갑오농민전쟁』. 창작과 비평사. 1993.

유종근. 『한국 풍수의 원리 1』. 동학사. 1997.

윤창열. 『우주변화의 원리 강의』. 증산도본부. 2001.

의암손병희선생기념사업회. 『의암손병희선생전기』. 의암손병희선생기념사업회.
          1967.

이영호. 『보천교연혁사』 상·하. 보천교 중앙협정원·총정원. 1948.

이이화. 『발굴 동학농민전쟁―인물열전―』. 한겨레신문사. 1995.

이일영 편. 『진묵대사소전』. 보림사. 1983.

이재석. 『인류 원한의 뿌리 단주』. 상생출판. 2008.

이해섭. 『옛땅 옛터 옛이름』. 사단법인 담양향토문화연구회. 2000.

정읍군. 『정읍군사』. 정읍군문화공보실. 1985.

조선총독부. 『最近た於ける 朝鮮治安狀況-昭和八〜十三年』. 朝鮮總督府 警察局. 1938.

최제우. 『천도교경전』(『동경대전』). 천도교중앙총부 편. 천도교중앙총부 출판부. 1998.

최창조. 『한국의 자생풍수 2』. 민음사. 1997.

한동석. 『우주변화의 원리』. 대원출판사. 1966.

한장경. 『주역 · 정역』. 삶과 꿈. 2001.

황인숙 외 지음. 『나만의 공간』. 개마고원. 2006.

이용선. 『거부실록』. 양우당. 1982.

4. 외국자료

미르치아 엘리아데. 『이미지와 상징-주술적 · 종교적 상징체계에 관한 시론』(이재실 옮김).
　　　　　　까치. 1998.

Michael W. Doyle. Empires. Cornell University Press. 1986.

미셸 푸코. 『광기의 역사』. 김부용 옮김. 인간사랑. 1999.

에드먼드 리치. 『성서의 구조인류학』. 신인철 옮김. 한길사. 1996.

에드워드 사이드. 『문화와 제국주의』. 김성곤 · 정정호 옮김. 창. 1995.

村山智順. 『朝鮮の類似宗教』. 朝鮮總督府. 1935.

폴 해밀턴. 『역사주의』. 임옥희 옮김. 동문선. 1998.

| 글쓴이 소개 |

노종상(盧鍾相)

고려대학교 문학 박사.

주요 논문으로는 「강증산, 그는 우리에게 무엇인가」(『증산도사상』 창간호),

「수부首婦, 천지의 어머니」(『증산도사상』 제2집).

『월간개벽』에 2008년 4월부터 2009년 2월까지 「거룩한 생애」를 연재하였다.

현재 증산도상생문화연구소 동양철학부 연구위원으로 재직하고 있다.

상 생 출 판 간 행 서 적

인류원한의 뿌리 단주

강증산 상제에 의해 밝혀진 반만 년 전 요임금의 아들 단주
의 원한, 단주의 해원 공사를 바탕으로 전개되고 있는 상생
문명 건설의 실상을 보여준다.

이재석 저 | 112쪽 | 값 6,500원

천국문명을 건설하는 마테오리치

살아서 뿐만 아니라 죽어서도 새 시대 새 문명을 여는데 역
사하고 있는 마테오리치의 생애를 집중조명한다.

양우석 저 | 140쪽 | 값 6,500원

인류문명의 뿌리, 東夷

인류문명의 시원을 연 동방 한민족의 뿌리, 동이東夷의 문
명 개척사와 잃어버린 인류 뿌리역사의 실상을 밝혔다.

김선주 저 | 112쪽 | 6,500원

일본고대사와 한민족

수많은 백제인의 이주와 문화전파에 따른 문화혁명, 그리
고 문화 선생국 백제의 멸망. 그 때마다 일본이 보여준 태
도는 모두 한가지 사실로 모아진다. 곧 '일본 고대사는 한
민족의 이주사' 라는 사실이다.

김철수 저 | 168쪽 | 6,500원

桓檀古記(1) 三聖紀 삼성기

한민족의 고대 원형문화와 인류 시원문화의 정수를 기록한 상고 역사서의 결정판. 환국 – 배달 – 고조선 시대로부터 중고사인 북부여와 고구려에 이르기까지 민족사의 맥을 잡아준다.

안함로, 원동중 찬 | 안경전 역주 | 140쪽 | 10,000원

桓檀古記(2) 壇君世紀 단군세기

제1세 단군왕검부터 47세 고열가단군까지 마흔일곱 분의 실존했던 2,096년간의 장대한 역사를 체계적으로 명쾌하게 밝혀주고 있다. 소한주의 반도사관을 웅혼한 대한주의 대륙사관으로 바로잡고 동방 한민족의 국통맥을 바로잡아준다.

행촌 이암 찬 | 안경전 역주 | 396쪽 | 20,000원

桓檀古記(3) 北夫餘紀 북부여기

부여의 역사는 철저하게 왜곡된 채 아직도 잃어버린 역사의 고리로 남아 있다. 배달국과 고조선의 국통을 계승한 부여사를 복원하여, 한민족사의 국통맥을 회복한다.

범장 찬 | 안경전 역주 |184쪽 | 10,000원 |

백년百年의 여정旅程

『환단고기』를 세상에 공개한 正史의 傳胤 한암당 이유립 평전

양종현 저 | 613쪽| 30,000원

정역正易과 주역周易

일부一夫선생의 생애와 학문연원.대역서大易序의 구성과 체계. 서괘序卦원리.中天乾卦 해석.中天坤卦해석

윤종빈 저 | 455쪽 | 값 20,000원

周代의 上帝意識과 儒學思想
주대의 상제의식과 유학사상

이 책은 주대의 상제의식上帝意識과 천명사상天命思想이 유학사상의 형성에 어떤 영향을 끼쳤는가를 밝혀준다.

배옥영 저 | 228쪽| 13,000원

잃어버린 상제문화를 찾아서 동학

상제관이 바로 서지 않으면 우주만물의 원 주인도 제자리를 잡지 못한다. 그래서 이 책은 최수운이 창도한 동학에서 상제관 바로 세우기의 일환으로 집필되었다.

증산도상생문화연구소 | 255쪽 | 값 15,000원

광무제光武帝와 이십팔장二十八將

이십팔장은 후한 광무제 유수劉秀가 정권을 수립하는데 큰 공을 세운 스물여덟 명의 무장을 말한다.

이재석저 | 478쪽 | 값 20,000원

온 인류에게 후천 5만년 조화선경의 꿈을 열어주는
한민족의 문화원전 도 전

서구에 신약이 있고
인도에 베다와 불경이 있고
중국에 사서오경이 있다면
이제 온 인류에게는 『道典』 문화가 있습니다

초기 기록으로부터 100년 만에 드디어 완간본 출간!

하늘땅이 함께하는 진정한 성공의 비밀을 알고 싶습니까?
세계를 지도하는 한민족의 영광을 만나고 싶습니까?
마침내, 가을개벽을 맞이하는
세계 역사 전개의 청사진을 보고 싶습니까?
상생의 새 진리 원전 말씀, 『도전』을 읽어 보세요
이 한권의 책 속에 세계일가 시대를 여는
놀라운 상생 문화의 비전이 담겨 있습니다.

『도전』에는 후천가을의 새 문화 곧 정치·종교·역사·과학·여성·어린이 문화 등 미래 신문명의 총체적인 내용이 모두 함축되어 있습니다. 서양 문명의 중심이 신약 한권에서 비롯되었듯이, 후천 5만년 상생의 새 역사는 이 『도전』 한 권으로 열립니다.

『도전』 읽기 범국민 운동 이제 당신도 참여할 수 있습니다

전국 주요 서점, 케이블TV STB상생방송,
www.jsd.or.kr (증산도 공식 홈페이지)에서
『도전』을 만나보세요

甑山道
道典

증산도 도전편찬위원회 편찬 | 최고급 양장 | 대원출판

인류 통일문명의 놀라운 비전과 대변혁 이야기

이제 인간 삶의 목적과 깨달음,
새롭게 태어나는 내일의 참모습을
속 시원하게 밝혀주는 멋진 새이야기가 시작된다

개벽 실제상황

안경전 지음
크라운판 | 전면 칼라
560쪽

이 책에는 길을 찾아 방황하는 오늘의 우리 이야기에서 시작하여 신천지가 열리는 원리(1부), 뿌리 뽑힌 한민족혼과 한민족사의 진실(2부), 동서 문화의 뿌리인 신교神敎의 맥과 인간으로 오신 상제님이 여시는 새 역사의 길(3부), 대개벽의 실제상황과 개벽의 의미(4부), 그리고 구원의 새 소식과 개벽 후에 지상에서 맞이하는 아름다운 세상 이야기(5부)가 담겨 있다. '언제쯤 진정한 개벽 소식, 구원 소식을 들을 수 있을까?' 라고 새 소식에 목말라 했다면, 이제 당신은 샘물을 찾은 것이다.

인류 신문명의 비전을 제시하는 한韓문화 중심채널
SangSaeng Television Broadcasting

주요 프로그램

STB 기획특집

상제님 일대기, 안운산 종도사님 대도 말씀

『도전』강독 대大 강연회

한민족의 문화원전 도전 문화를 연다

『도전』 산책, 『도전』 퀴즈

I Love English DOJEON 등

새시대 새진리 증산도

알기 쉬운 증산도, 증산도 문화공감

애니메이션 〈신앙 에세이〉, 특집 시리즈 〈병난〉

STB 연중 캠페인

생명을 개벽합시다

〈1사社1 문화재 지킴이〉 운동 등

한문화 중심채널 STB상생방송

STB 초정 〈역사특강〉

전통음악회 〈맏앙〉, 〈한국의 마을숲〉